LA FAMILIA FRANCO.
50 AÑOS DESPUÉS

David González

LA FAMILIA FRANCO. 50 AÑOS DESPUÉS

TRAICIONES, SECRETOS Y UNA FORTUNA PERDIDA

la esfera de los libros

Primera edición: octubre de 2025

© David González Alvar, 2025
© Del prólogo, Juan Luis López-Galiacho Perona, 2025
© La Esfera de los Libros, S.L., 2025
Avenida de San Luis, 25
28033 Madrid
Tel.: 91 443 50 00
www.esferalibros.com

ISBN: 978-84-1094-129-8
Depósito legal: M. 14.380-2025
Fotocomposición: J. A. Diseño Editorial, S.L.
Impresión y encuadernación: Huertas
Impreso en España-*Printed in Spain*

ÍNDICE

A mis padres, que me criaron en una casa llena de libros.

AGRADECIMIENTOS

Nunca me imaginé escribir un libro sobre la familia Franco. Este proyecto no existiría si no se le hubiera ocurrido a César Cervera. El mejor editor que se puede tener para una aventura así y dotado de una paciencia que lo emparenta con el santo Job.

Estas páginas no existirían sin que en mis años en *El Cierre Digital* hubiese escrito una serie de reportajes sobre los avatares sentimentales, económicos y judiciales de los descendientes del dictador. El director de este medio, Juan Luis Galiacho, a cuya generosidad debo el prólogo de este libro, pertenece a una serie de periodistas que durante años han desentrañado los secretos de la familia del general, casi siempre para disgusto de los protagonistas.

Entre esta nómina de ilustres precedentes (Pilar Eyre, Mariano Sánchez Soler, Jimmy Giménez Arnau, Jaime Peñafiel…) tengo que citar a Paloma Barrientos, uno de los mayores ejemplos de altruismo en esta profesión. Siempre estuvo dispuesta a compartir conmigo sus experiencias y a facilitar sus datos sobre los protagonistas de este libro a los que tan bien conoce.

También tengo que citar a mi compañera de *El Cierre Digital* Alejandra de La Llave que me ayudó a conocer datos de los miembros más jóvenes de los Martínez-Bordiú. A Luis Miguel Montero le debo la suerte de poder bucear en el archivo de *Interviú*. Un material fundamental para conocer mejor a los protagonistas de estas páginas.

Por otro lado, para escribir un libro como este ha sido fundamental contar con la generosidad de las personas que me rodean. Esos amigos a cuyos planes he tenido que decir que no para sentarme a escribir y, no solo lo comprendieron, sino que, además, aguantaron horas de desahogo sobre la evolución del proyecto. Una aventura que, con todas las dudas por las que he transitado, finalmente se ha hecho realidad.

PRÓLOGO

Mi amigo David González, además compañero en el inicio de *El Cierre Digital*, el periódico que dirijo desde 2018, me pidió si era posible, y dada la gran admiración profesional que mantengo sobre el periodismo realizado en la Transición española, que prologara e introdujera este libro que hoy el lector tiene en sus manos: *La familia Franco. 50 años después*.

Un relato inigualable de trescientas páginas, que constituyen una brillante exposición literaria sobre la sempiterna unión del poder, el dinero y la ideología política en toda la sociedad española. En este caso, basada en la saga de los Franco. Un extenso compendio de anécdotas y vivencias sobre la historia de España desde los años setenta hasta nuestra actualidad. Y todo bajo el peculiar estilo narrativo de David González, muy parecido en su acidez e ironía al del reconocido escritor Francisco Umbral.

Quizá, por eso, es una doble satisfacción para mí abrir las páginas este libro. Primero, por estar escrito por David González, a quien he formado en el periodismo de investigación. Y, por otra, por la satisfacción de hablar de esa España que tiene piel de toro y hucha de cerdito gordo. Miles de historias podría yo contar sobre la saga Franco y sus negocios, pero creo que es mejor que ustedes las lean en las hojas de esta singular obra literaria. Son inéditas informaciones narradas bajo divertidas y extravagantes situaciones. Un tesoro que deja constancia de la preciada memoria del autor.

Decía ese maestro de la lengua castellana que fue Azorín que «vivir es ver volver». Y este libro es «volver a vivir». Gracias a un análisis detallado y preciso de una saga que ha dominado España y que sigue estando tras los bastidores del poder económico y social.

Pasado ya medio siglo de la muerte del dictador y general Francisco Franco Bahamonde, sus descendientes mantienen aún el santuario. Siguen inmersos en sectores estratégicos de la vida pública española. Eso sí, sin el poder ilimitado y sin el brillo social que adquirieron a la sombra del llamado *Generalísimo*. Pero sí con la rentabilidad económica adecuada.

Tras la muerte del *Caudillo* y la posterior de su esposa Carmen Polo Martínez Valdés, fue en 1988 cuando la saga se desintegró. Actualmente, la estirpe familiar está liderada por sus siete nietos, hijos de la duquesa de Franco, Carmen Franco Polo, la única descendiente y conocida familiarmente por *Nenuca*.

Esta se casó el 10 de abril de 1950 con el médico Cristóbal Martínez-Bordiú Ortega y de su matrimonio nacieron Carmen, Mariola, Francisco, María del Mar, José Cristóbal, María Aránzazu y Jaime. Hoy, los siete nietos de Franco son propietarios de diversos y millonarios negocios, según cuál sea el protagonista estelar de esta familia numerosa.

Cuando Franco murió dejó todo atado y bien atado, para que su patrimonio fuera a parar precisamente a sus descendientes directos y la herencia quedara asegurada. Un testamento que otorgó el 20 de febrero de 1968 en el Palacio de El Pardo. Hoy, transcurridos más de cincuenta años, y a pesar de haber vendido parte de este legado, los Franco todavía controlan un complejo entramado de sociedades y propiedades inmobiliarias: fincas, locales, garajes, aparcamientos, puestos de venta de alimentos, así como pizzerías, clínicas, productoras de televisión y empresas de telecomunicaciones… Muchas de sus sociedades tenían la sede en el emblemático domicilio familiar de la calle Hermanos Bécquer número 8, de Madrid. Ya desintegrado, en parte.

Precisamente, las vivencias radiografiadas por David González en este libro van referidas a ello. A la saga de un dictador que ha pervivido en España en nuestra democracia, una situación algo difícil de entender en otros países, ya sean europeos o del resto del mundo.

Pero las figuras de los nietos, y también ya biznietos del general Franco, no son solo conocidas por su aparición en la televisión o en el cuché, sino también por su presencia con fuerza en la vida pública y política. No se trata de nombres y casos que hayan sido seleccionados por el autor aleatoriamente por su condición de gentes de la derecha radical. No.

Esta obra ni mucho menos tiene un carácter de novela histórica, ni tampoco pretende ajustar cuentas con el pasado. Pero sí supone un importante avance, no solo porque aporta muchos y valiosos datos sobre los representantes de esa España de la dictadura, la transición y la actual sociedad, sino porque, por primera vez, están todos juntos e interconexionados.

Es un auténtico manual para conocer y comprender cómo funciona este a veces elitista grupo social tanto en los despachos como en los matrimonios. Se sorprenderán al leer en sus páginas secretos inconfesables que más de uno hubiera querido llevarse a la tumba. Por eso, el interés del libro, y el mérito del propio David, como autor suyo. El haber seleccionado y analizado, dentro de un campo de estudio muy extenso, los casos más singulares.

Analiza cómo estos personajes de la saga Franco van surgiendo y se van haciendo visibles en nuestro Estado de derecho. Los análisis detallados y precisos que nos ofrece González en este libro son imprescindibles para entender el funcionamiento de la realidad en la que vivimos, y a la que llamamos «nuestro presente democrático».

Sin valoraciones excesivas, con interpretaciones muy medidas y ajustadas, con datos bastante reveladores y de gran sensibilidad, se ponen caras y nombres a muchos personajes del influyente imperio social y político español, también objetivos diarios de la prensa rosa. El libro es una hoja de ruta para introducirse en las entrañas del verdadero mundillo social patrio, el poder de los de siempre, el poder de las grandes familias; en definitiva, el poder omnipresente, gobierne quien gobierne.

David González ha conseguido plasmar blanco sobre negro y unificar criterios e informaciones que circulaban dispersas, pero que todas juntas y correctamente contextualizadas son auténticas revelaciones informativas.

La parrilla de salida del libro *La familia Franco. 50 años después* está ya configurada. Por ello, es un honor subir la bandera de este brillante relato periodístico lleno de recuerdos y emociones. Una obra vital para los más jóvenes lectores, nuestro soporte actual, que conocerán aspectos desconocidos de una España que durante muchos años ha sido «diferente». Nuestro *made in Spain*, la señal que siempre nos ha diferenciado en Europa.

Nosotros nos iremos, pero siempre gracias a este libro se recordará ese pasado singular y perplejo de esta poderosa saga en nuestra Historia reciente. Nadie es como es, sino como lo que de él se recuerda, dijo el poeta. Que disfruten, como yo lo he hecho.

JUAN LUIS LÓPEZ-GALIACHO PERONA
Escritor, periodista y profesor contratado doctor
de la Universidad Rey Juan Carlos de Madrid

I

2019. EL «REENTIERRO» DE FRANCO

24 de octubre de 2019. Casi trescientas personas, nostálgicos del anterior régimen como se suele escribir de forma eufemística, esperan la llegada en carne mortal de Francisco Franco a El Pardo. No es que anhelen una nueva venida como si se tratase de un mesías; el Gobierno de Pedro Sánchez, después de año y medio, ha podido cumplir con una de las banderas de su primer periplo en La Moncloa: sacar los restos del dictador del Valle de los Caídos.

Sin embargo, la exhumación se ha complicado y el programa previsto para la jornada no cumple con los horarios. Con varias horas de retraso, los restos mortales de Francisco Franco llegan al cementerio de Mingorrubio para volver a inhumarse junto a la que fue su esposa durante cincuenta y dos años, Carmen Polo y Martínez-Valdés.

Más allá de los fans del Caudillo, el lugar está lleno de periodistas a la espera de que los Franco lleguen junto al abuelo a su segunda morada *post mortem*. Los profesionales de la información se mueven entre el cachondeo, la incredulidad y los comentarios poco caritativos, mientras van narrando a sus medios lo que acontece.

—Joder, parece que a quien han sacado de la tumba es a Pilar Miró —suelta un veterano que sigue a través de su *tablet* las imágenes que TVE, único medio autorizado a asistir, emite desde Cuelgamuros, más conocido como el Valle de los Caídos. En octubre de 2022, con la aprobación de la Ley de Memoria Democrática, pasó a recuperar oficialmente su antigua denominación: Valle de Cuelgamuros.

Efectivamente, la realización de la cadena estatal parece planificada por la malograda cineasta madrileña. Especialmente comentada en los medios será una imagen, un plano contrapicado del helicóptero que traslada definitivamente los restos del dictador hasta El Pardo. En plena era de los memes hubo quien no tardó en subir a Twitter (hoy X) la toma citada, acompañada de la banda sonora de *Parque Jurásico*. La sombra del esperpento es alargada.

Aunque el Gobierno había anunciado que a las 10.30 horas se exhumarían los restos de Franco, la operación de sacar lo que queda del dictador se complicó más de lo que todos esperaban, y será cerca de las 13.00 horas cuando la jornada dé otra imagen para la historia: algunos descendientes del general portan el féretro. Se puede distinguir a Luis Alfonso de Borbón, el bisnieto más político de la saga. El más mediático de la tercera generación de descendientes de Franco.

También se reconoce a José Cristóbal Martínez-Bordiú y a su hermano Francis Franco. Escoltándolos, se mezclan dos generaciones de la familia, de Mariola Martínez-Bordiú a sus sobrinos Daniel o Juanjo.

Para la prensa esta imagen es una novedad. Durante años los Franco habían transmitido cierta idea de desunión. Como un clan formado por varios llaneros solitarios, cada uno por su lado. Alguien que conoce a varios de los nietos de Franco lo tiene claro: «No son una familia desestructurada; cada uno ve la vida de una forma y han ido a su bola». Así fue hasta que decidieron hacer frente común contra un enemigo claro: el Gobierno de Pedro Sánchez y las políticas de memoria.

En esa jornada del 24 de octubre de 2019 daban ante los medios una imagen de unidad. Veintidós descendientes del dictador asisten al acto. Cada uno con su propia carga vital de lo que supone su apellido. El proceso físico de la exhumación de la cripta, por orden expresa del Gobierno, solo tendría como testigos a dos familiares. Los elegidos por el clan fueron José Cristóbal y Merry Martínez-Bordiú. Los dos compartieron en su infancia la misma habitación en El Pardo. Apenas se llevan dos años y tenían un vínculo especial con su abuelo. Ella era la favorita del dictador, la llamaba «la ferrolana». Él fue el único descendiente que quiso seguir la carrera militar de su abuelo. En la misma Academia Militar de Zaragoza a la que tan vinculada está la historia de Franco.

Además, los dos fueron protagonistas de la prensa del corazón en los años ochenta e incluso fueron de los pioneros en el mercadeo de las exclusivas. Llegaron a tasar su vida privada a buen precio en la época dorada del género. Sin embargo, años después optaron por la discreción. Sobre todo Merry, que acabó por convertirse en la versión femenina del hombre invisible. De hecho, su reaparición ante las cámaras se produjo esa jornada, después de años sin que su imagen, muy cambiada con respecto a los años de gloria mediática, fuera captada por una cámara.

Además, ella protagonizaría de una de las anécdotas más comentadas de la jornada. Fue cuando el hecho en sí de desenterrar a Franco se complicó. El operario de la funeraria, Humberto Sepúlveda, usó mazas y una radial para levantar la pesada lápida y descubrió el pésimo estado del ataúd de Franco. Deformado por la humedad y con los laterales desvencijados, levantar así el féretro era una temeridad. Fue en ese momento cuando, según publicó *Informalia*, Merry se dirigió a la ministra Dolores Delgado y le gritó: «¡Que la maldición de desenterrar a un muerto caiga sobre vosotros!».

Al empleado de la funeraria se le ocurrió una solución en el momento: fijar el féretro sobre una tabla y atarlo con unas cinchas para poder elevarlo. Además, se envolvió con una funda, que fue la que todos vimos por televisión.

La familia llegó a las 9.30 a la basílica del Valle de los Caídos. Los descendientes de Franco lo hicieron en un minibús y dos furgonetas, escoltados por vehículos policiales. Unos minutos antes llegaron los representantes del Gobierno, con Dolores Delgado, entonces ministra de Justicia y que actuaba como Notaria Mayor del Reino y Félix Bolaños, hoy uno de los nombres fuertes del Gobierno de Sánchez y que entonces ocupaba el cargo de secretario general de la Presidencia. Fue él el encargado, en las jornadas precedentes, de mantener el contacto con el abogado de la familia Franco, Luis Felipe Utrera Molina.

La tensión entre los miembros del Ejecutivo y los familiares de Franco fue evidente durante toda la jornada. Se negaron a saludar a la ministra Delgado y a Bolaños. La hostilidad alcanzó picos notables cuando, tal y como recogieron los medios, los familiares quisieron cubrir el féretro con una bandera de España preconstitucional. Algo que, en el acuerdo, duro y a cara de perro, pero acuerdo aceptado por ambas partes, había quedado prohibido.

En un principio, querían usar la misma que cubrió al dictador en su entierro el 22 de noviembre de 1975 y que su hija, Carmen Franco y Polo, guardó siempre y que Francis heredó. Esta bandera tiene el Águila de San Juan y es ilegal desde 1981.

Finalmente, cuando aparecieron por la gigantesca puerta de la basílica los veintidós descendientes, siete portando el féretro, se produjo otra imagen para la historia. La ministra de Justicia, Dolores Delgado, el secretario general de la Presidencia, Félix Bolaños y el subsecretario del Ministerio de la Presidencia, Antonio Hidalgo esperaban en la explanada. Finalmente, el féretro quedó cubierto por un pendón con la cruz laureada de San Fernando como enseña familiar, y sobre él, una corona de laurel adornada con cintas con los colores de la bandera española. El mismo símbolo que se sacó de la nada su abuela Carmen Polo, y que mandó instalar en la fachada de la casa natal de Francisco Franco en El Ferrol para ocultar los orígenes humildes de su marido.

Portaron el féretro hasta el helicóptero Super Puma del 402 escuadrón de las Fuerzas Aéreas del Ejército del Aire previsto para ello. Había aterrizado en el monumento en torno a las 11.00, y tuvo que esperar casi dos horas para poder despegar con los restos mortales del Caudillo rumbo a Mingorrubio.

Al introducir el féretro, gritos de «¡Viva España!» y, claro, «¡Viva Franco!». Pocos, comparados con los que les esperaban en Mingorrubio.

El elegido por el clan familiar para acompañar al abuelo en tan peculiar viaje fue Francis Franco; el nieto masculino mayor y cara visible del enfrentamiento con el Gobierno. Cinco días antes, se celebró un cónclave familiar en la calle Hermanos Bécquer, el punto neurálgico de los negocios de la saga y escenario de sus idas y venidas sentimentales. Se vivieron momentos de tensión, ya que algunos de los nietos no querían asistir a la exhumación del abuelo. Aunque nunca se ha confirmado, hay quien asegura que Carmen Martínez-Bordiú estaba entre los nietos disidentes.

El helicóptero, que iba con las ventanas tapadas, es el que habitualmente se utiliza para el transporte de personalidades del Gobierno y la Casa Real. El traslado por aire fue siempre la primera opción, aunque el Gobierno también dispuso de una alternativa por carretera.

A las 13.56 la aeronave llegaba a Mingorrubio, y ya de ahí fue trasladado en coche hasta el camposanto, donde se encuentra el panteón
de la familia Franco. Durante la colocación del ataúd en el mismo coche
fúnebre se oyeron otra vez gritos de «¡Viva España! ¡Viva Franco!».

Según Carmen Franco, su padre siempre quiso descansar en el cementerio de El Pardo, donde ahora lo enviaban. Allí, además de estar enterrada su esposa, también lo está el que fuera su mano derecha, el almirante y expresidente del Gobierno Luis Carrero Blanco, asesinado por
ETA en 1973.

Durante cinco años también estuvo allí enterrado su bisnieto Fran, hijo
de Carmen Martínez-Bordiú y Alfonso de Borbón y Orleans, fallecido en
accidente de tráfico a los once años en 1984. En 1989 su cuerpo fue trasladado al monasterio de las Descalzas Reales en Madrid, junto a su padre.

Fue en Mingorrubio donde la prensa captó las mejores imágenes de
exaltación nostálgica y donde se fotografiaron todos los nietos y bisnietos. El hijo mayor de Francis se mantuvo educado y conciliador con todos los periodistas allí presentes. Su hermano Álvaro fue más esquivo.

UN FRANCO, DOS TEJEROS

La misa *corpore insepulto*, dentro de panteón familiar, corrió a cargo del
sacerdote Ramón Tejero, hijo del teniente coronel protagonista de la
intentona golpista del 23-F. En ese momento el religioso había ganado
notoriedad en los medios por el caso del pequeño Julen, un niño de dos
años que murió al caer en un pozo en Totalán (Málaga), localidad donde Tejero era párroco. Un caso que también los medios convirtieron en
un espectáculo.

Su padre, Antonio Tejera Molina, también se convirtió en el convi-
dado sorpresa de la jornada. Alguien gritó:

—¡Se nota, se siente, Tejero está presente!

Los medios allí convocados no daban crédito. Si la situación rozaba
ya el mejor guion de Berlanga, todo podía mejorarse.

—¡No me jodas que está también Tejero! —exclama un fotógrafo.

—Que no, coño. Que es el hijo, que está dando la misa —le corrige
una reportera.

—Pues tú me dirás quién es el hombre que aparece por ahí. Ya tienes título para la crónica: «Un Franco, dos Tejeros».

Efectivamente, el veterano *fotero* tenía razón. La llegada del exmilitar fue un *show* dentro del circo. El anciano apenas podía caminar entre los ultras que querían tocarlo, como rocieros con la Blanca Paloma, cantando a gritos el «Cara al sol», y policías que querían impedir que el golpista entrara en el cementerio. Lo consiguieron.

Dentro del panteón también hubo lío. Uno de los nietos —según las fuentes consultadas fue Francis— se enfrentó con un miembro de la Policía. Este entendió que el nieto mayor llevaba un bolígrafo, de esos que se venden en la Casa del Espía, que pueden hacer fotos. Fuera, pronto corrió el rumor de lo sucedido.

Para uno de los periodistas que se encontraba allí, y que llevaba años siguiendo los avatares vitales de la familia, estaba todo claro:

—Menudos son. La Policía los protegía de sí mismos. Son capaces de vender una foto.

—Mira que eres malpensado. Normal que nos llamen la canallesca.

—Joder, si hasta vendieron las fotos del abuelo medio muerto. ¿Qué esperas? —terció otro.

Efectivamente, la leyenda de que las fotos de la agonía de Francisco Franco fueron vendidas por alguien del entorno familiar siempre ha estado ahí. Leyenda que no se sustenta, aparentemente, en nada más allá de la duda razonable. Pero de esas fotos ya nos ocuparemos más tarde.

A la salida, tanto Francis Franco como el abogado familiar, Luis Felipe Utrera Molina, comentaron la actitud, para ellos «poco digna», del agente en cuestión. Era el último episodio de una guerra contra el Ejecutivo que los volvió a poner en el punto de mira de los medios de comunicación después de un relativo invierno informativo para los descendientes del dictador.

TODOS A UNA

El camino para llegar a ese 24 de octubre de 2019 fue largo, y se registró en los medios de comunicación: una batalla con el Gobierno español, que hizo de los Franco protagonistas del debate político. Salvo deshonrosas excepciones, los descendientes del general no habían destacado por polémicas de cariz político. Tras la muerte de su abuelo y los primeros años de la Transición, su reinado mediático fue crepuscular en la prensa rosa. Allí se movieron a medio camino entre el protagonismo involuntario por sus escándalos y el negocio, a costa de un apellido que en los ochenta empezó a ser una losa, a veces tan pesada como la que sepultó durante cuarenta y cuatro años a su abuelo.

El 17 de julio de 2018 Pedro Sánchez puso sobre la mesa, es decir, en el Congreso de los Diputados, el asunto de la exhumación de los restos del dictador. Se apoyaba para ello en la Ley de Memoria Histórica de 2007. Era una anomalía democrática que el general estuviese enterrado con honores en un monumento como el Valle de los Caídos.

Empezó así una guerra con la familia del dictador. Pero no solo con ellos. Los Franco contaron con aliados de todo tipo. El PP de Pablo Casado se puso de perfil ante el asunto, los de Vox se opusieron y Albert Rivera imitó casi a Pujol con un «no toca». Esto, a pesar de haber apoyado la idéntica propuesta de Sánchez cuando estaba en la oposición.

Hubo movilizaciones, y hasta las visitas a Cuelgamuros aumentaron en los meses que duró la guerra entre el Gobierno y los Franco. Algunas dejaron momentos para el esperpento patrio, como aquella de las señoras gritando ante números de la Guardia Civil «¡Queremos ir a misa!». Bajo la etiqueta #Elvallenosetoca el asunto fue *trending topic* en redes sociales durante varias jornadas.

Para la memoria catódica quedan las intervenciones de Pilar Gutiérrez. La autodenominada como «mujer más franquista de España» hizo las delicias de las televisiones con su aire neofriki. Lo mismo la veíamos con Susanna Griso que con Risto Mejide.

La Fundación Nacional Francisco Franco (FNFF) consiguió más publicidad que nunca desde su creación en 1977. Su presidente ejecutivo, el militar Juan Chicharro, se paseó por todas las televisiones imaginables. Su vinculación con la familia iba más allá de la defensa de la memoria del general. El presidente de honor de la FNFF, en sustitución de su abuela Carmen Franco y Polo, es Luis Alfonso de Borbón Martínez-Bordiú, bisnieto a la vez de Franco y de Alfonso XIII. Casi nada.

Al contrario que su abuela, Luis Alfonso sí ha optado por la visibilidad desde la FNFF. Una postura que al principio sorprendió. Sin embargo, era coherente con la evolución del personaje. Erigido en el auténtico pendón visible de la familia; el estandarte de los Franco del siglo XXI.

Muy de cerca en la pugna con el Gobierno de Sánchez le siguió su tío Francis Franco, dispuesto a dar la batalla en nombre de los suyos. Ya en agosto de 2018, unas semanas después de que Sánchez anunciara en la Cámara Baja sus intenciones, Francis se manifestó en una carta pública dirigida al Ejecutivo. «En la era digital que nos ha tocado vivir, ni podrán borrar la memoria de mi abuelo ni podrán engañar a todo el pueblo español, que cada día se fía menos de sus políticos», afirmó el señor de Meirás.

En octubre de 2018 todos los nietos de Franco anunciaron que, si era inevitable la exhumación, querían que los restos de su abuelo se enterraran en la catedral de la Almudena. Un giro con el que el Gobierno no contaba. En la catedral madrileña la familia tiene una cripta donde están enterrados los marqueses de Villaverde. Además, se apoyaban en una ley de 2010 para exigir un entierro con honores militares, ya que su abuelo era un mando del Ejército. Un funeral que implicaba descarga de fusilería y el himno de España.

El Gobierno de Sánchez tragó saliva, pensando que había caído en su propia trampa. Iban a sacar al dictador del Valle de los Caídos para acabar trasladándolo al centro de la capital, junto a la plaza de Oriente, frente al Palacio Real, en uno de los lugares más turísticos. Plaza, además, en la que el dictador se dio los mayores baños de masas de su existencia.

Sin embargo, el Gobierno siguió en sus trece. El 24 de agosto, el Consejo de Ministros aprobó un Real Decreto-Ley para llevar a cabo la exhumación y dio a la familia un plazo de quince días para elegir el lugar donde enterrar al abuelo. Luego, Carmen Calvo matizó y habló de cuatro meses de plazo.

Francis para entonces ya estaba desatado: «Los partidos de izquierdas no pueden perdonar a mi abuelo que les ganase la guerra y la paz». Pero los medios no eran el único frente de la familia. Los tribunales, un hábitat que tan bien conocen algunos miembros de la saga, iban a ser el campo de batalla para dirimir la exhumación del abuelo.

Así, el 3 de septiembre de 2018, el abogado Luis Felipe Utrera Molina —hijo del exministro franquista José Utrera Molina y cuñado de Alberto Ruiz-Gallardón— enviaba un escrito, en nombre de la familia Franco, al Defensor del Pueblo para pedir amparo al Tribunal Constitucional por considerar que el decreto-ley del Ejecutivo atentaba contra la Carta Magna.

Mientras, en el Congreso, el Real Decreto se aprobaba con 172 votos a favor (PSOE, Unidas Podemos, ERC, PDeCAT, PNV, Coalición Canaria, Compromís, Nueva Canaria y EH Bildu), dos noes (PP) y 164 abstenciones (la mayoría de los parlamentarios del Partido Popular, Ciudadanos, Unión del Pueblo Navarro y Foro Asturias).

LA IGLESIA ENTRA EN LIZA

También entró en liza, aunque obligada y sin ganas de mojarse, la Iglesia. La familia Franco alegaba que un acuerdo entre España y el Vaticano, firmado en enero de 1979, garantizaba la inviolabilidad del Valle de los Caídos como lugar de culto.

Un problema más para el Gobierno. La vicepresidenta Carmen Calvo viajó hasta la Santa Sede el 28 de octubre para encontrarse con el secretario de Estado vaticano Pietro Parolin. Las relaciones entre España y el Vaticano no pasaban por su mejor momento. La lista de bienes inmatriculados por la Iglesia y la investigación de varios casos de abusos sexuales cometidos por miembros del clero estaban sobre la mesa, y Roma, con respecto a la exhumación de Franco, no iba a jugar un papel menor. El Gobierno no quería bajo ningún concepto que los restos del dictador descansaran en La Almudena.

Al margen de su guerra con el Gobierno, a la familia Franco no le gustó la actitud de la Iglesia católica, ya que consideraba que no había defendido los intereses de la familia ni la memoria del dictador. Francis Franco se quejó por esas fechas en el programa *Cuatro al día* de que ni siquiera le dejaron celebrar una misa en la iglesia de los jesuitas de la calle Serrano, lugar donde se celebró la misa por su madre, Carmen Franco, en diciembre de 2017 y a la que acudió el golpista Antonio Tejero.

La jerarquía vaticana estaba a sus cosas, y a las suyas estaba también Santiago Cantera, un excandidato de Falange Española Independiente (FAI) que tomó los hábitos para convertirse en monje benedictino y prior de la abadía de la Santa Cruz del Valle de los Caídos. En él encontraron los Franco otro aliado.

El lío a cuenta de la exhumación consiguió que la misa del 20-N en el Valle de los Caídos volviera a ocupar los titulares como en los tiempos del posfranquismo. Como cuando acudían a la misma Carmen Franco, Blas Piñar y, como nota de color, Nati Mistral. En 2018 las cámaras tuvieron su ración con Pilar Gutiérrez, Juan Chicharro y Luis Alfonso de Borbón, «el rey de los franquistas».

Antes de que acabara el año 2018, el 4 de diciembre, el Tribunal Supremo admitió a trámite un recurso de la familia. La Sección Cuarta de la Sala de lo Contencioso-Administrativo del Alto Tribunal abrió «una pieza de medidas cautelares» para tener en cuenta la petición de suspensión que los denunciantes (los siete nietos de Francisco Franco) hacían del acuerdo del Consejo de Ministros. Este había decidido el 8 de noviembre continuar con el proceso de exhumación y trasladar los restos al cementerio de El Pardo-Mingorrubio.

El tiempo pasaba y en La Moncloa se ponían nerviosos. El año 2019 tocaba cita con las urnas. El 28 de abril había elecciones generales, seguidas de unas autonómicas y locales. Finalmente, los españoles volveríamos a las urnas en noviembre. La exhumación de Franco podía ser un arma electoral de primer orden o un fracaso.

Había que dar un nuevo golpe de efecto sobre la mesa y se dio. El Consejo de Ministros celebrado el 15 de febrero de 2019 volvió a dar quince días a la familia para señalar el lugar donde quería enterrar a su abuelo. Sin que, claro, fuese La Almudena. Si no, a Mingorrubio. Además, desde el Ejecutivo aportaban un informe de la Delegación de Gobierno de Madrid, alegando «riesgos para el orden público» entre los motivos por los que se desaconsejaba la catedral madrileña. La entonces portavoz, Isabel Celáa, fue contundente en la rueda de prensa posterior al Consejo de Ministros: «Ojalá las víctimas de Franco hubieran tenido las mismas garantías que la familia de Franco. […] No hay ninguna duda de que el Ejecutivo tiene la facultad de exhumar los restos de Franco. La tardanza se ha debido al empeño garantista del Gobierno para culminar el proceso».

Y llegó el 26 de febrero. Los componentes del clan Franco volvieron a actuar todos a una. Presentaron recursos en 17 juzgados. Cada miembro de la familia interpuso recursos distintos. Buscaban que sonase la flauta. Y sonó. El «flautista» fue José Yusti Bastarreche, titular del Juzgado de lo Contencioso-Administrativo número 3 de Madrid. La prensa no tardó en saber quién era el juez en cuestión. Hijo y nieto de almirantes y cercano a la ultraderecha.

Los Franco tenían el tiempo a su favor. El 4 de marzo se disolvían las Cortes por la convocatoria de comicios y cuatro días más tarde los siete nietos del dictador presentaban un nuevo recurso ante el Tribunal Supremo pidiendo medidas cautelares contra la exhumación de Franco. La Sala Tercera del Alto Tribunal admitió el recurso. La Fundación Nacional Francisco Franco, la Asociación para la Defensa del Valle de los Caídos y los benedictinos de la basílica también presentaron sus recursos al Tribunal Supremo.

El Gobierno decidió actuar por su cuenta. El 15 de marzo anunció que los restos de Franco saldrían del valle rumbo a El Pardo el 10 de junio. Es decir, después de todas las convocatorias electorales previstas. «Si la familia se hubiese hecho cargo de los restos, habría sido muy rápido. No ha sido así y han hecho uso de los instrumentos legales a su alcance, lo que ha obligado a extender los plazos», aseguró Carmen Calvo.

Como consecuencia de estas manifestaciones el abogado de los Franco, Utrera Molina, presentó un escrito al Supremo como ampliación del recurso, señalando la indefensión de los Franco si el Gobierno lograba imponer la exhumación antes de que el Alto Tribunal se pronunciase.

La justicia habló seis días antes del plazo dado por el Ejecutivo: el 4 de junio de 2019 la Sección Cuarta de la Sala Tercera del Tribunal Supremo decidió, por unanimidad, suspender cautelarmente la exhumación.

La decisión del Alto Tribunal no evitaba la polémica política de fondo y recordaba que el hecho de que Francisco Franco «fuera jefe del Estado desde el 1 de octubre de 1936 hasta su fallecimiento el 20 de noviembre de 1975 atribuye a toda la controversia unos rasgos especiales que no se pueden ignorar y que permiten atribuir un perjuicio irreversible a la ejecución de la decisión del Consejo de Ministros».

En cuanto a las reacciones, hubo para todos los gustos. El nuncio del Vaticano en España, Renzo Fratini, se puso de perfil en la agencia de noticias Europa Press, a pesar de la cercanía de la jerarquía romana y el Gobierno de Pedro Sánchez en este asunto: «Sinceramente, hay tantos problemas en el mundo y en España, ¿por qué resucitarlo? Yo digo que han resucitado a Franco. Dejarlo en paz era mejor», afirmó.

Francis Franco, henchido por el triunfo, dijo en *La Razón* que la decisión del Supremo «era de justicia». El Ejecutivo aparentó tranquilidad y se pronunció a través de un comunicado: «La suspensión cautelar implica que el Gobierno pospondrá la ejecución de la exhumación hasta que, en los próximos meses, se dicte sentencia sobre el fondo del asunto. No es extraño que el Tribunal Supremo suspenda la ejecución de una decisión cuya legalidad tiene que revisar a instancia de parte».

EL FIN DE LA GUERRA JUDICIAL

A la vuelta del verano todo dio un cambio. El 24 de septiembre de 2019 la Sección Cuarta de la Sala de lo Contencioso-Administrativo del Tribunal Supremo avaló, por unanimidad, la exhumación de Franco y el traslado de su cuerpo embalsamado al cementerio de El Pardo.

Su resolución dividió al tribunal durante las deliberaciones en los días previos a dictarse la sentencia, al señalar el derecho de los familiares a elegir el lugar para dar sepultura a los restos de su familiar. El tribunal estaba presidido por Jorge Rodríguez Zapata y lo integraban también los magistrados Celsa Picó, José Luis Reguero, Pilar Teso, Segundo Sanz y Pablo Lucas. El ponente de la resolución fue este último, cuyo borrador de sentencia fue asumido por todos los integrantes de la Sala.

En declaraciones a la Cadena Ser, Carmen Calvo destacó la importancia de que el Tribunal Supremo, con su decisión tomada por unanimidad, diera «la razón» al procedimiento iniciado por el Gobierno para exhumar a Franco y que se topó con una oposición férrea por parte de la familia.

Una oposición que los llevó a formar un frente conjunto y a mostrar una unidad que sorprendió a muchos. Sobre todo, porque cada uno de los miembros del clan había tomado su propio camino intentando huir del peso de un apellido que en su día generó tantos privilegios como reticencias fomentó en la España que siguió a la muerte del dictador.

La turbulencia de la política nacional en ese 2019 los devolvió a la actualidad. Los meses de guerra con el Gobierno por la exhumación les dieron un protagonismo político del que casi todos habían huido. Francis y Luis Alfonso de Borbón, con todas las diferencias existentes entre ambos y que nunca hacen públicas, se convirtieron en la cara más política de los Franco. El nuevo escenario político español les hizo un hueco. Una bandera, la ideológica, que nunca había enarbolado la saga del dictador, la portaron estos dos miembros, sobre todo Luis Alfonso, con la misma destreza con la que actuaban en los negocios. Un mundo en el que, lejos de los cambios políticos, se movieron como pez en el agua en las primeras décadas de la democracia. Combinándolo todo ello con un reinado crepuscular de su apellido en la prensa del corazón. Un género periodístico con el que han tenido una relación de idas y venidas y en el que fueron pioneros de la venta de exclusivas.

El 24 de octubre de 2019 volvieron al foco público muchos de los miembros de la familia que habían huido de la fama y que, tras esa jornada, retornaron a la intimidad. Una fecha clave para la familia. Como lo fue el 29 de diciembre de 2017 con la muerte de Carmen Franco y Polo, la duquesa de Franco, matriarca absoluta de una saga con alma de *holding* inmobiliario que empezó a dar un giro y convertirse en *cash* a su fallecimiento. Un nuevo cambio con respecto a lo construido en otra fecha fundamental para el clan, y esta también para el país, el 20 de noviembre de 1975, cuando la racha familiar pareció acabarse. No es cierto, como veremos, que el apellido pasase a convertirse en un estigma, a pesar de sus quejas. Empezó un periodo de cambio que cristalizó en un éxito en los negocios, pero que tuvieron que aprender a combinar con la crítica de la prensa, que no dejaría de publicar sus escándalos sociales, económicos y sentimentales.

Aquella reunión familiar en noviembre de 1975 para enterrar al abuelo en el Valle de los Caídos fue el inicio de una etapa donde los elogios del apellido pasaron a estar compensados con la crítica y el resquemor hacia el mismo. Una escena que se repitió cuarenta y cuatro años después, aunque con una generación nueva incorporada al clan y con los siete supervivientes de aquella fecha cambiados por el paso del tiempo. Cuatro décadas en las que buscaron, cada uno, su forma de moverse en el mundo con un apellido que no deja indiferente a nadie. En 1975, con la muerte de Francisco Franco, comenzó la diáspora familiar de sus descendientes.

II

1975. PUNTO Y APARTE

El 8 de septiembre de 1975 acababa oficialmente el último verano del franquismo. El dictador y su séquito volvían a Madrid después de más de un mes en el Pazo de Meirás, en el municipio coruñés de Sada. Nadie lo verbalizaba, pero en el ambiente todo sonaba a última vez. Fue un verano bastante movido, a pesar de que el doctor Vicente Pozuelo Escudero, médico personal del Generalísimo, entendía que la actividad de su paciente tenía que reducirse. Fue él quien consiguió vencer las reticencias de Franco y convencerlo para hacer la vuelta a la capital en avión y no en coche, como él quería.

—Un viaje en coche de tantas horas no es recomendable. Vamos, yo no respondo de lo que pueda pasar. —El facultativo se mostró tajante.

Ante la perspectiva de lo que pudiera pasar, Carmen Polo apoyó al médico. Y sí, Franco viajó a Madrid en un Boeing 727. No sin antes pasar por la catedral de Santiago de Compostela para despedirse del patrón. Intuía que era un adiós en el más estricto sentido de la palabra.

Concluía un verano al que el dictador llegó exhausto. Las semanas previas a abandonar El Pardo fueron de una acumulación de acontecimientos excesiva para sus mal llevados ochenta y dos años. Muchas malas noticias daban cuenta de la sensación de inestabilidad del país.

El 23 de junio Franco asistió en la madrileña plaza de Las Ventas a la corrida de la Beneficencia. Los toros eran una de las pocas cosas en la que Franco y Carmen Polo no estaban de acuerdo. «La señora» no los soportaba. Ese día, como dirían los taurinos, hubo señales. El cartel de la tarde lo componían Ruiz Miguel, Pedro Gutiérrez Moya, conocido como Niño de la Capea, y Roberto Domínguez.*

La señal de que algo no saldría bien esa tarde no estaba en los diestros sino en los toros. No fueron los anunciados: los de la ganadería de Fermín Bohórquez fueron rechazados por los veterinarios y sustituidos por seis toros de Sepúlveda de Yeltes. El público no se mostró conforme. Pero pronto el tema de conversación sería otro.

Mientras Roberto Domínguez lidiaba el tercer toro de la tarde, alguien le comunicó a Franco una terrible noticia. El ministro-secretario general del Movimiento, Fernando Herrero Tejedor, había sufrido un accidente de coche mortal en la localidad abulense de Adanero.

Franco quiso conocer toda la información disponible. Dudaba sobre si detrás de la muerte de Herrero Tejedor pudiera estar la mano del terrorismo. El Dodge en el que viajaba el ministro-secretario general había chocado con un camión cuyo conductor quedó fuera de peligro. El accidente se produjo en uno de los puntos negros que entonces tenía señalados la Policía por la gran cantidad de siniestros acaecidos. El general se quedó muy tranquilo al saber que en los últimos momentos de vida el político pudo recibir los últimos sacramentos por parte del párroco de la localidad cercana de Villacastín. «Le tenía en alta estima», musitó Franco en el palco de Las Ventas.

Al día siguiente el dictador presidió el funeral junto al príncipe de España en el Consejo Nacional del Movimiento, hoy el Senado, en la plaza de la Marina Española. La homilía correría a cargo del cardenal Vicente Enrique y Tarancón, que mantenía desde hacía tiempo una fría relación con el Caudillo. Algunos sectores de la Iglesia estaban cada vez más posicionados contra el régimen.

Una vez cumplidas las exequias fúnebres, la prensa y la calle hacían cábalas con quién sería el sustituto. Se hablaba del vicesecretario, un joven de Ávila llamado Adolfo Suárez y que había sido en su momento presidente

---

* Este último sería, años más tarde, protagonista en la prensa del corazón por sus romances con la escritora Carmen Posadas y la actriz de telenovelas Jeannette Rodríguez, la de *Cristal*. Hoy es apoderado del famoso matador Andrés Roca Rey y está casado con la presentadora de Televisión Española Elena S. Sánchez.

de Radio Televisión Española. Franco, sin embargo, se decantó por uno de los hombres fuertes del régimen en otras épocas, José Solís. Curiosamente, Solís y Suárez fueron fotografiados el día del entierro portando el féretro de Herrero Tejedor. Gran parte de la prensa interpretó la elección de Franco como la vuelta a las esencias de la dictadura. Además, Solís contaba con gran popularidad. Fue, junto a Manuel Fraga, el ministro franquista que mejor supo utilizar la propaganda en los medios de comunicación. Su imagen sonriendo exageradamente en actos e inauguraciones hizo que se lo conociera, no sin cierta mala leche, como «la sonrisa del régimen».

Sin embargo, la actividad seguía. El 5 de julio Franco dio una imagen preocupante en la final de la Copa del Generalísimo. Estuvo acompañado por el presidente del Gobierno y los duques de Cádiz, su nieta Carmencita y su marido Alfonso de Borbón. Pugnaban por el trofeo dos rivales históricos: el Real Madrid y el Atlético de Madrid. El encuentro tuvo lugar en el Vicente Calderón. Ganó el Real Madrid y Franco entregó la Copa, la última de su vida, a Amancio. En este choque deportivo el dictador volvió a dar muestras de su más que particular sentido del humor. Se mostró encantado ante el presidente del Gobierno, Carlos Arias Navarro, y el médico Vicente Pozuelo por el éxito del Real Madrid debido a un motivo muy concreto: Fernando Fuertes de Villavicencio, el jefe de su Casa Civil, era colchonero convencido y lo estaba pasando fatal con el fracaso del equipo de sus amores.

Seis días después Franco reaparecía en público para la inauguración del Museo de Arte Contemporáneo en la Ciudad Universitaria. Algunos asistentes lo notaron ausente. Cuando llegó a El Pardo, el doctor Pozuelo quiso saber:

—Excelencia, sé que es experto en pintura. ¿Qué piensa del nuevo museo?

—¿Y usted? —Franco se puso gallego.

—He preguntado primero, Excelencia.

Franco no pudo evitar una leve sonrisa al responder:

—Pienso exactamente igual que usted: eso no es pintura.

Siete días más tarde llegó una fecha clave en el imaginario construido por el franquismo: el 18 de julio. El último. Franco, cada vez más agotado, no podía dejar de asistir. Fue una jornada extenuante. Por la mañana entregó diplomas a las empresas modelo y los trabajadores ejemplares.

Entre los últimos, el actor Joaquín Roa. Y de ahí a la Granja de San Ildefonso, en Segovia, donde tendría lugar la gran fiesta.

Mientras se organizaba todo para la tarde noche, Franco vio en el
televisor la Copa Davis de tenis. Quedó decepcionado, y así lo hizo saber, con el juego del español Higueras. No pudo dormir la siesta por su
afición al tenis, y acusaría el cansancio durante los actos que tuvieron lugar con posterioridad. Después de la cena actuaron la Orquesta y Coros
Nacionales dirigidos por Rafael Frühbeck de Burgos y Lola Rodríguez
de Aragón. La familia durmió en La Granja y el día siguiente Franco lo
dedicó a una de sus grandes aficiones: la pesca.

El día 28 de julio, por fin, siguiendo los consejos del doctor Pozuelo, Franco inició sus vacaciones. El avión Ribeiro salió de Barajas a las seis
de la tarde. Al llegar a Galicia Franco no reprimió sus lágrimas ante Vicente Pozuelo. No creía que podría ser capaz de volver a su tierra, e intuía que sería su última visita. El doctor, íntimamente, sabía que, a pesar
del cambio que supuso su llegada a El Pardo, la vida del dictador discu-
rría ya en el tiempo de descuento.

MARCHAS MILITARES, LOGOPEDA
Y UNAS MEMORIAS DICTADAS

La llegada del doctor Vicente Pozuelo como galeno particular de Franco se había producido un año antes, en julio de 1974, después de que el
que fuera médico del dictador durante veintisiete años, Vicente Gil, llegara a las manos con el yerno de Franco, Cristóbal Martínez-Bordiú. Fue
durante el ingreso del dictador en la residencia sanitaria que llevaba su
nombre a causa de una tromboflebitis. Un asunto que llenó de preocupación, y también de esperanza, a muchos españoles. Por primera vez se
intuía que el franquismo y su principal baluarte no eran eternos.

El nerviosismo cundió, sobre todo, cuando Franco cedió temporal-
mente las funciones de jefe del Estado a Juan Carlos de Borbón. La in-
quietud del denominado búnker político, el área más inmovilista del régimen, creció y, como consecuencia política, se puso fin a un cierto
proceso de apertura que se conoció como «espíritu de febrero» en referencia al discurso que el presidente Arias Navarro pronunció en las Cortes

franquistas el 12 de febrero de 1974. La enfermedad de Franco puso fin a los cambios intramuros de la dictadura. Un periodo que ilusionó a muchos y cristalizó en una vuelta a la etapa más negra del régimen. Una decepción que Francisco Umbral retrató en su *Diario de un español cansado*.

Cuando el 31 de julio de 1974 Franco volvió a El Pardo y retomó sus funciones como jefe del Estado ya contaba con un médico nuevo. La bronca, casi a puñetazos, entre su yerno y Vicente Gil acabó con el fin de los servicios de este. Casi tres décadas que se cerraron recibiendo de regalo… un televisor.

El doctor Pozuelo Escudero se encontró con un paciente en la recta final de su vida, con muchos achaques y, además, con todas las responsabilidades de ejercer de dueño y señor de una finca llamada España. Decidió centrarse no solo en la salud física sino también en la emocional. Resolvió que una rutina de ejercicios para desentumecer las extremidades inferiores era necesaria, pero pensó que tendría un impacto aún más positivo en el paciente si se hacía a ritmo de marchas militares. Pozuelo trasladó a palacio un magnetófono e hizo caminar al Caudillo al ritmo de la música. Notó que el ánimo del dictador cambiaba, mejoraba y hasta caminaba más deprisa. Sobre todo cuando la música seleccionada era el himno de la Legión.

La propia Carmen Polo puso en duda en un principio los métodos, sorprendida de encontrar a su marido, sombra de lo que fue, desfilando a ritmo de «Banderita» o «Soldadito español». Con sorpresa se lo comunicó a su hija, que primero mostró incredulidad y, luego, satisfacción al ver que el curioso tratamiento mejoraba la actitud de su padre.

El doctor Vicente Pozuelo también convenció a Franco de que tomara clases con una logopeda para conseguir que sus discursos volvieran a ser inteligibles. Al menos en la forma. Sus últimas alocuciones públicas habían llamado la atención por la imagen de decrepitud que transmitían. La grabación del mensaje de fin de año de 1973 había sido casi maratoniana y aun así el resultado arrojó la idea de un hombre en la recta final de su existencia.

También quería evitar el médico la lentitud en los pensamientos, en la construcción de las ideas y la forma de verbalizarlas. Pensó que una manera de poner a funcionar a más revoluciones la mente de Franco era obligarlo a recordar de forma más o menos estructurada. Es decir, que fuera dictando poco a poco sus memorias ante un magnetofón. Sería Consuelo, la esposa del doctor, quien, luego, pasaría a escrito lo grabado en cada sesión. El propio Franco estableció el método de trabajo:

—Yo grabo las cintas, usted se las lleva, Consuelo las transcribe, me las devuelven, las corrijo y, nuevamente, su mujer las pasa a limpio. Me guardo el pliego definitivo y voy almacenando el material hasta que tengamos escrito el libro completo. Creo que es el mejor método.

El doctor era consciente de la trascendencia de este trabajo y decidió hablar con Carmen Franco:

—He convencido a su padre para que, sin escribirlas, grabe sus memorias. Mi argumento ha sido que un día usted tendrá el original para hacer con él lo que creas más conveniente; tanto si se trata de reivindicar la memoria del Generalísimo, como si lo necesita de apoyatura económica.

Y le advirtió:

—Es un secreto. No diga nada a su marido ni a su madre. Si se enteran, el Generalísimo ya no volverá a confiar en mí.

Así las cosas, ¿dónde están las memorias de Franco?

Tenemos que hacer una digresión en el relato. Si tal y como contó el doctor Vicente Pozuelo en su libro *Los últimos 476 días de Franco* (Planeta, 1980), y confirmó Carmen Franco en los recuerdos que dictó a Nieves Herrero, durante semanas Francisco Franco dictó a un magnetofón sus memorias, ¿dónde se encuentran?

Según el facultativo, los textos corregidos por su mujer se guardaban junto a las cintas de audio en la caja fuerte del despacho del dictador. Incluso, según asegura con el permiso de la marquesa de Villaverde, en el citado libro de memorias reproduce el contenido de parte de esas grabaciones.

Sin embargo, las memorias como tal nunca han aparecido. Carmen Franco donó varios documentos a la Fundación Nacional Francisco Franco, pero en su catálogo no están las citadas memorias.

Veamos lo que afirman algunos miembros que estuvieron en contacto con la familia. Según Jimmy Giménez-Arnau, que relató sus tres años de matrimonio con Merry Martínez-Bordiú en *Yo, Jimmy: mi vida entre los Franco* (Planeta, 1981), el marqués de Villaverde le enseñó cuarenta cajas que contenían varios documentos y fotografías. Entre ellos las memorias del dictador. «Todos los días escribía sus pensamientos, una, dos y hasta tres horas por día. Escribió mucho», le contó su suegro a Giménez-Arnau. «En estos papeles se cuentan muchas cosas de amigos nuestros y no se pueden enseñar», añadió.

Pilar Franco, la hermana de Franco, iba más allá y veladamente acusaba a su sobrina de negociar con este material: «Estas memorias son propiedad de la marquesa de Villaverde. Mi hermano, o quizá Carmen [Polo], no sé, se las dio a ella. Según tengo entendido son bastante extensas, pero habría que rehacer mucho porque el mal de Parkinson, tan acusado ya, le impedía escribir a mano. [...] No sé si se publicarán pronto. Se habló de que las había adquirido una gran editorial norteamericana. Que había pagado tanto y más cuentan... también dijeron que las publicaba Lara [dueño de la editorial Planeta], o que iba a traerlas a España».

La *hermanísima* no estaba informada o jugaba a no estarlo. Como sabemos, las memorias se dictaban y se pasaban a limpio, con lo cual era complicado que el párkinson afectase a los textos. Por otro lado, afirma lo que luego confirmaría el propio doctor Vicente Pozuelo; que las memorias estaban en posesión de Carmen Franco. Sin embargo, asegura conocer rumores de que habían sido adquiridas por una editorial norteamericana o por el editor Lara, por cierto, cuya editorial publicó el libro en el que Pilar Franco afirmaba tales cosas. Es decir, acusa a su sobrina de venderlas, ya que era la guardiana de las mismas.

En su autobiografía *Historia de una disidencia* (Planeta, 1981), la hija de Pilar Franco, Pilar Jaraiz Franco, se muestra más cauta y se limita a formular una serie de preguntas:

> Los historiadores claman por la apertura de los archivos y, naturalmente, por su conservación para la posteridad. Pero, aunque el secreto se desvele a la legítima curiosidad del investigador, quedarán para siempre cuestiones poco claras que habrá que reconstruir, intuir, o adivinar, más que contar con un esclarecimiento.
>
> Todavía más, ¿existen o no existen las memorias de Franco? ¿Existen documentos personales o de Estado que se están enviando al extranjero según el editor José Manuel Lara cree saber? ¿Las cintas dictadas por consejo del doctor Pozuelo tienen suficiente entidad? ¿Se quemaron en el Pazo de Meirás documentos importantes que podían esclarecer detalles de nuestra historia reciente? Estas son otras tantas preguntas sin contestación, o quizá la tengan y los que podrían responder se nieguen a hacerlo prestando un flaco servicio a la investigación histórica.

En 1987 el historiador Luis Suárez controló la edición de cuarenta páginas que hizo la Fundación Nacional Francisco Franco de lo que calificaron como «apuntes» personales de Franco sobre la Segunda República y la Guerra Civil. Tres años más tarde el mismo historiador aseguró tener conocimiento de la existencia no de unas memorias, sino de una especie de guiones que el dictador había escrito como una guía para una futura biografía que encargase a un tercero.

En 2007 los historiadores Jesús Palacios y Stanley G. Payne dan otro giro al asunto. En un libro de conversaciones con Carmen Franco llegan a afirmar que Franco «no dejó redactadas ni dictadas sus memorias (que sepamos hasta ahora)». Teniendo en cuenta que la propia hija del dictador confirma en sus memorias lo ya adelantado por el doctor Vicente Pozuelo y que este reproduce, como hemos dicho, parte de los recuerdos del general, no se entiende que los dos historiadores citados, después de una conversación con Carmen Franco, aseguren que no existen las memorias.

Por último, Juan Cobos, monaguillo del Palacio de El Pardo, contaría en un libro que, tras la muerte de Franco, su yerno Cristóbal Martínez-Bordiú recogió toda la documentación del despacho del jefe del Estado, incluidas las memorias. Un relato que confirma el que contó Jimmy Giménez-Arnau más de dos décadas antes.

Con todo, la pregunta sigue siendo la misma: ¿dónde están las memorias de Francisco Franco? La lógica indica que deben de estar en manos de alguno de los hijos de Carmen Franco, fallecida en diciembre de 2017. Se trata de un documento vital para conocer el punto de vista de uno de los grandes protagonistas de la historia reciente de España. ¿Verán la luz algún día? ¿Será previo pago?

SÉ LO QUE HICISTEIS EL ÚLTIMO VERANO DEL FRANQUISMO

Pero volvamos a 1975. En las circunstancias arriba descritas se llegó al veraneo del dictador y su familia. Como hemos contado, el 28 de julio dejó una temporada extenuante y puso rumbo a Galicia. Las vacaciones duraron hasta el 8 de septiembre. Más de un mes en el que el Caudillo jugó al golf y, por supuesto, se mantuvieron las dudas sobre el futuro inmediato del país.

Claro que para el pueblo llano el tema del verano no fue la salud del jefe del Estado. Fue un suceso sangriento lo que ocupó la atención de la gente:

sucedió el 22 de julio en el cortijo sevillano de Los Galindos donde se encontraron cinco cadáveres. Medio siglo después el caso sigue sin resolverse.

Ese largo verano todo fueron rumores sobre el futuro inmediato. Las repetidas visitas del entonces príncipe Juan Carlos de Borbón hicieron pensar a muchos que algo se podía estar cociendo. El 29 de julio el príncipe de España llegó en avión acompañado de sus hijas, las infantas Elena y Cristina. La princesa Sofía y el infante Felipe viajaron por separado en otro vuelo. Todos fueron recibidos en el aeropuerto de Alvedro por Carmen Polo.

Las posibles asperezas entre «la señora» y los príncipes se habían limado. Desde que su nieta Carmencita se casó con el primo de don Juan Carlos, Alfonso de Borbón y Dampierre en 1972, la esposa de Franco albergó en su cabeza la idea de ver a su nieta convertida algún día en la reina de España. Tres años después, sin embargo, todo parecía estar más que claro: Juan Carlos era el heredero de Franco a título de rey, en virtud de la Ley de Sucesión de 1947. Claro que la Ley también establecía la posibilidad de que el dictador cambiara de opinión.

En esos días de julio, en Meirás los príncipes y sus hijos no estuvieron solos con Franco y Carmen Polo. También estaban allí los Villaverde y, precisamente, Carmen y Alfonso de Borbón. Además del resto de nietos.

En esa primera visita veraniega, navegaron en el Azor y hasta vieron todos una película: *El médico de la mutua*, del actor italiano Alberto Sordi, una corrosiva sátira sobre la situación en esos años de la sanidad pública del país transalpino.

No sería la última visita de Juan Carlos de Borbón a lo largo de esos días de verano. Los Borbón pusieron rumbo a Mallorca, donde desde un año antes veraneaban en el Palacio de Marivent. El 8 de agosto interrumpió de nuevo su veraneo para volver a visitar a Franco. Evidentemente, fue una estancia que resucitó antiguos resquemores, y en Madrid muchos recordaban el verano pasado cuando el Caudillo traspasó los poderes a Juan Carlos. También recordaban la advertencia de este: si volvía a asumir la Jefatura del Estado solo lo sería ya de forma definitiva. Según consignó en sus memorias el doctor Vicente Pozuelo, estuvieron horas encerrados, hablando. Volvería acompañado de la familia el 16 de agosto y estaría tres días con los Franco.

Más allá de las visitas reales, Franco también recibió varias citas de carácter institucional. Así, el 11 de agosto pasaron por el pazo el gobernador civil, el capitán general y el alcalde de A Coruña. En la jornada del

13 acudió a Meirás el presidente del Gobierno, Carlos Arias Navarro. En esos días el jefe del Ejecutivo había ocupado muchas páginas en la prensa por su asistencia a la Conferencia de Seguridad y Cooperación de Helsinki. Fueron especialmente comentadas en los periódicos sus imágenes compadreando con el presidente francés, Valéry Giscard d'Estaing. El día 14, Franco asistió en alta mar a una demostración naval en su honor. Desfilaron las fragatas Baleares y Andalucía y los destructores Oquendo, Marqués de la Ensenada, Blas de Lezo y Gravina.

Por último, el 22 de agosto se celebró el Consejo de Ministros habitual de verano en el pazo. Sobre la mesa un tema premonitorio y que marcaría el último otoño de la dictadura: la aprobación de un decreto-ley sobre la prevención y enjuiciamiento de los delitos de terrorismo.

El asunto rondaba la cabeza del dictador en los días previos a la reunión del Consejo de Ministros. La conversación sobre el tema salió a colación con su médico, el doctor Pozuelo. Cuando el facultativo quiso saber por qué no se aplicaban juicios sumarísimos a los terroristas, el dictador le dejó claro que el sistema jurídico presentaba fallas para ese objetivo:

—Es necesario que se les haya pillado in fraganti, o en persecución no interrumpida. Los terroristas, cada vez que cometen un atentado, lo hacen en un vehículo robado o alquilado, que abandonan inmediatamente para continuar la huida en otro coche. De esta manera interrumpen la persecución y no pueden ser sometidos a juicio sumarísimo.

Lo cierto es que las obsesiones de Franco nunca desaparecían. En otra conversación en el jardín con el médico reapareció uno de sus viejos fantasmas:

—La acacia negra es el símbolo de la masonería, seguramente porque es madera incombustible.

Todavía el día 25 de agosto Franco asistió a un homenaje por parte del pueblo gallego: recibió a ochocientos trabajadores llegados de las cuatro provincias gallegas.

LOS NIETOS, FUENTE DE DISGUSTOS

El verano, el último, discurrió entre estos avatares políticos, el golf y la pesca. Sin embargo, el mayor objeto de preocupaciones de Franco y Carmen Polo fueron los nietos y biznietos. Sobre todo a finales de verano. Tanto los marqueses de Villaverde como los duques de Cádiz no pasan allí más que los primeros días del verano, y en esas fechas de finales de agosto tanto Arantxa, la nieta menor, como Fran, hijo mayor de Carmen Martínez-Bordiú, tienen bronquitis. También el nieto menor, Jaime, acabará con una rinosinusitis. Unos problemas de salud que alteran los nervios de Carmen Polo.

También los nietos mayores dan motivos de preocupación. El día 21 de agosto Francis es víctima de un aparatoso accidente de tráfico. El joven, de veinte años, sufrió fractura de tibia y fisura de codo. Se dirigía, en compañía de su amigo Ignacio Basa, hacia el Pazo de Meirás desde A Coruña. Intentando evitar la colisión contra una moto, dio un volantazo y el pavimento resbaladizo hizo que el coche se acabara estrellando contra una columna.

El doctor Pozuelo se lo comunicó a Franco. La abuela intentó quitar hierro al asunto:

—Es natural que ocurran cosas a las velocidades que van.

Sin embargo, que el médico fuera portador de malas noticias no gustó nada al marqués de Villaverde. Cristóbal Martínez-Bordiú se mostró desabrido cuando supo que su suegro se había enterado de esa manera:

—¿Quién es Pozuelo para dar esa noticia a Su Excelencia? Me lo tenía que haber consultado a mí. A lo mejor no era conveniente decírselo. Estas cosas pueden agravar su situación médica.

La cosa acabó en discusión, pero Vicente Pozuelo se mostró más calmado ante los envites del yernísimo, al contrario de lo que en su lugar habría hecho su predecesor, Vicente Gil.

Francis Franco y su amigo fueron trasladados la noche del accidente de urgencia a la Residencia Sanitaria de A Coruña. A la mañana siguiente ya estaba allí el doctor Martínez-Bordiú. El día 26 de agosto Francis dejó el pazo para convalecer fuera. Lo hizo antes de que su abuelo disfrutara del partido de fútbol que enfrentó al Real Madrid con el Español.

En cuanto a la nieta mayor, Carmen Martínez-Bordiú ese verano no protagonizó, aparentemente, ninguna mala noticia. Tras visitar a su abuelo al principio del veraneo, los duques de Cádiz pusieron rumbo a Marbella, ya entonces sede de la *jet set*, en plena canícula. Entre los amigos y conocidos, Carmen y Alfonso de Borbón coincidieron con Jean-Marie Rossi, quien años después, en 1984, se casaría con la nieta de Franco. Una peculiar casualidad, pensaría el duque. Un año antes habían coincidido en un crucero junto a Robert Balkany y María Gabriela de Saboya, la que fuera primer amor de Juan Carlos I. Ese verano surgió entre el anticuario francés y la nieta de Franco una inesperada relación pasional. Tras lo cual, Carmen pensó que volvería a su anodina vida de ama de casa de lujo. Un año después, Marbella los reunía de nuevo y retomaban su relación. Durante los siguientes cuatro años vivieron una historia de amor clandestina, que llevaría a Carmen a dejar Madrid en mitad de un escándalo, solo tres años después de la muerte de su abuelo. Pero en ese verano de 1975 pocos sospechaban que la nieta favorita de Carmen Polo iba a ser una de las primeras famosas en romper tabúes en cuanto a costumbres sociales.

El 5 de septiembre deciden mandar a los niños a Madrid. Franco hace uno de sus comentarios sentenciosos al doctor Pozuelo:

—Los niños pequeños no deben separarse nunca de sus padres. Hacerlo no es bueno. El niño necesita tener seguridad de apoyo en sus padres y estos no deben olvidar que los hijos son una responsabilidad personal.

UN CURSO POLÍTICO COMPLICADO

La vuelta a Madrid se realizó, por recomendación del doctor Pozuelo, en avión. Algo que no agradaba al dictador. No le gustaba volar, pero acató la decisión del médico. El 8 de septiembre estaba instalado de nuevo en El Pardo con su séquito.

Todos intuían que el tiempo jugaba en su contra. El país se desperezaba después de las vacaciones de verano. Una nación que atravesaba por momentos contradictorios y complicados. El 6 de septiembre se estrenaba en el Teatro Barceló de la capital *Los chicos de la banda*, una rompedora obra de teatro estadounidense que ya había pasado por el cine cinco años antes. Joaquín Kremel, Manuel Galiana y José Luis Pellicena se metían en la piel de un grupo de homosexuales neoyorquinos. El tema era toda una audacia para el momento y, sorprendentemente, pasó la censura.

Pero España seguía siendo la misma y ante estas muestras de modernidad el curso político se iniciaba con la suspensión de cuatro meses y una multa de 250.000 pesetas a la revista *Triunfo*. ¿El delito? La publicación del artículo de opinión «¿Estamos preparados para el cambio?» de José Aumente.

Por aquello de dar una de cal y otra de arena, se autorizaba el estreno en España de *El fantasma de la libertad*, la nueva cinta de Luis Buñuel. Claro que generaba mucho más revuelo la película de Manuel Summers *Ya soy mujer*. La obra versaba sobre la pésima educación sexual de los adolescentes españoles y contaba con el morbo extra de que la joven protagonista, Beatriz Galbó, era la pareja extramatrimonial del cineasta.

En la pequeña pantalla, los estrenos del momento serían *El hombre y la tierra* de Félix Rodríguez de la Fuente y la serie *Aquel señor de negro*, un producto de Antonio Mercero donde José Luis López Vázquez se metía en la piel del español gris medio.

MORIR MATANDO

El otoño político que hervía entre rumores iba a tener también sus dosis de frío. Mortal, para ser más exactos. Dos consejos de guerra acapararon la atención del país. El 12 de septiembre, uno por el asesinato del miembro del policía armado Lucio Rodríguez. Fueron condenados tres miembros del FRAP (Frente Revolucionario Antifascista y Patriota): José Humberto Baena Alonso, Manuel Blanco Chivite y Vladimiro Fernández Tovar. El primero fue condenado a muerte. Blanco Chivite y Fernández Tovar a treinta y veintitrés años de prisión, respectivamente.

Las reacciones no se hicieron esperar: el mismo día de la sentencia, un artefacto estalló en la sede de la embajada española en Lisboa. El grupo Solidaridad Revolucionaria reivindicó la autoría del acto. Fue solo el principio de la reacción internacional.

Mientras los ánimos se calentaban por la condena a muerte, el día 15 de septiembre Madrid fue escenario de un curioso suceso. Un comando palestino asaltó la embajada de Egipto en Madrid, situada en la calle Velázquez, y tomó varios rehenes. El suceso puso en tensión al Gobierno por las implicaciones que tenía. Durante horas se negoció con los asaltantes, que abandonaron la sede diplomática en la madrugada. Nunca trascendieron los acuerdos a los que se llegó para solventar tan grave situación.

El doctor Pozuelo sí consignó en sus memorias que Franco se mostraba totalmente nervioso y fuera de sí, y que estaba dispuesto a poner fin a la situación de la forma que fuera.

El día 18 se celebró otro consejo de guerra en el campamento militar de El Goloso, a las afueras de Madrid. Se condenó de nuevo a varios miembros del FRAP, en este caso por el asesinato del teniente de la Guardia Civil Antonio Pose Rodríguez. Fueron condenados a muerte María Jesús Dasca, Concepción Tristán, José Luis Sánchez Bravo y Ramón García Sanz. Manuel Cañaveras y José Fonfrías recibieron una condena de veinte años de prisión.

María Jesús Dasca estaba embarazada, por lo que la ejecución no podría llevarse a cabo hasta cuarenta días después del parto. Los abogados de Concepción Tristán también alegaron el estado de embarazo de su defendida. Algo que nunca se llegó a confirmar. De todas formas, las dos mujeres fueron finalmente indultadas.

Demasiadas condenas a muerte en muy pocos días. El régimen mostraba su peor cara. La de sus años más feroces. La reacción internacional contra España fue unánime. Hubo manifestaciones en todas las grandes capitales. En la de Ámsterdam hubo miembros del Gobierno de los Países Bajos presidiendo la marcha. Muchos líderes escribieron a Franco solicitando clemencia, incluida la reina de Inglaterra. Claro que para Franco fue especialmente dolorosa la postura de la Iglesia. Una de las instituciones básicas de su dictadura que, a falta de una ideología dominante lo revistió todo de nacionalcatolicismo, se revolvía ahora contra él.

Los obispos españoles hicieron público un comunicado en el que condenaban las acciones terroristas y pedían clemencia al jefe del Estado. El asunto subió de decibelios cuando el propio papa Pablo VI se pronunció públicamente. Cuando las ejecuciones se llevaron a cabo, el pontífice aseguró que había pedido personalmente clemencia y que Franco se negó. Sobre este asunto nunca quedó claro del todo si el papa y el dictador llegaron a hablar por teléfono. Durante días se rumoreó que por la cabeza de Pablo VI rondó la idea de excomulgar a Franco por negarse a ponerse al teléfono. Al parecer, la negativa tenía sentido dentro de la peculiar manera de entender la fe por parte del general: sabedor de que un católico no puede negar nada al papa, mejor no darse por enterado de lo que solicitaba. No responder a sus requerimientos.

Este hecho hizo que la tensión entre el Vaticano y El Pardo alcanzara cotas nunca esperadas. Desde hacía años era evidente que las relaciones entre Franco y el presidente de la Conferencia Episcopal, Vicente Enrique y Tarancón, eran pésimas. Según el general, monseñor Tarancón estaba dando alas a las facciones más progresistas de la Iglesia. Sobre todo a sacerdotes y purpurados que se habían acercado al marxismo y los separatismos vascos y catalán. Además, desde Roma estaban atentos al cambio en el Opus Dei. Tras la reciente muerte de su fundador, Josemaría Escrivá de Balaguer, se había puesto al frente de la curiosa prelatura a monseñor Álvarez de Portillo.

«AL ALBA»

El 26 de septiembre se celebró un Consejo de Ministros. La rueda de prensa posterior, a cargo del titular de Información y Turismo, León Herrera, acaparó toda la atención internacional. Se esperaba un gesto de clemencia tras la campaña llevada a cabo por importantes líderes mundiales. Sin embargo, la rueda de prensa mostró el historial de los encausados para justificar las condenas. La presentación de Herrera ante los periodistas, inevitablemente, recordó a aquella que protagonizó en su día Manuel Fraga Iribarne para justificar en 1963 el ajusticiamiento de Julián Grimau.

A las 9.40 de la mañana del 27 de septiembre de 1975 se ejecutó en Carabanchel a José Luis Sánchez Bravo, José Humberto Baena Alonso y Ramón García Sanz, del FRAP, y en Barcelona y Burgos a Juan Paredes Manot *Txiki* y Ángel Otaegui Echevarría, respectivamente, de ETA.

En esos días, «Al alba», composición de Luis Eduardo Aute en voz de Rosa León, se convirtió en la banda sonora del estado de ánimo de gran parte de la sociedad española. Parte de su letra decía:

> *Presiento que tras la noche*
> *Vendrá la noche más larga*
> *Quiero que no me abandones*
> *Amor mío, al alba*
> *Al alba, al alba*
> *Al alba, al alba*

Miles de buitres callados
van extendiendo sus alas
¿No te destroza, amor mío,
esta silenciosa danza?
¡Maldito baile de muertos!
Pólvora de la mañana

A nivel internacional las protestas contra España arreciaron. La embajada española en Viena fue sitiada durante horas, provocando grandes altercados entre los manifestantes y la Policía austriaca. En Turquía se lanzó un artefacto explosivo contra la delegación diplomática española.

También hubo repercusiones a nivel institucional y político. Varios países europeos retiraron su representación diplomática de Madrid. El presidente de México, Luis Echeverría, pidió, en la sede de las Naciones Unidas en Nueva York, que España fuera suspendida de este organismo. Franco comentó a su círculo íntimo que el presidente mexicano era «un cínico» que no contaba «con el apoyo de sus electores, pero aquello, dicen, es una democracia y en una democracia, una vez que se elige el presidente, este hace lo que le viene en gana».

EL ÚLTIMO BAÑO DE MASAS

Ante las críticas internacionales, el régimen recurrió a sus clásicos: las manifestaciones dirigidas desde el poder para que el pueblo mostrase su «adhesión inquebrantable» al dictador. La fecha elegida fue una de las referencias inevitables dentro del relato franquista: el 1 de octubre, conmemoración del día en el que, en 1936, Francisco Franco fue nombrado jefe del Estado por el bando sublevado en plena Guerra Civil.

Tradicionalmente la dictadura aprovechó los actos de ese día para reafirmarse a sí misma en sus esencias. Así, en 1946, cuando, caídos Hitler y Mussolini, muchos esperaban que Franco fuese el siguiente, el dictador se dio un baño de masas. El bloque de la ONU sirvió para que uno de los cánticos de la cita fuera «¡Si ellos tienen ONU, nosotros tenemos dos!». No hace falta explicar tanto ingenio.

El 1 de octubre de 1975 los ánimos estaban incendiados de nuevo. La campaña internacional que siguió a las ejecuciones sirvió de espoleta para el búnker que, desde el atentado que costó la vida a Carrero Blanco en diciembre de 1973, estaba más agitado que nunca. Las tensiones entre aperturistas y «bunkerianos» eran lo habitual intramuros del régimen en ese momento.

Cuando Franco apareció el 1 de octubre en el Palacio de Oriente, flanqueado por los príncipes de España, su decrepitud era más que evidente. Apenas fue inteligible su discurso, en el que recurrió a sus fantasmas familiares. No faltaron los gritos ultras de rigor: «¡Tarancón al paredón!».

Pilar Franco consignó en sus memorias sus impresiones sobre cómo estaba su hermano en esa jornada: «La verdad es que lo encontré muy impresionado. Mucho. Claro, el mal de Parkinson, unido al momento de tantísima emoción y a la de los que le rodeábamos, el Gobierno, la familia, los amigos, era algo que no podía escapar a la sensibilidad del Generalísimo».

Antes de acabar la jornada, otra noticia vendría a alterar el hervidero en el que se había convertido la vida nacional: tres agentes de la Policía Armada murieron a consecuencia de los disparos de miembros del FRAP (Frente Revolucionario Antifascista y Patriótico).

A Franco le impactaría también, seis días después, la muerte del torero Antonio Bienvenida. El diestro falleció en la Residencia Sanitaria de La Paz tras ser volteado por una vaquilla en un tentadero privado en la finca de la empresaria Amelia Pérez Tabernero en El Escorial. Franco reveló sus impresiones a su médico de cabecera: «Era muy buena persona. Tenía el orgullo de la propia profesión e iba por el mundo con una gran dignidad. Era uno de los hombres que merecía la pena conocer; nunca defraudaba, ni en el ruedo ni en la vida».

Llegó otra fecha importante en el franquismo: el 12 de octubre. Sería la última vez que Franco se dejase ver en un acto oficial. Por la mañana acudió al Instituto de Cultura Hispánica. Esa misma noche sintió fiebre y malestar, pero la fecha que se puede considerar como el principio del fin sería tres días después, el 15 de octubre.

Ese día la gran noticia en la prensa era el estreno de la polémica obra de teatro de Peter Shaffer *Equus* que había revolucionado Londres dos años antes. El Teatro de la Comedia de Madrid se llenó ese día por la curiosidad que durante semanas habían alimentado los medios de comunicación. Muchos no se creían que la censura franquista autorizase una obra que contenía varios desnudos. El productor Manuel Collado llegó a un acuerdo con las autoridades: el protagonista masculino, Juan Ribó, no aparecería desnudo sino en *slip*, mientras que la actriz protagonista, la mujer del productor, María José Goyanes, lo haría sin sujetador. La Goyanes, perteneciente a una de las sagas artísticas más populares de nuestro país, aceptó el papel ante la negativa de otra actriz con la que había llegado a un acuerdo su marido pero que a última hora se negó. Se convirtió así en la primera intérprete en aparecer desnuda en un escenario en nuestro país.

Solo 24 horas después, en el también madrileño Teatro Reina Victoria, la obra de Antonio Gala *¿Por qué corres, Ulises?* dobló la apuesta. Victoria Vera aparecía desnuda entre las transparencias de una cama con dosel junto al primer actor Alberto Closas. El estreno estuvo rodeado de problemas, sobre todo cuando parte del público comenzó a patear. Las facciones más conservadoras estaban nerviosas y tensas por lo que había pasado unas horas antes en El Pardo.

En la madrugada del 15 de octubre el teléfono sonó en casa del doctor Pozuelo. Maximino, el ayudante de cámara del dictador, exigía su presencia en El Pardo. Cuando llegó a la residencia del jefe del Estado se encontró a un Franco nervioso, con dolores en el pecho y los hombros. El médico intuyó lo que había pasado: un infarto silente. Tomó la decisión de hacerse cargo de la situación y, tras conseguir que su paciente se durmiera, resolvió quedarse en palacio. Entendía que empezaba la etapa final de Franco. Ordenó que lo dejaran descansar hasta pasadas las nueve.

Cuando el general despertó se negó a suspender su actividad. Era miércoles, día de audiencias. Durante horas recibió al Comité Organizador del Congreso Mundial de Profesionales del Turismo, a la Junta de Gobierno de la Universidad Nacional de Educación a Distancia, a la viuda del teniente coronel de Infantería Cañas Sánchez (Carmen Barrera), al ministro de Obras Públicas venezolano, a la Asociación de Hidalgos a Fuero de España, a Gregorio López Bravo, a Antonio Poch, a Emilio Lamo de Espinosa, a Pedro García Pascual, a José Luis Ramos Figueroa y a José María Trenor.

Vicente Pozuelo se quedó en todas. Tras la jornada, el médico examinó al dictador: le indicó que descansara y que esa misma tarde tenía que hacerse un electrocardiograma. Sin embargo, además de la salud, en El Pardo preocupaba otra cosa: que no se filtrara nada.

Lina, la enfermera de Franco en El Pardo, siguió las indicaciones de los marqueses de Villaverde y se acercó al Hospital de La Paz donde ejercía el propio Cristóbal Martínez-Bordiú para encargarse del traslado desde el centro sanitario hasta el palacio del aparato necesario (un Elema-Schönander de tres canales) para realizar el electrocardiograma. Obviamente, con el permiso del director, el doctor Vital Aza.

Esta acción buscaba envolver en secretismo la situación médica del dictador; pero el traslado de la maquinaria desde el hospital lo que consiguió es que en ciertos círculos sociales de Madrid se especulara con que algo estaba pasando en El Pardo.

La enfermera Lina volvería a La Paz con el resultado del electrocardiograma para que el doctor Vital Aza lo examinara. El médico lo tenía claro: «Es un infarto como la copa de un pino. La que se va a montar». Dio orden de que le pusieran en contacto con su compañero, el marqués de Villaverde: «Franco está con un infarto trabajando en su despacho. Es todo una locura».

También Vicente Pozuelo compartía la preocupación de Vital Aza. La noche anterior se había puesto en contacto con el experto Castro Fariñas, que confirmó el diagnóstico. En la tarde del día 16 Carmen Franco comunicó por teléfono a Pozuelo que su marido estaba reunido con un equipo de su confianza. Estaba dispuesto a ponerse al frente de la situación. Las tensiones entre el yerno y el médico personal se intuían, pero Pozuelo tenía un carácter menos volcánico que su predecesor, Vicente Gil, y estaba dispuesto a llevar al marqués con mano izquierda.

El equipo de profesionales resolvió que había que comunicar a Franco la situación. Fue el doctor Vital Aza el encargado de hacer de portador de las malas noticias.

—Excelencia, padece una insuficiencia coronaria y en estas condiciones no puede ni debe moverse.

—Tengo cosas importantes que hacer —fue la lacónica respuesta del Generalísimo.

—Ha da guardar reposo absoluto, tanto físico como psíquico —insistió el médico.

—Imposible. Tengo que despachar con el presidente del Gobierno y con el ministro de Asuntos Exteriores.

—Tendrá que acudir en silla de ruedas.

—Mañana, cuando acabe el Consejo de Ministros, haré lo que ustedes quieran.

Sin dar tiempo a la réplica del doctor Vital Aza, Franco se levantó y dio por terminada la conversación.

EL ÚLTIMO CONSEJO DE MINISTROS

Era viernes 17 de octubre de 1975. Cuando los ministros fueron llegando a El Pardo intuían que algo no iba bien. De hecho, ese mismo día el periodista Federico Ysart se había atrevido a hablar en *Nuevo Diario* de la salud del jefe del Estado. Ysart se refería a una «afección gripal de carácter leve». Acostumbrados los españoles a la escasez de información oficial, interpretaron que la salud del dictador entraba, probablemente, en una fase de no retorno.

El Consejo de Ministros fue tenso y complicado. Especialmente por la situación de Franco. Los médicos que lo asistían, empezando por su facultativo personal, el doctor Pozuelo, determinaron que asistiera monitorizado a ese Consejo. Es decir con el pecho cubierto de cables bajo la ropa para controlar las pulsaciones y el estado de su corazón. Desde una salita contigua y a través de unas pantallas los médicos podían seguir las oscilaciones del ritmo cardíaco.

El Consejo, además, fue extremadamente duro. El tema principal fue el Sáhara español. Ese mismo día el monarca marroquí, Hassan II, hacía caso omiso al Consejo de Seguridad de las Naciones Unidas y anunció en una multitudinaria rueda de prensa que daba comienzo a la que sería conocida como Marcha Verde, cuyo objetivo era El Aaiún, capital del protectorado español en el norte de África. Cientos de civiles, mujeres y niños, eran lanzados por el rey alauita a una marcha que ponía en jaque al Gobierno español.

El presidente Arias Navarro y el titular de Exteriores, Pedro Cortina Mauri, expusieron la situación en toda su crudeza. El pulso de Franco subió a 120. África, su talismán, iba a ser la punta de lanza que diera aún más amargura a su agonía. En África empezó a construir su leyenda el dictador y ahora se convertía en el escenario de un problema diplomático y geopolítico que todavía hoy sigue sin solucionarse.

El Consejo apenas duró veinte minutos y los ministros abandonaron rápidamente el palacio. En ese momento Franco se rindió a la evidencia y se dirigió a sus médicos como quien redacta un parte de rendición de guerra:

—Ya soy todo suyo. Lo que ustedes quieran.

Al día siguiente, el dictador se levantó de su cama y se encerró en su despacho. La creencia generalizada es que el dictador redactó ahí su testamento político.

En ese momento, aparte de su yerno y de los doctores Pozuelo y Vital Aza, se hacían cargo de la salud del general los facultativos Mínguez, Señor de Uría, Palma y Castro Fariñas. Entre ellos pronto surgirían roces. En un principio no por asuntos médicos, sino por cómo comunicar a los ciudadanos lo que estaba sucediendo.

Los médicos redactaron una nota para hacerla pública, se la leyeron a Franco y este dio su aprobación. La Casa Civil de Su Excelencia distribuyó, a través de la Dirección General de Coordinación Informativa del Ministerio de Información y Turismo, el siguiente comunicado:

En el curso de un proceso gripal, Su Excelencia el Jefe del Estado ha sufrido una crisis de insuficiencia coronaria aguda, que está evolucionando favorablemente, habiendo comenzado ya su rehabilitación y parte de sus actividades habituales.

Este parte se hizo público el día 21 de octubre. Sin embargo, años después el doctor Vicente Pozuelo destaparía en sus memorias (Planeta, 1981) que este no era el comunicado original. El que los médicos leyeron a Franco era diferente, y el doctor Pozuelo lo sacó a la luz en sus memorias:

En la madrugada del día 15 de octubre de 1975, S. E. el Jefe del Estado sufrió un episodio de insuficiencia coronaria aguda y en el electrocardiograma se detecta una zona eléctricamente inactiva de tercio medio e inferior del tabique y de cara diafragmática con confirmación analítica.

LA ESCOPETA NACIONAL

Mientras todos estos acontecimientos tenían lugar en El Pardo, los días 16 y 17 de octubre el doctor sudafricano Christiaan Barnard, conocido mundialmente por ser el primero en realizar un trasplante de corazón humano, asistía a una cacería en Ciudad Real.

El universo de las cacerías está netamente unido al imaginario de la dictadura franquista. Luis García Berlanga les dedicó una de sus mejores películas (*La escopeta nacional*, 1978) a estos ágapes cinegéticos. Eventos a los que era habitual el Caudillo y que se convirtieron en el lugar favorito para hacer negocios; allí, los ministros se encontraban en un ambiente semioficial con industriales, empresarios y pillos de todo pelaje.

¿Por qué era importante la visita de Barnard en esas fechas? Gracias a su éxito en la medicina, Barnard era una celebridad internacional. Además, era un hombre joven y atractivo que junto a su mujer, Barbara, se dejaba fotografiar para las revistas del corazón de todo el mundo. En España, además, contaban con la amistad de los marqueses de Villaverde.

No en vano en los medios, a veces con bastante retranca, comenzó a llamarse al yerno de Franco como «el Barnard español». Cristóbal Martínez-Bordiú intentó emular a su colega sudafricano realizando el primer trasplante de corazón en nuestro país. El éxito no fue el mismo.

La visita en esas fechas de Barnard a España disparó los rumores en la calle y en las redacciones. ¿Había pedido el marqués de Villaverde a su amigo que visitara España para ocuparse de su suegro? Lo cierto es que la revista *¡Hola!* publicó un reportaje sobre la cacería a la que asistía el médico sudafricano junto a los Villaverde. La propia Pilar Franco, siempre dispuesta a comentar cualquier rumor, echaría leña al fuego en sus memorias. «No excluyo la posibilidad de que Barnard, como íntimo de Cristóbal que es, lo visitara particularmente», afirmó la hermana del general.

Hubo que esperar varios años para saber la trastienda de esa cacería. El periodista que firmó el reportaje para la revista era su entonces redactor jefe, Jaime Peñafiel. En su libro *El general y su tropa* (Temas de Hoy, 1992) contaría la verdad tras la cacería.

El organizador fue Eduardo Barreiros. El empresario de la automoción era conocido como «el motor del régimen», el ejemplo que gustaba al franquismo de hombre hecho a sí mismo. Contaba con el visto bueno del clan de El Pardo y su hija, Mariluz, años más tarde casada con Jesús de Polanco, era íntima de la *nietísima* Carmencita Martínez-Bordiú.

El propio Barreiros comunicó a Peñafiel el 13 de octubre, dos días antes de que la salud de Franco empeorara, que estaba invitado a la cacería en honor de Barnard. La sorpresa del periodista fue mayúscula cuando el 16 de octubre se encontró en la finca a la hija y al yerno de Franco.

También estaban el financiero Alfonso Fierro y su amante Ana Castor y el exministro de Comercio Manuel Arburúa. En la mañana del 17 se hizo público por el periodista Federico Ysart que Franco había sufrido un percance en su salud, aunque sin contar la verdad de lo sucedido.

En el hervidero de rumores que era el Madrid del momento no era sorprendente que Jaime Peñafiel estuviera al tanto de lo que ocurría y que quisiera compartir impresiones con la hija de Franco. Según su relato recogido en *El general y su tropa*, la marquesa de Villaverde intentó trasmitir una idea de tranquilidad:

—Mi padre está bien a pesar de la gripe que viene arrastrando; pero no quiere meterse en la cama, que es la única manera de curarla. El que yo esté aquí cazando significa que no hay motivo de preocupación.

Puede que en esta afirmación última de la única hija del Caudillo se escondiera la decisión de acudir a la cacería. Sabedora de que sería motivo de un reportaje en el *¡Hola!*, era una forma de trasmitir tranquilidad.

Más extraña le pareció a Peñafiel la actitud de Cristóbal Martínez-Bordiú. El yerno del dictador llevaba consigo un extraño aparato. «Sospeché que era una radio muy especial, de esas que, como las de los taxistas o los policías, no deja de dar la tabarra con extraños mensajes, unas veces en clave y otras también. Durante la hora larga que estuve junto a él, ni soltó prenda ni yo me enteré de nada de lo que emitía aquel cacharro antediluviano al que el doctor Martínez-Bordiú, en el que advertí una tensa preocupación, parecía prestarle mucha atención. Pienso que le preocupaba que yo captara alguno de aquellos mensajes. Cuando las voces sonaban, repitiendo machaconamente no sé qué mensajes, el marqués me miraba con visible incomodidad», narra Peñafiel en su libro *El general y su tropa*.

En su relato en el citado libro, Peñafiel destaca una escena entre esperpéntica y terrorífica, que nuevamente tiene como protagonista al marqués de Villaverde, durante la comida en el primer día de jornada cinegética:

De repente, el marqués de Villaverde arrebató el fusil ametrallador, vulgarmente llamado «naranjero», que uno de los guardias civiles de la escolta de protección llevaba colgado al hombro. Me sorprendió la pasividad del guardia civil —todavía con el lorquiano tricornio de charol negro calado hasta las cejas—, dejándose quitar el arma, algo que el reglamento sanciona como falta grave. Y más aún, diría que hasta me aterrorizó el ver al yernísimo del General disparando con rabia todo el cargador sobre un blanco de piedra caliza, al tiempo que decía para que todos pudiéramos oírle:

—¡Hay que estar preparado! Van a venir a por nosotros, pero lo que es a mí…

Y le pidió otro cargador al asustado miembro de la Benemérita, que no daba crédito a lo que veía, aunque de lo que decía el marqués ni se enteraba. Todo el mundo guardaba silencio, desagradablemente sorprendidos ante aquella visceral reacción del marqués, que sabe Dios lo que estaba pasando por su mente. Lo que había dicho, dicho estaba, y además muy claro. Estoy seguro de que todos, absolutamente todos, menos Barnard y el guardia civil, comprendimos su violento mensaje. ¿A quiénes se refería? Estaba muy claro. A los «rojos» que, como Dolores la Pasionaria, ya se sentían y se presentían.

En aquel momento, con el terrible y revelador espectáculo del marqués empuñando una metralleta, supe que la dictadura estaba agonizando, que solo era cuestión de días.

El sábado 18 Jaime Peñafiel recibió tres llamadas en su despacho de *¡Hola!* Eran Alfonso Fierro, Manuel Arburúa y Eduardo Barreiros. Todos querían lo mismo: no salir en el reportaje de la cacería. Habían reflexionado que era mejor que no se supiera que habían estado de asueto si en esos días la salud de Franco empeoraba aún más. Más papistas que el papa si tenemos en cuenta que el reportaje apareció solo con los Barnard… y con los Villaverde. Cuando las fotos llegaron a los quioscos, la situación del dictador ya se había tornado irreversible y había empezado de verdad la cuenta atrás.

LA SITUACIÓN EMPEORA

La familia decidió controlar la situación desde el primer momento. José Cristóbal Martínez-Bordiú, hijo del marqués de Villaverde, que en ese momento tiene diecisiete años y acaba de iniciar sus estudios universitarios, nos da en sus memorias (*Cara y cruz. Memorias de un nieto de Franco*, Planeta, 1983) un testimonio de primera mano del estado de sitio en el que se puso la familia a raíz del empeoramiento de la salud de su abuelo.

José Cristóbal había empezado ese mes de octubre su vida universitaria. Influido por su hermana Mariola y por su tío José, hijo de Ramón Serrano Suñer, el joven decidió estudiar arquitectura. Para él la universidad fue un modo de «medir el sentido de la libertad y de emancipación». Optó por acudir a la facultad en su moto de trial Montesa y no en el coche oficial que hasta entonces lo había trasladado al colegio.

También había iniciado en esas fechas una relación sentimental, la primera, con una chica «dos años mayor que yo».

Sin embargo, la relación se rompió puesto que toda la familia se trasladó a El Pardo ante lo inevitable. José Cristóbal volvió a dormir con su hermano Francis. Sus hermanas Merry y Mariola lo hicieron en la habitación «de la Perona», conocida así por ser la misma en la que pernoctó Eva Duarte de Perón durante su visita a España en 1947.

La vida política nacional parecía detenida en un extraño compás de espera. Sin embargo, la Marcha Verde seguía adelante y los rumores, cotilleos y hasta conspiraciones de salón vivían momentos álgidos. Una fecha importante se vislumbraba en el horizonte: el 26 de noviembre. En esa fecha caducaba el papel de Alejandro Rodríguez de Valcárcel como presidente de las Cortes. La figura no era precisamente amigable para Juan Carlos I y sí lo era para el núcleo familiar.

El miércoles 22 de octubre el ministro-secretario general del Movimiento Nacional, José Solís, viajó a Rabat. En la capital marroquí se entrevistó con Hassan II para intentar llegar a un acuerdo con respecto a la situación del Sáhara. En la madrugada del día 23 Franco se quejaba de dolores fuertes en su hombro izquierdo. Los médicos le detectaron una insuficiencia cardíaca.

Al final de la tarde de ese mismo día se reunieron los diez médicos que atendían a Franco. Pronto empezarían a ser conocidos como el equipo médico habitual. Un lugar común que pasaría a hacerse popular incluso para los amantes del humor más negro.

En el extranjero se empezaba a hablar del posible final de Franco. El *Times* de Londres y la revista *París-Match* seguían con especial interés todo lo que sucedía en Madrid. Mientras, el día 24 Franco superó un nuevo episodio de insuficiencia coronaria. En esa jornada se incorporaron al equipo médico los doctores Marina Fiol y Obrador.

Ese último fin de semana de octubre de 1975, el papa Pablo VI envió un telegrama dirigido a Franco:

> Con nuestra confianza puesta en el Señor seguimos noticias enfermedad de Vuestra Excelencia, a quien renovamos [con] seguridad nuestras fervientes plegarias invocando ayuda divina y reiteramos de corazón nuestra confortadora bendición apostólica.

Ante el empeoramiento paulatino de la salud del general, el equipo médico habitual resolvió que debía hacer públicos cada cierto tiempo una serie de partes. Según el doctor Pozuelo buscaban «que fueran veraces, científicos y comprensibles para los españoles no médicos». Fueran sinceras o no estas intenciones, lo cierto es que los comunicados que se hicieron públicos utilizaban una jerga casi incomprensible para la mayoría, y favorecieron más la rumorología.

El lunes 27 de octubre hicieron acto de presencia en el cuerpo de Franco la ascitis y la hepatomegalia. A las diez y media de la noche se le colocó una sonda gastroduodenal. El equipo médico aumentó con la llegada del doctor Fernández y la doctora María Paz Sánchez en calidad de anestesistas. Del Hospital de La Paz también llegaría el doctor Sánchez Sicilia.

La situación no hacía más que empeorar. En la madrugada del día 29 se realizaron transfusiones de sangre al dictador. Ese mismo día colocaron a los pies de la cama de Franco un manto de la Virgen del Pilar.

El día 30 de octubre los médicos descubrieron que Franco tenía aire en el peritoneo. Según los protagonistas que han tenido a bien dejar sus recuerdos para la posteridad, el dictador era en esos momentos consciente de todo lo que sucedía y preguntó a sus médicos: «¿Qué tengo?». Fue su médico personal, Vicente Pozuelo, quien respondió:

—Ha padecido usted un infarto de miocardio y, además, una complicación intestinal grave.

Franco lo tuvo claro:

—Que se aplique el artículo 11.

Se refería al artículo número 11 de la Ley Orgánica del Estado que determinaba que, en caso de enfermedad del jefe del Estado, sería el heredero quien asumiría sus funciones. Es decir, Juan Carlos de Borbón y Borbón.

JUAN CARLOS, JEFE DEL ESTADO

El mismo día 30 de octubre se reunía en El Pardo el Consejo de Ministros, y Juan Carlos, príncipe de España por decisión de Franco, asumía la Jefatura del Estado. Estaba vez lo hacía sabiendo que ya era para siempre. Cuando en el verano de 1974 Franco sufrió la famosa flebitis que lo retiró de la circulación durante meses, el joven Borbón aceptó también la Jefatura del Estado de forma interina. Sin embargo, las presiones familiares hicieron que Franco retomara el poder. Un periodo marcado por enfrentamientos que molestaron especialmente a Juan Carlos. El hijo de don Juan se prometió a sí mismo que si volvía a aceptar la Jefatura del Estado sería para siempre.

Ahora sabía que era una situación irreversible. El Sáhara estaba entre sus preocupaciones, pero también el después de Franco. El príncipe llevaba tiempo moviéndose con sigilo entre la oposición a la dictadura. Estableciendo contactos con los nombres que sabía que iban a ser importantes para la nueva España.

En el caso del Sáhara tiró también de sus contactos extranjeros. Envió a su hombre de confianza, Manolo Prado y Colón de Carvajal, a Estados Unidos para entrevistarse con Henry Kissinger, la gran eminencia gris que marcaba la política exterior del gigante norteamericano. Prado y Colón de Carvajal usó en su misión al periodista Arnaud de Borchgrave, viejo amigo de Juan Carlos de Borbón, que había prestado varios servicios al joven aspirante a monarca.

Por otro lado, Juan Carlos también se puso en contacto con Giscard d'Estaing, el presidente francés. La influencia del país galo en la política marroquí siempre había sido importante y Juan Carlos quería contar con el apoyo del país vecino en la crisis diplomática que vivía España.

Las llamadas surtieron efecto y Hassan II —nunca se ha sabido si presionado por Estados Unidos o por Francia— accedió a iniciar conversaciones con Juan Carlos. Sin embargo, esta actitud activa del jefe del Estado en funciones no gustó al titular de Exteriores, Pedro Cortina

Mauri, que llegó a quejarse de la «diplomacia paralela» del príncipe. La sintonía entre el heredero de Franco y el ministro no era buena.

TODOS PENDIENTES DE EL PARDO

Noviembre arrancaba con los ojos de medio mundo puestos en el lento apagarse de Franco. El *Times* de Londres hacía apuestas abiertamente sobre el futuro de España después de Franco y destacaba que podría ser elegido presidente Manuel Fraga, que en ese momento era embajador de España ante el reino de Isabel. No es difícil imaginar la mano del astuto gallego detrás de un reportaje tan laudatorio para él.

A Madrid empezaron a llegar periodistas de todo el mundo para seguir los acontecimientos que se estaban sucediendo y los que estaban por venir. Dominique Lapierre, el escritor de moda en todo el mundo, también viajó a España para seguir la agonía de Franco. Eso sí, lo hizo desde el confort de Villalobillos, la finca de Manuel Benítez *El Cordobés*, al que ayudó a cimentar su fama internacional gracias al *best seller …O llevarás luto por mí*, escrito a cuatro manos con Larry Collins.

Mientras tanto el país seguía de sorpresa en sorpresa, y el fenómeno del momento era el estreno de *Jesucristo Superstar*. Camilo Sesto, su protagonista, había comprado los derechos del musical de Andrew Lloyd Webber, que había triunfado ya entre el público de Londres y Nueva York. Una ópera rock donde se recreaba la pasión de Cristo bajo la óptica del pop-rock y el movimiento jipi. María Magdalena fue Ángela Carrasco y Teddy Bautista se puso en la piel de Judas Iscariote.

La obra se estrenó el 6 de noviembre de 1975 en el Teatro Alcalá Palace. Con un presupuesto de 12 millones de pesetas, la obra fue un éxito instantáneo gracias en parte a la polémica que generó entre los sectores más ultras de la Iglesia católica. También la ultraderecha política hizo saber con amenazas de bomba que no les gustaba esta nueva lectura del Evangelio. Con todo, la obra se mantuvo siempre con llenos hasta marzo de 1976.

El 1 de noviembre el secretario general de la ONU, Kurt Waldheim, hace público un informe sobre el Sáhara que puede poner de acuerdo a las tres naciones en conflicto: España, Marruecos y Mauritania. Con todo, la Marcha Verde había arrancado: 350.000 marroquíes marchaban rumbo a El Aaiún, la capital de la provincia española. El Gobierno alauita les había otorgado a cada uno de ellos un kit formado por una lata de bonito, otra de sardinas, un bote de leche condensada, 100 gramos de azúcar, 10 gramos de té, 1,2 kilos de pan, dos litros de agua, un paquete de cigarrillos, una caja de cerillas, dos velas, una manta y, cómo no, una edición del Corán. Las informaciones sobre las reacciones de las autoridades españolas son contradictorias. Desde Marruecos se asegura que el Ejército español ha sembrado de minas la zona inmediatamente anterior al Sáhara español. La evidencia es que se ha militarizado por completo El Aaiún y se refuerzan las fronteras en Ceuta y Melilla.

Mientras tanto, en El Pardo siguen los debates entre los médicos. Se recibieron los resultados del análisis del líquido ascítico. La conclusión es clara: Franco padece una peritonitis. Unos médicos insistían en que se debía practicar una laparatomía exploratoria. Otros opinaban que era mejor mantener un tratamiento intensivo con antibióticos y transfusiones periódicas de sangre.

En la madrugada del día 2 de noviembre Franco sufre una gastrorragia. Cuando los médicos estaban intentando extraer sangre por una sonda, el doctor Pozuelo se da cuenta de que entre la sonda y la faringe existe un coágulo, que extrae con sus propios dedos. Ante la delicada situación decide hablar directamente con la familia.

—Tal y como se encuentra Su Excelencia, se puede morir por una hemorragia aguda. Hay un vaso roto, un vaso importante.

Hay que intervenir. El lugar escogido fue el botiquín del Regimiento de Guardia que se convierte en un quirófano improvisado. Las principales autoridades, empezando por el príncipe Juan Carlos, son informadas de una intervención que podría ser a vida o muerte. La operación corrió a cargo del doctor Hidalgo Huertas, pero este se dirigió al resto de médicos:

—Yo opero si vosotros decís que opere. Pero de ninguna forma cargo yo solo con la responsabilidad.

Entraron con él en el particular quirófano los doctores Cabrero, Atero, Alonso Castrillo, Vital Aza, Señor de Uría, Llauradó y Pozuelo y la anestesista María Paz Sánchez. A las nueve y media de la noche arrancaba una operación a vida o muerte. Para garantizar la energía eléctrica durante la intervención se dejó sin luz las localidades de El Pardo y Mingorrubio. A pesar de las condiciones en las que se llevó a cabo, Franco superó la operación para sorpresa de casi todos.

El equipo médico habitual hizo público un nuevo comunicado en el que, entre otros datos, se informaba de que «la intervención fue bien tolerada, con esporádicas alteraciones electrocardiográficas severas, que fueron controladas satisfactoriamente por el grupo cardiológico que colaboró durante el acto quirúrgico. La operación finalizó a las 12.30 de la noche, transfundiéndose un total de siete litros y medio de sangre».

El mismo día 2 el príncipe Juan Carlos viaja El Aaiún. Todos creyeron conveniente no informar a Franco de la decisión de su heredero. Se reunió de urgencia con el presidente Arias Navarro, el ministro de Asuntos Exteriores, Cortina Mauri, el de la Presidencia, Antonio Carro, y el del Ejército, el general Coloma Gallegos, para comunicarles su decisión. No todos están de acuerdo. Empezando por el presidente y el titular de Exteriores. Sin embargo, don Juan Carlos estaba decidido. Sus principales asesores lo consideraban una buena idea. También doña Sofía. «Un general tiene que estar con su ejército», lo animó.

A don Juan Carlos lo acompañaron el ministro Coloma Gallegos, el jefe del Alto Estado Mayor, teniente general Fernández Vallespín, el director general de Promoción del Sáhara, coronel Eduardo Blanco, y el jefe del Servicio de Información y Documentación, comandante Valverde. El máximo responsable militar de la zona, el coronel Gómez de Salazar, despachará con el futuro monarca. Un día antes el coronel había ordenado la evacuación de los puestos fronterizos de Smara, Tah, Edcheria, La Güera, Daora, Mahbés y Hausa.

Mientras tanto, el primer ministro marroquí Ahmed Osman viaja a Madrid para reunirse con Arias Navarro y Pedro Cortina Mauri. A su vez el rey Hassan II se encuentra en Agadir con Jamani Al Jatri, presidente de la Yemáa, la asamblea parlamentaria saharaui. Al Jatri, en función de su cargo, tiene representación en las Cortes españolas. Sin embargo, en esa publicitada reunión juró fidelidad al monarca alauita. Un acto que caldeó aún más la situación. El Frente Polisario exigía un referéndum de autodeterminación y acusó de traición al presidente de la Yemáa.

En El Pardo, el día 5 se elevó la uremia y el equipo médico tomó la decisión de dializar al dictador. Al intentar movilizar el intestino, hicieron un enema y encontraron de nuevo coágulos y heces negras. El doctor Pozuelo tenía claro el camino que había que tomar y se lo expuso al resto de médicos:

—No podemos correr el riesgo de que se tenga que practicar una nueva intervención en las mismas condiciones en las que se ha efectuado la primera. En mi opinión, hay que trasladar al Generalísimo a un centro donde tengamos un quirófano dispuesto, equipos de recuperación y lo necesario para una buena asistencia.

El día 7 de noviembre Franco es trasladado con urgencia al Hospital de La Paz. Comienza aquí la segunda etapa del vía crucis en que se había convertido su agonía. Mientras, la prensa del país saca tiempo para hablar del nuevo hijo de Manuel Benítez *El Cordobés*, la polémica que genera la visita de la escritora argentina Esther Vilar (autora de *El varón castrado*) en el programa de José María Íñigo, y de las sorprendentes entrevistas que Francisco Umbral realiza a glorias patrias. En ellas, Lola Flores dice que cree más en Dios que en Jesucristo y Carmen Sevilla afirma «no soy frígida, soy normal». También se hacen eco de noticias internacionales como el asesinato de Pier Paolo Pasolini en Italia o la segunda boda de Richard Burton y Elizabeth Taylor.

TODOS LOS OJOS EN LA PAZ

El traslado al Hospital de La Paz con carácter de urgencia fue leído por gran parte de los españoles como que el final podía ser cuestión de horas. Franco no pasó por la habitación. Fue directo al quirófano. Se le extirpa parte del estómago para atajar una hemorragia gástrica. Una operación que duró cuatro horas y media. Juan Cobos, Juan Muñiz, Maribel Fernández, Daniel Terán, Policarpo Mestres, Mariano Meñeru, Antonio Galbis, Aurelia Sierra, Mercedes Pardo, Remedios Rodríguez, José Prieto, Alejandro Rodríguez, Ruperto Zamorano y Vicente Pozuelo tomaron parte en dicha intervención.

En el parte médico que se hace público se habla de «nuevas y múltiples ulceraciones en el estómago» que «sangran profusamente». El paciente es trasladado a la primera planta de la residencia sanitaria que, en todos los sentidos, se convertirá en un búnker. Durante las próximas jornadas el ir y venir de familiares y políticos se interpretará como síntomas de mejoría o empeoramiento del dictador, según el caso.

La planta baja estará desde ese día tomada por periodistas, aunque conforme avance la agonía de Franco la capacidad de los informadores, propios o foráneos, de estar cerca del foco de la noticia irá disminuyendo. En función de lo tajantes que van siendo los encargados de la seguridad, claro.

Los miembros del equipo médico habitual, el doctor Vicente Pozuelo y el yerno del Caudillo, prácticamente se quedan a vivir en la clínica. Carmen Polo y su hija se mantienen en El Pardo. Aunque la prensa de entonces habla de que la futura viuda se pasa las horas rezando en la capilla del palacio, parece que madre e hija sacaron tiempo para otras cosas.

La propia Carmen Franco se lo contaría a su biógrafa, Nieves Herrero, en *Carmen. Una mujer testigo de la Historia* (La Esfera de los Libros, 2017): «Alguien tenía que ordenar papeles, libros, cuadros, regalos de los últimos treinta y nueve años. […] Me puse una bata blanca y comencé a tirar cosas, así como a quemar y empaquetar otras», añadía sin rubor la única hija de Franco.

La marquesa de Villaverde confiesa en este relato que ella, por su cuenta y riesgo, sin tener en cuenta a los funcionarios de Patrimonio Nacional, no solo recabó documentos y objetos que su padre había atesorado en calidad de jefe del Estado, sino que quemó otros tantos. Una decisión tomada sin informar a nadie y que supuso una pérdida, no solo en lo material, sino de una gran fuente de estudio para académicos e historiadores. Buena parte de esa documentación sería legada después a la Fundación Nacional Francisco Franco. Del resto, del que tampoco conocemos cantidades concretas, debemos intuir que está en manos de los descendientes de la marquesa consorte. Recordemos que años más tarde Carmen Franco donó al Estado español el testamento de Manuel Azaña. Uno de los documentos que su padre había atesorado durante sus años al frente del país.

—Los niños también me ayudaron, sobre todo, a guardar en cajas las muchas fotografías que teníamos. Éramos plenamente conscientes de que acababa una época y no sabíamos cómo iba a discurrir el futuro —culmina sus confesiones a Herrero.

Para la hija del dictador el 7 de noviembre de 1975 marcó el verdadero punto de inflexión. Asumió que su padre ya había dejado de existir. Como sigue narrando en el citado libro de Nieves Herrero:

> Si mi padre no hubiera tenido hemorragias, no habría salido del palacio. Habría muerto en su cama, como quería. Primó la opinión médica de Cristóbal, que pensó que era necesario su traslado al hospital. Una vez que lo sacaron de El Pardo en una ambulancia ya no volví a verlo con vida. No quise ir a La Paz. No deseaba quedarme con esa imagen de él, lleno de tubos. Para mí, cuando se fue del palacio, fue como si hubiera muerto. Desde hacía días ya no respondía cuando yo le apretaba la mano.

MECANÓGRAFA DEL TESTAMENTO DE SU PADRE

La relación entre padre e hija había vivido momentos de honda intimidad en los primeros días de convalecencia del general, durante su etapa final en El Pardo. La marquesa, en sus memorias dictadas a Nieves Herrero, cuenta:

> Yo no soy de besos, igual que mi padre. Le cogía la mano y se la estrechaba. Me solía responder realizando el mismo gesto. Los dos sabíamos lo que estaba pasando. En un momento que estábamos solos, me pidió que fuera a por unos papeles a su despacho. Era su despedida. Me pidió que los leyera y rectificó tres cosucas. Era nuestro secreto. No se lo podía decir a nadie. Lo pasé a máquina y lo llevé conmigo a todas partes. Me pidió que se lo diera al presidente del Gobierno cuando muriera. También me dijo que destruyera los originales, pero no lo hice.

También recuerda el momento del testamento de su padre. «Lo que yo te diga, lo escribes a máquina y se lo das a Carlos Arias Navarro en el momento que yo muera», le solicitó su padre.

Siguiendo sus órdenes, Carmen acudió al despacho de su padre y rescató los folios en los que había escrito su testamento el día 18 de octubre. Lo fue leyendo para que su padre diera el visto bueno a todos los párrafos. Uno en concreto hizo que Nenuca pidiera a su padre hacer un cambio: «Por el amor que siento por nuestra patria os pido que perseveréis en la unidad y en la paz y que rodeéis al futuro rey de España».

—Yo creo que aquí deberías poner Juan Carlos. Si no lo haces así, volverá a ser este extremo una nebulosa que traerá problemas —sugirió Carmencita a su padre.[*]

El problema dinástico llevaba décadas gravitando en el ambiente político español. Un asunto en el que también se implicó de hoz y coz la familia Franco. Con todo, el dictador estuvo de acuerdo con la puntualización de su hija y se incorporó el nombre de su sucesor en su testamento político.

Todo lo demás se mantuvo. Carmen, salvo en lo de destruir el documento original de puño y letra de su padre, cumplió la promesa y nadie supo de la existencia de ese testamento hasta el momento del fallecimiento de Franco.

El día 8 de noviembre se trasladó a La Paz Manuel Lozano Sevilla, el jefe de Prensa de la Casa Civil de Franco. Desde el propio hospital estableció una especie de oficina de prensa y se repartieron acreditaciones. El celo en el control de la información era una de las obsesiones del régimen. La agonía de Franco empezaba a seguirse día a día también en los medios de comunicación internacionales, y en el extranjero era más difícil atajar las especulaciones. El final de Franco se convirtió incluso en tema recurrente en el mítico espacio humorístico *Saturday Night Live*. El humorista Chevy Chase la usó en la parodia del informativo que realizaba en el programa, e hizo un chiste que sería recurrente durante años: «*Generalissimo Francisco Franco is still dead*» (El Generalísimo Francisco Franco todavía está muerto). Una manera de hacer humor a costa de la falta de información clara. Hoy todavía se usa en Estados Unidos para hacer referencia al hartazgo al hablar de un tema noticioso. En su *sketch*, Chase también recordaba la admiración que Richard Nixon tenía por el dictador español. El expresidente, dimitido en agosto de ese año, estaba en ese momento en el pico de su popularidad negativa.

La falta de información clara, como sucede siempre, dio lugar a especulaciones. Cada movimiento en el entorno de El Pardo y del búnker

---

[*] N. Herrero, 2017.

familiar despertaba interpretaciones no siempre acertadas. Un ejemplo fue lo ocurrido con la visita el mismo día 8 de noviembre del confesor de Franco, José María Bulart, a La Paz. Además, doña Carmen se trasladó con el máximo secreto en dos ocasiones ese mismo día desde El Pardo hasta el hospital. Utilizó la entrada de urgencias para no ser captada por la prensa. Dos días más tarde se traslada al hospital en tropel gran parte de la familia, los príncipes de España y algunos ministros. No fue hasta el final de la visita del príncipe cuando el equipo médico habitual hizo público el nuevo de sus ya famosos partes: «El postoperatorio sigue su curso con normalidad. A las 18.00 horas se ha suspendido la diálisis peritoneal y se ha iniciado la primera sesión de hemodiálisis con riñón artificial, que está siendo bien tolerada. Se han objetivado trastornos de ritmo cardíaco que han sido fácilmente corregidos. La buena evolución ventilatoria pulmonar y su estado de consciencia han permitido la retirada del tubo endotraqueal a primera hora de la tarde. La tromboflebitis del muslo izquierdo continúa alterada. El pronóstico no varía».

Ante textos como este, el escritor Manuel Vázquez Montalbán aseguró años después que la mejor literatura antifranquista era la contenida en los famosos partes médicos de esos días.

En la jornada del día 10 de noviembre también se dejó caer por ahí la que luego sería la tan popular *hermanísima* de Franco, Pilar, Pila para la familia. Un clan que, aunque entonces los españoles no lo sabían, no estaba tan unido como se podría pensar. La lenguaraz Pila contaría años más tarde su sensación de lejanía con respecto al clan de El Pardo en esos días decisivos para la salud de su hermano. «Nosotros, Colás y yo, fuimos a El Pardo los primeros días. […] Pero, según la mujer y la hija, los médicos habían ordenado que no entrara nadie en la habitación. Que si queríamos verlo dormido, podíamos hacerlo. Esto a mí ya no me gustó», rememoraba en 1980.[*]

En sus recuerdos no ahorró lanzar «tiros» a su cuñada y al yerno de Franco. «Una tarde llegó a La Paz la señora viuda de Carrero Blanco, y mi sobrino, el marqués de Villaverde, le dijo que podía pasar. Entonces, al verme a mí, también me dijo: "Pasa tú también, tía". Pero yo no quise, porque mi hermano ya había perdido el conocimiento».

---

[*] P. Franco, 1980.

Tras la visita del día 10 de noviembre de 1975 el contacto con Pilar Franco se cortó prácticamente. «Yo no pude verlo en sus últimos momentos», afirmaría. En su libro *Nosotros, los Franco* (Planeta, 1980) llegaría a reconocer con amargura que el puesto de su hermano, que le serviría para abrirse camino en el sendero de los negocios, propició la dificultad de poder estar cerca de él en su agonía: «Esto no es humano, y no se lo cree nadie. Yo hubiera preferido que fuera un fontanero o un albañil para poder estar a su lado en los últimos momentos».

Claro que, fiel a su estilo, inmediatamente después dejaba caer que algo raro estaba pasando en La Paz: «¿Qué interés podía tener nadie en que no lo vieran sus hermanos? Pues no lo sé. Y pierdo el sueño pensándolo. Esta pregunta me la he hecho yo muchas veces durante la noche».

Con un estilo menos irónico y punzante, la hija de Pilar Franco, Pilar Jaraiz Franco, conocida como «la sobrina roja de Franco», confirma el relato de su madre. Los Franco Bahamonde parecían estar muy lejos a nivel afectivo de los Polo y los Martínez-Bordiú.

> Algunas veces nuestros familiares, mi madre, mi hermano Francisco, continuamente visitando palacio, nos acercaban al drama. No es que nos facilitaran muchos más detalles de los que todos sabíamos, solo que al ser más cercanos, aumentaban las razones de credibilidad.
>
> [...] Durante la enfermedad escribí dos veces a tía Carmen, sin esperar contestación, ni durante la enfermedad ni después de la muerte. No se lo tuve en cuenta. Si nosotros pasábamos días tan dramáticos, me figuraba cómo podrían ser los suyos. Convirtieron la naturaleza física de mi tío Paco en el sujeto de unos tormentos que se extendieron, en lo más duro del proceso, alrededor de un mes.[*]

CON LOS OJOS CERRADOS

La visita de Carmen Polo a La Paz dejó una situación curiosa que ha pasado a la posteridad gracias al doctor Vicente Pozuelo. Cuando la astu-

---

[*] P. Jaráiz Franco, 1981.

riana llegó a La Paz se hundió al ver el estado en el que se encontraba su marido. «Noté que le alteraba», escribe Pozuelo. En dos ocasiones, doña Carmen pidió a su esposo que abriera los ojos. No lo hizo a pesar de estar despierto. Cuando su mujer salió de la habitación, los abrió. Estaban llenos de lágrimas. «No se dan cuenta de que no quiere que lo vean así», afirmó Juanito Muñoz, el ayuda de cámara del Caudillo.

Dos días después, el 12 de noviembre, una situación similar se dio con la visita del presidente Arias Navarro. Tampoco Franco abrió los ojos ante su último jefe de Gobierno. Al que, por cierto, nombró por presiones familiares y del búnker político del régimen. «Creo que la visita no le gustó», comentaría el doctor Pozuelo.

LÍOS BORBÓNICOS

Mientras todo el país seguía pendiente de lo que ocurría en ese hospital madrileño, en la prensa extranjera se especulaba con el futuro político inmediatamente posterior al final de Franco. En el interior, el político José María de Areilza, partidario de la ascensión de don Juan de Borbón al trono de España, hablaba en *ABC* sobre el papel del príncipe cuando se convirtiera en rey, y de las alternativas que se abrían para la política española.

La figura de don Juan preocupaba mucho en esos días a Juan Carlos. Sabía que en el entorno de Estoril, donde vivía exiliado el heredero de los legitimistas, revoloteaban personas que buscaban un pronunciamiento claro del conde de Barcelona contra una monarquía instaurada por capricho de un dictador. Desde París la Junta Democrática, donde tenían representación los principales partidos de la oposición, estableció contactos con el monarca exiliado; y un monárquico de pro como el escritor José Luis de Vilallonga se entrevistó con don Juan para testar su ánimo ante lo que estaba ocurriendo en España.

Don Juan Carlos, por su parte, establecía puentes con su padre con nombres como el militar Manuel Díez-Alegría. También, a través de Prado y Colón de Carvajal y Nicky Franco, sobrino del dictador, mantiene contactos con Santiago Carrillo, el líder del Partido Comunista de España y de la Junta Democrática. Carrillo es el opositor a la dictadura más conocido en el extranjero, y el príncipe sabe que necesita normalizar sus relaciones con él por el cambio de régimen que quiere, y necesita, capitanear.

Alfonso de Borbón y Dampierre, el primo de don Juan Carlos, no pierde comba. Siempre reclamó, como hijo del infante don Jaime, los derechos dinásticos para sí. Y tres años antes se casó con Carmen Martínez-Bordiú, la nieta favorita de doña Carmen. Muchos vieron en esta boda un interés político para situar a Alfonso en primera línea para la sucesión de Franco. En esos días en los que su abuelo político agonizaba, el duque de Cádiz daba su apoyo en *La actualidad española* a su primo. Eso sí, dejando claro que el apoyo nace únicamente de ser el sucesor elegido por Franco: «Ha estado al lado del mejor de los maestros y ha aprovechado al máximo sus enseñanzas».

El otro quebradero de cabeza de Juan Carlos de Borbón seguía siendo el Sáhara. El día 11 de noviembre las Cortes franquistas aprueban el Proyecto de Descolonización del Territorio Autónomo del Sáhara por 40 votos a favor, dos en contra y una abstención. El plan es seguir con lo propuesto por el secretario general de la ONU Kurt Waldheim. Su propuesta es que los españoles dejen el lugar, al igual que los marroquíes, y celebrar un referéndum. Pero antes de llevarlo a cabo es necesario un exhaustivo censo sobre las personas que pueden considerarse ciudadanos del país saharaui.

DIMISIÓN EN GRADO DE TENTATIVA

El búnker familiar y político no dejará de ponérselo difícil al príncipe de España en esos días. Un momento de tensión se vivirá el 13 de noviembre. La reunión con los tres ministros militares sin contar con el presidente Arias Navarro indignará a este, que nunca ha sido partidario de la figura de Juan Carlos de Borbón como sucesor. En las altas esferas corre el hecho de que Arias ha calificado de «niñato» al príncipe. La tensión entre ambos llega al punto de que el presidente del Gobierno presenta su dimisión.

Al día siguiente don Juan Carlos lo tiene claro. Le exige al vicepresidente García Hernández que presida el Consejo de Ministros si Arias no aparece. Efectivamente es lo que sucede. Sin embargo, el príncipe es consciente de que necesita a Arias aunque no le guste. La química entre ambos es nula. Con todos los frentes abiertos no se puede permitir tener una dimisión del presidente y decide enviar a su hombre de confianza, Nicolás Cotoner, para hablar con Arias y que le presente sus disculpas. Las aguas vuelven a su cauce justo cuando Franco vuelve a sufrir otro momento de aparente no retorno en su salud y con la visita de don Juan al presidente Giscard d'Estaing en Francia. Un movimiento que inquieta al heredero del dictador.

«¿POR QUÉ NO LE DEJÁIS MORIR EN PAZ?»

En la madrugada del 14 al 15 de noviembre Franco sufre una nueva intervención. El dictador comenzó de nuevo a sangrar y la hemorragia era muy abundante. Se pusieron manos a la obra los doctores Hidalgo, Roldán, Llauradó, Fernández, Martínez-Bordiú, Gómez Mantilla, Artero y el propio director de La Paz, José Luis Vallejo.

Según el postrero relato del doctor Pozuelo creyeron necesario realizar una punción para «saber qué clase de líquido era aquel que prácticamente se podía tocar». Realizó la punción el doctor Cabrero. Estaba claro que había que operar de nuevo, aunque, como señaló Pozuelo, en el ánimo de todos los miembros del equipo dominaba la sensación de que «la intervención estaba condenada al fracaso». Duró dos horas y, consigna Pozuelo, «el enfermo las soportó aceptablemente».

Sin embargo, a ningún miembro se le escapaba que la situación entraba en un momento irreversible. El nuevo parte era casi más ininteligible que los anteriores: «En la intervención quirúrgica se ha comprobado la existencia de una dehiscencia reciente relacionada con el cuadro *shock* descrito anteriormente a nivel de la anastomosis gastroyeyunal de calibre reducido, con salida de contenido intestinal en cavidad peritoneal. Suturada nuevamente la zona dehiscente, se han situado drenajes externos de cavidad abdominal y de asa yeyunal. El pronóstico es gravísimo». Lo único que quedaba claro es que Franco se moría a chorros.

El equipo médico habitual, con el marqués de Villaverde al frente, hacía lo indecible por retrasar lo inevitable. De toda España llegaban mensajes de gente que quería donar sangre para un hombre que ya tenía las horas contadas. Fue la hija del dictador quien acabaría poniendo pie en pared: «¿Por qué no le dejáis morir en paz?». Carmen Franco llegó a enfrentarse a su marido. No soportaba seguir viendo a su padre sufrir, alargando un final que inexorablemente llegaría. La verdad de lo que estaba ocurriendo en la habitación de La Paz saldría a la luz nueve años después de la forma más sorprendente.

LAS FOTOS

Tenemos que hacer un salto en el tiempo. El 22 de octubre de 1984 España se levantaba con una sorprendente publicación en los quioscos. Se trataba del número 3 de *La Revista*, un nuevo semanario del corazón editado por el Grupo Z y dirigido por Jaime Peñafiel.

En la portada una imagen nunca vista por los españoles: la agonía de Francisco Franco. Nada que ver con las imágenes oficiales del general. En ella se veía a un ser humano en sus horas finales. Completamente vulnerable, formando casi parte del resto de máquinas que aparecen en la fotografía y a las que está conectado: de hemodiálisis, un electroencefalograma, un respirador artificial…, tubos y más tubos. En la portada se habla de «un documento gráfico de excepcional valor histórico». Desde luego lo era, y también originó un debate social sobre si se debían haber publicado o no. Además, para gran parte de los españoles era ver a todo color que los rumores sobre los últimos días del dictador eran ciertos. Se había alargado su vida artificialmente, consiguiendo que lo que se prolongase fuera su agonía.

Con la aparición pública de esas fotografías la nueva publicación daba todo un golpe de efecto en la guerra por el sector que mantenía desde su lanzamiento con *¡Hola!* Jaime Peñafiel había sido el redactor jefe de la revista del saludo durante dos décadas, y su salida en 1984 de la misma fue un tema recurrente en los círculos mediáticos de la época.

La falta de sintonía entre Peñafiel y Eduardo Sánchez Junco, hijo del fundador, provocó la abrupta marcha del que había sido el periodista eternamente identificado con la cabecera. Antonio Asensio, fundador y presidente del Grupo Z, aprovechó esta circunstancia para adentrarse en el sector de las revistas del corazón y qué mejor que hacerlo con el que había sido el alma de *¡Hola!* Durante el tiempo que se mantuvo *La Revista* en los quioscos libró una guerra por la exclusiva con la histórica cabecera de Sánchez Junco. Eran años florecientes para el negocio y la batalla se daba a base de dinero. Hay quien dice que llegaron a sobreexcitar el mercado porque todo valía para ganar. Pronto entre agencias y famosos corrió la información de que la nueva publicación de Peñafiel pagaba más.

Desde luego basta visitar las hemerotecas de la época para ver con qué naturalidad se hablaba de cantidades de dinero sorprendentes. Peñafiel estaba dispuesto a ganar a la que había sido su casa y para ella no le importó hacer que Z pagara, por ejemplo, 30 millones de pesetas a Carmen Sevilla por su boda con Vicente Patuel o 15 a Humildad Rodríguez, el ama de llaves del marqués de Griñón que publicó por capítulos sus (malas) experiencias con la recién divorciada del aristócrata, Isabel Preysler.

Pero ninguna publicación, desde luego, tendría la repercusión de las fotos de Franco. ¿Cómo llegaron a manos del veterano periodista? El propio Peñafiel hace un relato bastante somero, en comparación con las pocas explicaciones que ha dado después, del asunto en su libro *El general y su tropa.*

Según su historia, recibió una llamada en su despacho de «un personaje importante del franquismo, tan importante que a lo largo de treinta años había aparecido siempre junto al General, a quien sirvió como un perro fiel hasta el día de la muerte». Sin saber de qué asunto se trataba, el periodista quedó citado al día siguiente con su interlocutor en el hotel Meliá de Alicante. Siempre según Jaime Peñafiel, el hombre cercano a Franco tardó en exponer el motivo de su encuentro: enseñarle cinco fotografías a color de 13x18 centímetros que retrataban la agonía del Caudillo.

El periodista en su libro nos cuenta sus sensaciones al descubrir el contenido de las imágenes: «Allí estaba el testimonio gráfico de lo que sospechaba se había hecho a lo largo de los quinces días que el General permaneció en la habitación de la primera planta de la clínica de La Paz. Negarle el derecho a morir tranquilamente sin dejarle aceptar la propia muerte de una manera digna. Las fotos que tenía en mis manos eran un ejemplo terrible de lo que se puede hacer con un hombre conservándolo, gracias a la tecnología, hasta el último espasmo vegetativo».

En su charla con el «colaborador» de Franco, el periodista quiso saber quién era el autor de las fotografías. No ocultó su decepción al enterarse de que era el mismísimo yerno de Franco. Esto impedía su publicación:

—Este tío me empapela.

—No, estas copias no son del marqués. Estas copias son mías. Alguien del laboratorio que reveló el carrete me hizo este regalo, sabiendo todo el cariño que yo le profesaba al Generalísimo. Son mi mayor tesoro —se explicó la importante personalidad del régimen.

—¿Cree que el marqués hizo estas fotos para poder venderlas? —quiso saber Jaime Peñafiel.

La respuesta que oyó fue contundente:

—No me dirá que las hizo por interés científico. En esos casos, solo se fotografía el campo operatorio, pero el marqués bien que se preocupó porque se viera en las fotografías toda la parafernalia que rodeaba la agonía y muerte de Su Excelencia. Hasta las enfermeras, que eran las suyas, aparecen posando ante el pobre Caudillo, sin respeto ni asepsia.

En cuanto a la cuestión económica, Peñafiel y el vendedor de la exclusiva del año tuvieron un tira y afloja. El hombre pidió 50 millones de pesetas (300.000 euros actuales), pero el periodista consiguió que bajara a 10.

En el citado libro, Peñafiel relata cómo durante los días que siguieron entre esta entrevista y la publicación de las imágenes, el personaje que le vendió las mismas le acosó con llamadas por miedo a la que se iba a montar. En todas, el periodista le reiteró que nunca, ni ante un tribunal, revelaría su nombre. Cosa que siempre ha cumplido. Incluso cuenta la visita a su despacho de la hija del vendedor para intentar frenar la publicación cuando la revista ya estaba en máquinas.

También antes de que llegaran a los quioscos, Peñafiel visitó al doctor Hidalgo Huertas, miembro del conocido equipo médico habitual, para conocer la fecha aproximada en que se tomaron las fotografías.

El facultativo tuvo una reacción rápida al ver las fotos que le mostraba el periodista: «¿Quién fue el canalla que hizo estas fotos?». Peñafiel no quiso decírselo, pero sí consiguió que el médico le fechara las imágenes: «Estas fotos fueron hechas entre el 14 de noviembre, cuando tras la tercera operación se le puso un drenaje a nivel del duodeno para que no pasara la bilis y que puede verse en una de las imágenes, y cualquier día antes del 20 en que murió».

«Quien hizo estas fotografías tenía que tener patente de corso. Yo estaba con toda mi atención puesta en el trabajo que realizaba y en ningún momento advertí que nadie me fotografiara. No vi ningún *flash*, ni a nadie con una máquina. Desde luego, si lo hubiera advertido, me habría retirado», añadió el doctor Huertas.

Antonio Asensio estaba al tanto del *scoop* e intentó convencer a Peñafiel de que las fotos se publicaran en *Interviú*, buque insignia de Z, y no en *La Revista*. El periodista no quiso y el mandamás del grupo lo aceptó. Y cuando llegaron las fotos a los quioscos se armó gorda, tal y como todos los implicados se imaginaban.

«QUIEN HA HECHO ESTO ES UN MALNACIDO»

Nieves Herrero, en su libro sobre Carmen Franco, nos ha permitido saber cómo se vivió en la familia la terrible portada con la agonía del dictador. La hija de Franco recibió *La Revista* en la cama y llamó por teléfono a su marido, que se encontraba en el hospital. La duquesa de Franco bramaba por el daño causado: «Quien ha hecho esto es un malnacido. Tiene que pagar por ello para que mi padre pueda descansar tranquilo».[*]

Cristóbal Martínez-Bordiú no evitó más tiempo decirle la terrible verdad: «He sido yo». Su mujer no daba crédito; la herida fue más profunda y el asunto acabaría alejando aún más a un matrimonio que, de hecho, llevaba roto ya varios años. Imprudente fue la palabra más suave que salió de la boca de Carmen. Las excusas de su marido no la convencían. Incluso, le confesó que, en una de las fotos, que nunca ha visto la luz, llegó a posar Carmencita.

El doctor Martínez-Bordiú comenzó entonces una búsqueda para saber quién había vendido las fotos. Esa misma tarde hubo reunión en el centro neurálgico de la familia, en la calle Hermanos Bécquer. Según relata Francis Franco en su libro *La naturaleza de Franco. Cuando mi abuelo era persona* (La Esfera de los Libros, 2011), en el cónclave familiar se decidió que el marqués de Villaverde denunciara a Jaime Peñafiel por robo.

---

[*] N. Herrero, 2017.

Cuando el asunto llegó a sala el yerno de Franco casi sale como imputado. En su declaración solo hubo loas para el periodista, y Martínez-Bordiú aseguró que solo había iniciado el proceso porque necesitaba saber quién le había vendido las fotos a Peñafiel. El juez se rebeló contra el marqués.

¿Hizo el marqués las fotos con interés económico? Lo cierto es que la información de que las fotos de Franco tenían un valor en el mercado periodístico estaba sobre la mesa. El doctor Vicente Pozuelo cuenta en sus memorias que un día su mujer le comentó que había recibido una llamada de un periodista de un semanario francés, *Paris Match*, con fama de ser el que mejor pagaba de Europa, para ofrecer un dinero a cambio de las fotos de Franco en el hospital. Para la revista gala ya había un precedente. En 1958 un médico traicionó al papa Pío XII, al que fotografió en su agonía. Imágenes que acabaron en la portada de la revista. ¿Supo el marqués de la existencia de esta oferta y decidió fotografiar a su suegro para comercializarlo en un futuro?

Las fotos ante todo venían a reflejar el interés por alargar artificialmente la vida de Franco debido a intereses políticos. Se pretendía llegar a la fecha de la renovación del Consejo del Reino, el 27 de noviembre, por un periodo de cinco años, una institución que interesaba al denominado búnker tener controlada. Pero las pretensiones del círculo más cercano, incluido el propio marqués de Villaverde, chocaron con una realidad evidente: Franco se moría sin remedio.

Las imágenes arrojaban una agonía inhumana. Una lucha por mantener vivo artificialmente a un hombre, con una ética cuanto menos dudosa. «En doce días, mi hermano, un anciano de ochenta y dos años, fue operado tres veces, aun a sabiendas de que sus enfermedades —los partes médicos señalaban ocho— eran mortales de necesidad. Yo esto no quiero recordarlo porque me da mucha pena. Bastante sufría pensando en los padecimientos del pobre de mi hermano», llegó a escribir Pilar Franco en sus memorias. Y deslizaba una de sus maldades: «Muy a última hora lo tuvieron a muy baja temperatura. Porque convendría, pienso yo...».*

---

* P. Franco, 1980.

Uno de los nietos, José Cristóbal, quedó marcado por el sufrimiento que vio en su abuelo. «No quisiera tener una muerte como la de mi abuelo. [...] Llegado ese momento de ancianidad y de desgaste, dejaré escrito a mis herederos que no me dejen sufrir nunca como sufrió él», escribió en 1983.*

Como hemos dicho fue Carmen Franco y Polo quien puso pie en pared harta de ver sufrir a su padre. Los «experimentos» se acabaron y dejaron que la naturaleza siguiera su curso.

LAS ÚLTIMAS HORAS

El 18 de noviembre Franco entró en hipotermia. Lo colocaron a 33 grados, ya inconsciente. En la madrugada del 19 al 20 se produjo una diálisis peritoneal. A las 4 de la madrugada la agencia Europa Press anuncia la muerte de Franco. Sin embargo, según el doctor Vicente Pozuelo esta se produjo a las 5.25 de la madrugada. A las seis de la madrugada se difunde la noticia a través de Radio Nacional de España. El equipo médico habitual emitió su último parte:

> Desde el último parte médico, la evolución de Su Excelencia el Generalísimo continuó empeorando progresivamente, aparecieron trastornos en la conducción, intraventricular e hipotensión arterial mantenida, y a las 5.25 horas sobrevino una parada cardíaca irreversible.
>
> Diagnósticos finales: Enfermedad de Parkinson; cardiopatía isquémica con infarto agudo de miocardio arteroseptal y de cara diafragmática; úlceras digestivas agudas recidivantes con hemorragias masivas reiteradas; peritonitis bacteriana; fracaso renal agudo; tromboflebitis ileofemoral; bronconeumonía bilateral aspirativa; choque endotóxico y parada cardíaca.

A las diez de la mañana se produjo la comparecencia por televisión del balbuceante Carlos Arias Navarro, que soltó su famoso «Españoles,

---

* J. C. Martínez-Bordiú, 1983.

Franco ha muerto». El cuerpo del dictador se preparó para su embalsamamiento por el doctor Antonio Piga.

Se celebró el Consejo de Regencia hasta la proclamación de Juan Carlos como rey. Lo presidía Alejandro Rodríguez de Valcárcel, presidente a su vez de la Cortes.

El viernes 21 de noviembre se instaló la capilla ardiente de Franco en el Palacio de Oriente. Miles de personas desfilaron ante el cuerpo del dictador; también figuras públicas como Carmen Sevilla o Marujita Díaz. Un día más tarde tuvo lugar la proclamación de Juan Carlos I como rey de España. El domingo 23 fue el momento del entierro de Franco en el Valle de los Caídos. Sería inhumado detrás del altar mayor, enfrente de la tumba de José Antonio Primo de Rivera.

Los reyes presidieron el entierro y estuvo toda la familia Franco. Mariola Martínez-Bordiú captó la atención de las cámaras cuando se desmayó. Estaba en avanzado estado de gestación y la tensión hizo el resto. Entre las figuras internacionales: Augusto Pinochet e Imelda Marcos, tan amiga de los marqueses de Villaverde.

La familia quedaba en situación ambigua con respecto a su futuro. Tal y como contaría Carmen Franco a su biógrafa Nieves Herrero, se llegó a poner sobre la mesa la idea de marcharse de España. Ella lo tuvo claro: «Yo no me pienso ir de mi país». Además, tenía la promesa de Juan Carlos I de que no permitiría que les pasara nada. Incluso autorizó a Carmen Polo a seguir en El Pardo durante meses. Tiempo que aprovecharon para sacar toda la documentación del que había sido jefe del Estado.

La familia Franco se enfrentaba a partir de ese momento a un país en transición donde buscarían su lugar sin soltar los privilegios de un apellido que comenzaba también a ser origen de prejuicios. «Él nos unía a todos. Intuía que al faltar él la dispersión de la familia sería el acto seguido», profetizó José Cristóbal Martínez-Bordiú. Cada miembro de la saga buscaría su lugar y empezó una diáspora familiar que acabaría con la muerte de Carmen Franco y la batalla contra el Estado por la exhumación de los restos del dictador.

III

CARMEN POLO.
EL OCASO DE LA VIUDA

El 31 de enero de 1976 un grupo de periodistas se agolpaba a la salida del Palacio de El Pardo. Hasta hace unas semanas era el epicentro del poder en España. Sin embargo, desde el 22 de noviembre de 1975 todos miran al Palacio de la Zarzuela, donde el joven rey Juan Carlos I ha echado a andar a una nueva etapa. Durante más de dos meses, la viuda de Franco, Carmen Polo y Martínez-Valdés, siguió viviendo en El Pardo como si el tiempo se hubiera detenido. Sin embargo, ese 31 de enero, la asturiana, recién ennoblecida por el nuevo monarca con el título de señora de Meirás, tenía que abandonar el palacio en el que habitaba desde 1940. Dejar atrás treinta y seis años en los que la gente se refería a ella, a falta de título, como «la señora».

Tres décadas en las que el pueblo llano, a escondidas, la llamaba «la Collares» por la fama de tener una pasión irrefrenable por las joyas y las antigüedades. También se la conocía como «la Franca» o «la dictadora» por la supuesta ascendencia que sus opiniones políticas tenían sobre su esposo.

En cualquier caso, ese día su «reinado» tocaba a su fin. Las cámaras eran testigos de su salida, de su expulsión del paraíso. A pesar de que Juan Carlos I le prometió que podría quedarse allí el tiempo que necesitase, ese periodo de gracia caducaba ese 31 de enero de 1976. Los medios tenían que ser testigos para capturar la imagen que ponía de manifiesto un fin de época. Hay quien atribuye el chivatazo a la prensa a Fernando

Fuertes de Villavicencio, presidente de Patrimonio Nacional en ese momento y otrora jefe de la Casa Civil de Franco.

En cualquier caso, a las 18.10 de la tarde Carmen Polo salía de El Pardo para siempre. No estaba sola. En comitiva la acompañaban su hija, Carmen Franco, su yerno Cristóbal Martínez-Bordiú y su nieta, la duquesa de Cádiz, Carmencita Martínez-Bordiú. Estaba el búnker familiar y también lo estaba el político: José Utrera Molina, José Antonio Girón de Velasco, Gonzalo Fernández de la Mora y el todavía alcalde de Madrid, Ángel García-Lomas.

Unos minutos antes la viuda del Caudillo había despedido, uno por uno y dando las gracias, a los trabajadores de palacio, que seguían trabajando para ella y cobrando de los presupuestos del Estado, en una escena que recordaba a las películas inglesas.

Ya fuera del palacio, los *flashes* y los fans. Gritos de «¡Franco, Franco, Franco!» y brazos en alto entonando los grandes éxitos del franquismo: «Yo tenía un camarada» y, claro, el «Cara al sol». La señora de Meirás se sentó en la parte trasera de un coche oficial, acompañada de su hija y su nieta. La oligarquía de «las Cármenes» salía así de un periodo de la Historia y ponía rumbo al número 8 de la calle Hermanos Bécquer, que sería el cuartel de invierno de la familia en la democracia y donde la viuda de Franco escribiría el último capítulo de su vida.

Unas semanas antes, coincidiendo con la muerte de su marido, la propia Carmen Polo había trasladado su último mensaje a los españoles, difundido *urbi et orbi* por el Ministerio de Información y Turismo:

> Gracias por tantas oraciones, por tantas palabras de aliento, por todas esas flores, por aquellas largas veladas delante de El Pardo y de La Paz, arrancadas a vuestro descanso, a vuestras ocupaciones; gracias por vuestras lágrimas y vuestro dolor. Y, gracias, en fin por el postrero homenaje delante de su cuerpo sin vida, después de horas y horas de espera en aquellas interminables colas. Me he sentido profundamente emocionada por el cariño que le habéis manifestado, y espero que me perdonéis si os digo que me he sentido orgullosa de ser su esposa.

Remataba asegurando que su esposo «no tuvo otro norte en la vida que el de su Patria y tratar de que todos sintieran el mismo orgullo que él sentía de ser español». Dejaba claro que «había muerto como quiso vivir: como católico y con el nombre de España en los labios». Esto último, debemos tomarlo como una licencia literaria de «la señora». Este texto, con el tono de la época, fue la última vez que Carmen Polo ejercía como primera dama, la mujer más poderosa del régimen que encarnaba su marido.

CARMINA Y «EL COMANDANTÍN»

Si Carmen Polo tiene un hueco en la historia de España es por su unión con Francisco Franco. Su destino, posiblemente había sido el de cualquier otra chica provinciana de clase burguesa. Vino al mundo el 11 de junio de 1900 en Oviedo, hija de una familia influyente de la capital asturiana. Su padre era el abogado palentino Felipe Polo y Flórez de Vereterra y pertenecía a la burguesía rentista. Su madre, Ramona Martínez-Valdés, era hija de una influyente familia de San Cucao de Llanera. Completaban el cuadro familiar los tres hermanos de Carmen: Isabel, Ramona *Zita* y Felipe.

A los once años, Carmen afrontó el primer revés de su vida: su madre fallecía al dar a luz a su hermano Felipe. La figura materna fue en parte compensada por su tía Isabel Polo y, sobre todo, por la institutriz francesa madame Claverie. Gracias a ella dominaría la lengua gala, casi el único dato importante en su formación. La francesa volvería ser clave en su vida adulta.

La formación de Carmen no fue mucho más allá de estudiar la lengua de Molière. Su destino, como el de todas las mujeres de su clase, era hacer una buena boda. Y en ese objetivo se centraba la formación que recibían. Poco más. Eso sí, la educación religiosa era fundamental, y pasó por las ursulinas y las salesianas.

En la primavera de 1917 Francisco Franco fue trasladado a la guarnición de Oviedo. Carmina, como la llamaban en casa, y Paco se vieron por primera vez en la calle Uría, el «tontódromo» oficial de Oviedo, donde se iba a ver y ser visto. Sobre todo los jóvenes en expectativa de destino sentimental. Sin embargo, la primera vez que intercambiaron unas palabras fue en la romería de Tarna.

En la familia no gustó nada el súbito interés de Carmina por un militar al que denominaban «el comandantín» por su reducido tamaño. Franco tenía veinticinco años y no era especialmente agraciado, pero su figura llamaba la atención en una ciudad pequeña por su brillante historial militar. Sin embargo, para Felipe Polo no era el destino ideal para su hija. Dicen que llegó a comparar la descabellada idea de su hija de desposar con el militar con hacerlo con un torero.

Con todo, la pareja se enrocó y acabaría por vencer las reticencias paternas. No sin dificultades, claro. Carmen estudiaba con las monjas y estas se encargaban de interceptar las cartas que le enviaba el joven militar. Franco tiró de estrategia militar y decidió presentarse todas las mañanas a las siete y media en la misa que se celebraba en la capilla del colegio. A fuerza de hacerse habitual, las monjas cedieron poco a poco. Una actitud que a su vez hizo que el «no» inicial del padre fuera día a día perdiendo vigencia.

Claro que, más allá de las barreras familiares, a Carmen Polo le surgió una competencia que atrapaba los sentidos y el tiempo de su novio: África. En varias ocasiones tuvieron que retrasar su enlace. Cada vez que se recrudecía la guerra colonial en Marruecos, Carmina veía alejarse el momento de vestirse de blanco. El general José Villalba Riquelme ofreció a Franco la jefatura de la Legión tras la muerte del general Valenzuela Urzaiz, sucesor del fundador, José Millán-Astray. Así, el 18 de julio (fecha que parece perseguir a Franco) de 1923 viajó de nuevo a Marruecos.

Para el gallego era toda una oportunidad y no la dejó escapar, aunque eso suponía retrasar una vez más el enlace. Este tuvo lugar, al fin, el 16 de octubre de 1923, pidiendo permiso al rey Alfonso XIII para poder ausentarse de África y casarse. Además, el monarca fue el padrino de la boda. Eso sí, por poderes: delegó en el general Antonio Losada. La madrina fue la tía de la novia, Isabel Polo, que ejerció de segunda madre de Carmina.

La boda fue todo un acontecimiento social en la capital ovetense, y la nobleza, el estamento siempre deseado por la joven Carmen Polo, estuvo representada con títulos de campanillas como el marqués de la Rodriza o el de la Vega de Anzó. La luna de miel la pasaron en la finca de la Piniella, propiedad de la familia materna de la novia, los Martínez-Valdés.

Franco enseguida volvió a África y tres años más tarde tendrían a su única hija, Carmen Franco y Polo, Nenuca para la familia. Durante sus primeros trece años de matrimonio, la vida de Carmen Polo no se distinguió mucho de la de cualquier otra mujer de su misma edad y condición social. Su influencia e importancia en la época es, para el historiador Paul Preston, prácticamente nula.

El retrato que dibuja de ella en los años previos a la Guerra Civil es demoledor: «Era una burguesa provinciana de bastantes pretensiones sociales, en el fondo bastante *snob*, bastante corta de luces, no muy inteligente. De intelectual, nada. Al principio del matrimonio le dio mucha satisfacción ser la mujer de un general de mucho prestigio. La mejor época fue cuando él era director de la Academia General de Zaragoza, con lo cual era jefa de una corte provinciana en Zaragoza con ciertas semejanzas a Oviedo. Allí estaba muy contenta y sin posibilidades de hacer daño a nadie».[*]

Para Preston el cambio en Carmen Polo llegó con la toma de todo el poder, especialmente, al finalizar la contienda: «Lo que la estropeó como persona, siendo una persona sin grandes fortalezas intelectuales y morales, fue el triunfo de su marido, sus pretensiones sociales no conocieron ya límite. Empezó un gran deterioro moral de Carmen. El Caudillo no tuvo una mujer que pudiera servir como freno moral».

«¡COJA EL BRAZO DE LA SEÑORA!»

Como para todos los españoles del momento, la Guerra Civil supuso un punto de inflexión para Carmen Polo. La «burguesa provinciana» que describió Paul Preston comenzó una mutación hasta cristalizar en «la Collares», la figura por la que pasaría a la memoria colectiva.

Tras sumarse Franco a los militares sublevados contra la Segunda República, Carmen y Nenuca pusieron rumbo al extranjero. España no era un sitio seguro para ellas. A bordo del vapor alemán Waldi llegaron a Francia usando nombres falsos. Allí las esperaba el comandante Antonio

---

[*] P. Preston, 2001.

Barroso, agregado militar de la embajada de España en París. Él se encargó de trasladarlas a Bayona, donde se alojarían en la casa de madame Claverie, la que fuera su institutriz de niña.

En septiembre de 1936 Franco envía a su primo Francisco Franco Salgado-Araujo a buscarlas. A su vuelta a España, Carmen asistiría al ascenso imparable de su marido y comenzaría su mutación.

Durante la contienda su papel fue de escaso relieve, aunque fue en esa época en la que posiblemente viviría la anécdota en la que tuvo el papel más relevante de su vida. El famoso incidente en el Paraninfo de la Universidad de Salamanca el 12 de octubre de 1936. Millán-Astray se presentó escoltado por legionarios con metralleta. El asunto principal de las alocuciones era la «anti-España» y sus tópicos. Unamuno iba cabreándose cada vez más hasta que tomó la palabra:

Se ha hablado aquí de guerra internacional en defensa de la civilización cristiana; yo mismo lo hice otras veces. Pero no, la nuestra es solo una guerra incivil. (…) Vencer no es convencer, y hay que convencer, sobre todo, y no puede convencer el odio que no deja lugar para la compasión. Se ha hablado también de catalanes y vascos, llamándolos anti-España; pues bien, con la misma razón pueden ellos decir otro tanto. Y aquí está el señor obispo, catalán, para enseñaros la doctrina cristiana que no queréis conocer, y yo, que soy vasco, llevo toda mi vida enseñándoos la lengua española, que no sabéis.

El cabreo cambió de bando y Millán-Astray iba enrojeciendo, intentando interrumpir. «¿Puedo hablar? ¿Puedo hablar?». Los legionarios presentaron armas, y algunos exaltados gritaron el famoso «¡Viva la muerte!». Cuando el general tomó la palabra no fue para calmar los ánimos:

—¡Cataluña y las Vascongadas, las Vascongadas y Cataluña, son dos cánceres en el cuerpo de la nación! ¡El fascismo, remedio de España, viene a exterminarlos, cortando en la carne viva y sana como un frío bisturí!

Unamuno, envalentonado, soltó la parte más famosa de su discurso aquella jornada aciaga:

Acabo de oír el grito necrófilo e insensato de «¡viva la muerte!». Esto me suena lo mismo que «¡muera la vida!». Y yo, que he pasado toda la vida creando paradojas que provocaron el enojo de quienes no las comprendieron, he de deciros, con autoridad en la materia, que esta ridícula paradoja me parece repelente. Puesto que fue proclamada en homenaje al último orador, entiendo que fue dirigida a él, si bien de una forma excesiva y tortuosa, como testimonio de que él mismo es un símbolo de la muerte. ¡Y otra cosa! El general Millán-Astray es un inválido. No es preciso decirlo en un tono más bajo. Es un inválido de guerra. También lo fue Cervantes. Pero los extremos no sirven como norma. Desgraciadamente, hay hoy en día demasiados inválidos. Y pronto habrá más si Dios no nos ayuda. Me duele pensar que el general Millán-Astray pueda dictar las normas de psicología de las masas. Un inválido que carezca de la grandeza espiritual de Cervantes, que era un hombre, no un superhombre, viril y completo a pesar de sus mutilaciones, un inválido, como dije, que carezca de esa superioridad de espíritu suele sentirse aliviado viendo cómo aumenta el número de mutilados alrededor de él. […] El general Millán-Astray quisiera crear una España nueva, creación negativa sin duda, según su propia imagen. Y por ello desearía una España mutilada…

Y ahí empezó el bureo. Millán-Astray gritó «¡Viva la muerte!» y José María Pemán, quedándose en tierra de nadie, puntualizó:

—¡No! ¡Viva la inteligencia! ¡Mueran los malos intelectuales!

A Unamuno ya no había quien lo parase:

¡Este es el templo de la inteligencia! ¡Y yo soy su supremo sacerdote! Vosotros estáis profanando su sagrado recinto. Yo siempre he sido, diga lo que diga el proverbio, un profeta en mi propio país. Venceréis, pero no convenceréis. Venceréis porque tenéis sobrada fuerza bruta; pero no convenceréis, porque convencer significa persuadir. Y para persuadir necesitáis algo que os falta: razón y derecho en la lucha. Me parece inútil pediros que penséis en España.

El general tuerto hizo un ejercicio de contención para evitar satisfacer sus instintos primarios y acabar ahí mismo con la vida del autor de *La tía Tula*.

—¡Coja el brazo de la señora! —le ordenó.

La señora era Carmen Polo. Y obedeció. El escritor salvó el pellejo, abandonando tan docto lugar amarradito a la esposa de Franco. ¿De no ser testigo la mujer de Francisco Franco habría corrido la sangre? Puede ser. Lo cierto es que, Carmen Polo, aparentemente muda en un momento tan tenso, consiguió salvar la vida a Unamuno.

UNA CORTE EN EL PARDO

Aquella «chica burguesa» y «de intelectual nada» que retrataba Paul Preston dio paso a la Carmen Polo más popular. La dueña y señora del Palacio de El Pardo donde se instalaron los Franco en marzo de 1940, casi un año después de acabar la Guerra Civil. Se desechó la idea inicial de ocupar el Palacio de Oriente, sede histórica de los Reyes de España.

A partir de ese momento Carmina dio paso a doña Carmen, la mujer más influyente de España. La esposa del Generalísimo constituyó su propia corte a base de amigas, mujeres de ministros y militares. Una especie de versión doméstica del poder político que algunos denominaban con sorna «el Consejo de Ministras» y que se reunía los miércoles.

Eran las famosas «brujas de El Pardo» a las que se refería, no exenta de mala leche, su cuñada Pilar Franco. Con el paso del tiempo los Franco Bahamonde empezaron a perder influencia en el entorno del jefe del Estado en favor de los Polo, los Martínez-Bordiú… Pilar Jaraiz Franco, sobrina del dictador, tenía claro que su tía cada vez marcaba más el día a día del palacio: «Cuando mi tía mostraba su rechazo, podía ser definitivo».

Las mejores amigas de doña Carmen eran Lolina Tarnier, a la que conocía desde su infancia, y Pura Huétor de Santillán, esposa del almirante y marqués del mismo título. María Purificación de Hoces y Dorticós-Marín fue durante años la sombra de «la Caudilla». Hija del duque de Hornachuelos, era conocida sobre todo por su afición a la comida y por contarle a su amiga todos los cotilleos que recorrían España. En ocasiones fue precursora de las *fake news* llevando a los oídos de Carmen Polo todo tipo de libelos: lo mismo era la homosexualidad de un político, que el rumor de que Juanita Reina, máxima estrella de la pantalla en el momento, tenía lepra.

Francisco Franco Salgado-Araujo, primo, compañero de armas y confidente del dictador, y que fue cronista íntimo del régimen a través de su famoso diario, llegó a dibujar un retrato poco agradecido de Pura Huétor de Santillán. Así la describe en su entrada del 8 de febrero de 1955:

La conversación con esta señora fue toda referente a los señores de El Pardo. Entre otras cosas me dijo que la «señora» tenía mucha suerte con su amistad; pues gracias a ella no se aburría, ya que era la única amiga íntima que tenía y que siempre estaba pendiente de distraerla y acompañarla a todos los sitios, y muchas veces, estando enferma y con fiebre la iba a buscar para llevarla a teatros, antigüedades y demás sitios. «En mí —decía Pura— esto es un mérito, pues lo hago por amistad, ya que no tengo cargo alguno ni obligación oficial de hacerlo, porque antes de que Ramón fuese jefe de la Casa Civil, también lo hacía. En San Sebastián Carmen se aburriría mucho si no estuviera yo allí, pues no tiene ninguna amiga íntima con confianza suficiente para acompañarla a todas partes». Yo le dije que podía llamar a su hermana Isabel, que también podría distraerla y acompañarla. «Llamaría la atención —dice Pura— siempre con la hermana». Me habló también del carácter de Carmen y de su marido, que dan muy pocas confianzas a nadie y que no intiman fácilmente con la gente, lo que en muchas cosas es un bien. Le dije que él siempre tuvo igual carácter, afectuoso, cordial, pero sin tomarse confianzas ni dejar que nadie se las tome con él. Que le conozco desde niños y que siempre fue casi igual que ahora, pues hay que reconocer que, en la actualidad, fuera de su mujer y de su hija, nadie tiene con él la más mínima confianza. Saqué la impresión de que Pura quiere presumir que se sacrifica por Carmen, que no se aburre demasiado gracias a ella. Tal vez sea así. Pero por ahí lo que la gente comenta y dice es diferente. Le achacan a la marquesa que la acapara totalmente y le espanta a las demás amistades, incluso que la separa de sus propias hermanas, lo que me consta de verdad. Si es así considero muy lista a esta señora y con mucho poder persuasivo, pues Carmen no es persona que se deje dominar fácilmente. Le hace gracia Pura, la resulta simpática y divertida, lo cual es un don que posee esta señora, y además, le es útil, muy útil en muchos casos.

Fue Pura la protagonista involuntaria de una de esas anécdotas que jalonan la biografía oral de doña Carmen. Como primera dama del país, mujer más importante del régimen, la esposa de Franco recibía todo tipo de dádivas para practicar eso tan español de que al santo se le adora por la peana. Cada 16 de julio, festividad de la Virgen del Carmen, doña ídem recibía regalos de todos los lugares. Cuando eran ramos de flores, dicen, solía practicar una curiosa forma de ahorro. Los reutilizaba. Es decir, los usaba para, a su vez, agasajar, bien a sus hermanas Zita e Isabel o para algún compromiso.

En una ocasión, cuentan, recibió un ramo y decidió, a su vez, «regalárselo» a su amiga Pura por su cumpleaños. No tardó nada esta en llamar a El Pardo para agradecerle tamaño dispendio. Hasta a Carmen Polo, tan familiarizada con el peloteo descarado, le pareció demasiado tanto agradecimiento. Pronto saldría de dudas.

Pura estaba encantada con el estuche que, dentro del ramo de flores, albergaba un joyón. Doña Carmen ni se había enterado. No había revisado a fondo el ramo, pero actuó rápida y eficaz:

—¡El ramo te lo quedas, pero el estuche me lo devuelves ahora mismo!

Y no tardó nada en presentarse en casa de su amiga uno de los tan famosos y temidos «motoristas de El Pardo», conocidos por comunicar, mediante telegrama, a los altos cargos del régimen que habían sido cesados.

Anécdotas como estas jalonan la vida pública de Carmen Polo durante los años que su marido tuvo todo el poder del país en sus manos. La afición desaforada por las joyas fue una de sus principales características y origen del apodo por el que sería conocida por el pueblo llano.

«LA COLLARES»

Jimmy Giménez-Arnau, quien fuera marido de su nieta Merry, contaría en su divertido libro *Yo, Jimmy. Mi vida entre los Franco* (Planeta, 1981) como había visto en la última residencia de Carmen Polo una habitación atestada de joyas.

Verdad o parte de la leyenda negra, lo cierto es que el ya citado Franco Salgado-Araujo llegó a lamentarse: «¡Cuántos gastos se ahorraría el Estado y cuánta más independencia tendría el Caudillo si su mujer se quedara en casa como hacen todas las mujeres de los presidentes y los jefes del Estado!».

Pilar Franco, siempre irónica a la hora de referirse su familia política, no se cortó al hablar de la afición por acumular de su cuñada. Aunque de forma cínica califica de leyenda la existencia de la fortuna de Carmen Polo, a renglón seguido suelta lo siguiente con una ironía que colinda con el cinismo: «Lo que ocurre es que es muy ahorrativa. Como una hormiguita. En vida de su marido era muy natural que la gente la obsequiase con regalitos más o menos valiosos. El haber sabido conservar estas cosas pensando en su futuro me parece muy bien».[*]

Por si quedaba alguna duda, añadía lo siguiente: «Cuarenta años de primera dama de España significan 16.800 días. Si bien se mira, es mucho tiempo, el suficiente para asegurarse una posición sólida al margen de cualquier coyuntura. Y no hay que escandalizarse lo más mínimo porque me parece muy razonable. Estoy segura de que su fortuna personal no llega ni al uno por ciento de lo que su marido hizo ganar a España».

La *hermanísima*, fiel a su estilo, disparaba a su sobrina y su marido: «Ahí quien tiene el dinero por lo visto, [...] el que tiene las perras es el Cristóbal [Martínez-Bordiú, marqués de Villaverde]».

En casi todas las capitales de provincia de España la historia oral conserva anécdotas, nunca se sabe si fronterizas con la fantasía, sobre el terror que suponía «la Collares» para joyeros y anticuarios. En cada viaje oficial, cuentan, la esposa del dictador visitaba estos establecimientos y se encaprichaba de cosas. A la hora de pagar, solicitaba que enviaran la factura a palacio. Obviamente, por una mezcla de peloteo y miedo, pocos se atrevían a hacerlo y quien reunía agallas para cobrar, cobraba, pero, a la vuelta de unos meses, le esperaba una exhaustiva inspección fiscal por parte de Hacienda. Algo muy temido en una época en la que la doble contabilidad en los negocios era práctica más que habitual.

Anécdotas hay en todos los sitios, pero, conviene insistir: es complicado saber hasta dónde es verdad lo que se relata. Así, por ejemplo, en León todavía se cuenta cómo durante una visita de la primera dama del régimen y ante una exhibición de los coros y danzas de la Sección Femenina, Carmen Polo se encaprichó de unos pendientes que se exhibían en el escaparate de una joyería en el centro de la ciudad. Al ser una jor-

---

[*] P. Franco, 1980.

nada festiva no estaba abierta, pero su insistencia hizo que las autoridades locales buscaran al dueño del local. Este, qué remedio, acabó abriendo la joyería solo para doña Carmen.

Cuando le señaló los pendientes que le interesaban, el joyero, azorado, tuvo que ser sincero:

—Verá, señora, los tengo apalabrados para una clienta.

Doña Carmen insistió en saber su precio y aseguró que pagaría un extra por el problema que le iba a causar. El joyero finalmente cedió a los deseos de «la Collares» y, por supuesto, dicen que no cobró.

Otra variante de la anécdota asegura que los pendientes que despertaron la codicia de Carmen Polo ya lucían en las orejas de una propietaria, que acabó por entregarlos a la mujer que mayor temor levantaba en España. ¿Verdad o relato apócrifo? Hoy en día es muy complicado discernir la realidad de los relatos deformados por la transmisión oral.

Lo cierto es que el apodo de «la Collares» es inseparable de la figura de Carmen Polo y Martínez-Valdés, y que su afición a las joyas y las antigüedades es uno de los rasgos que más se señalan en todas las biografías. Tanto o más que su tacañería, de la que ya hemos registrado aquí alguna anécdota.

Otra tiene como protagonista al hombre que salvó la vida de su marido. Se trata del doctor Bertolotti, que lo operó a vida o muerte cuando el 29 de junio de 1916 fue herido en el vientre en un combate en El Biutz, durante la guerra del Rif.

Años después, el facultativo, al jubilarse, decidió pedir audiencia en El Pardo. Su intención era despedirse del hombre al que salvó la vida y que se había convertido en el más poderoso de España. Cuando llegó el momento de la despedida, que ambos intuían definitiva, Franco le dijo que pidiera lo que quisiera y el médico solicitó tabaco. «El único vicio que me queda», aseguró.

El dictador dio la orden de que trajeran un cartón de cigarrillos y cuando el hombre se iba, acompañado por Franco, apareció Carmen Polo. Tras los saludos de rigor «la señora» señaló el cartón de tabaco:

—¿Qué llevas ahí?

—Un cartón de tabaco que me ha regalado Paco. Quiero decir, Su Excelencia —contestó el doctor Bertolotti.

—¿Me lo dejas un momento? —y sin dar tiempo a respuestas, Carmen cogió el cartón, sacó un paquete que entregó al médico y desapareció con el resto.

FABIOLA Y UNA CORONA FALSA EN BRUSELAS

Claro que, si hay una anécdota que tenga que ver con Carmen Polo, sus joyas y su «capacidad ahorrativa», es la que tiene como protagonista a la reina Fabiola. Casi nada.

En 1960 España entera estaba enganchada a un culebrón que emparentaba a una nativa, la aristócrata madrileña Fabiola de Mora y Aragón, ni más ni menos que con una casa real europea. Era la mujer elegida para que el monarca de los belgas, el apocado Balduino, dejara la soltería. Se trataba de la primera vez que una española se convertía en consorte desde los tiempos de Eugenia de Montijo, y el régimen de Franco decidió echar la casa por la ventana. Como hacía con cualquier éxito deportivo o cultural, la dictadura vio en esta boda, de la que iba a estar pendiente el mundo entero, un elemento de propaganda.

Para la anécdota nacional queda que a raíz del compromiso en España se disparó la venta de televisores. El nuevo medio tenía apenas cuatro años de vida en nuestro país. La expectación fue tal que la revista ¡*Hola!* utilizó el evento como excusa para lanzar su primer número en color.

Para Bélgica el origen de la futura reina era un problema en tanto y cuanto no querían cercanía con un régimen al que, por otro lado, reconocían. Al mismo tiempo, la monarquía belga consideraba al conde de Barcelona, exiliado en Estoril, como el legítimo rey de España, Juan III.

Durante semanas se especuló con la posibilidad de que Franco acudiera al enlace, algo que ni al Parlamento ni a la sociedad belgas les hacía la menor gracia. Además, como era lógico, también estaban invitados los miembros de la familia real española.

Como solución se buscó que la invitación más o menos oficial a una España que se definía como reino, pero no tenía rey, fuera para Carmen Polo. Finalmente, «la señora» no acudió, pero sí lo hicieron los Villaverde, que en esos años no se perdían ningún sarao de la *jet set* internacional.

Eso sí, «la Collares» estaba dispuesta a que Fabiola tuviese un regalo oficial en condiciones. Claro que sin hacer público ni la forma de adquisición ni el dinero que costó el regalo. Carmen Polo recorrió sus anticuarios de confianza y las mejores joyerías.

El regalo perfecto lo localizó en un convento en Toledo. Las religiosas custodiaban una corona cubierta de piedras preciosas (zafiros, diamantes…) que en su día perteneció a los duques de Lerma. Según algunos autores como Ramón Garriga las monjas vendieron la corona a doña Carmen Polo por un millón de pesetas.

Fabiola lució el regalo del país en la recepción para todos los invitados a la boda, que tuvo lugar dos días antes del enlace, programado para el 15 de diciembre de 1960. El día de la boda Balduino quiso que Fabiola luciese la tiara que había pertenecido a su madre, la reina Astrid, que tanto añoraban los belgas. Por este motivo, Fabiola decidió que qué mejor ocasión para lucir la corona regalo de su España, que en la recepción a invitados como Margarita de Inglaterra o la duquesa de Alba. Mas su gozo en un pozo, cuando descubrió que las piedras preciosas de la corona eran falsas.

¿Lo sabía Carmen Polo y aun así decidió que la luciera Fabiola? Según algunas versiones, fueron las monjas las que engañaron a la esposa de Franco, y durante los años de penalidades fueron vendiendo las piedras preciosas para poder sobrevivir. De ser así, desde luego demostraron una audacia, por no decir atrevimiento, cuanto menos sorprendente en pleno franquismo.

«LA CAUDILLA»

En esta mezcla de certezas y rumores sobre la figura de Carmen Polo, lo evidente es el proceso de transformación que sufrió durante los años de máximo poder. La provinciana sin interés que describiera Paul Preston dio paso a una mujer que casi era una caricatura del poder ejercido sin ningún tipo de controles. El propio historiador británico reflejó ese cambio y hasta qué punto fue la mujer más influyente del régimen de su marido. Así esbozaba a la nueva Carmen Polo en *Palomas de guerra* (Plaza y Janés, 2000):

Hay innumerables testimonios de que en presencia de su mujer, Franco parecía sumiso, como si temiera su desaprobación. Así pues, en general se cree que las carreras de los ministros pudieran depender del favor de doña Carmen. Solo era necesario que un ministro o un alto cargo se percatase de sus preferencias en algún asunto particular para que su capricho se viera satisfecho. (…) La convicción de su poder sobre el Caudillo estaba muy extendida en el seno de la clase dirigente española.

El cambio de Carmen Polo también se puede seguir a lo largo del diario del general Franco Salgado-Araujo. Por ejemplo, en su entrada del 27 de julio de 1955 podemos leer lo siguiente:

Ciertamente estoy molesto con la actitud de mi prima, la mujer del Caudillo, a la que conozco desde que era una chiquilla casi, recién salida del colegio; siempre nos hemos tratado con entera familiaridad y confianza, ya que casi toda la vida militar de su marido la hemos hecho juntos, y ahora me trata con un tono y una frialdad que no comprendo. Me saluda diciéndome, ¿qué hay, general?

La influencia de «la señora» en su marido parece evidente, sobre todo en los últimos años de vida de Franco. Preston y otros historiadores hablan de la presión que ella ejercía, junto a su yerno, durante una determinada época en la que algunos miembros de la dictadura se planteaban una cierta apertura. Cuando, tras el asesinato de Luis Carrero Blanco, Carlos Arias Navarro fue nombrado presidente del Gobierno, muchos vieron en la decisión la sombra de doña Carmen.

La foto de ambos, Carmen y el presidente, riendo a carcajadas, cimentó la idea de que el presidente actuaba casi al servicio de la esposa del dictador. Después de la muerte de Franco, Arias Navarro siempre se mostró cercano al denominado búnker familiar.

La rumorología popular atribuye a la camarilla de doña Carmen la capacidad de quitar y poner ministros. Durante años corrió la especie de que la caída en desgracia de Ramón Serrano Suñer, el hombre fuerte más importante del régimen en los primeros años, se debió a su influencia negativa. ¿El motivo? Un escándalo sentimental que afectaba a la vida familiar. Serrano estaba casado con Zita Polo, hermana de Carmen, y mantenía una relación extramatrimonial con Sonsoles de Icaza, casada a su vez con el marqués de Llanzol, Francisco de Paula Díez de Rivera y Casares. Considerada todo un icono de moda, musa de Cristóbal Balenciaga, por su éxito con el sexo opuesto se ganó el mote en Madrid de «Sonsoles de Icaza y pesca».

En 1942, y fruto de su relación con Serrano Suñer, nació una niña a la que pusieron de nombre Carmen. A pesar de que toda la alta sociedad de la capital estaba al tanto de lo sucedido, la niña fue reconocida por el marido de Sonsoles de Icaza. Como suele pasar en estos casos, la hija fruto de una relación no legal, era idéntica a su padre.

Este escándalo que, lógicamente, no hizo ninguna gracia a Carmen Polo, coincidió con el cese de Serrano Suñer al frente de la cartera de Asuntos Exteriores, y eso hizo crecer popularmente la idea de que doña Carmen había forzado a su marido a prescindir de su brillante ministro. La realidad nunca es tan sencilla. Lo cierto es que la conocida como «crisis de Begoña» y la deriva de la política exterior del país alejaron ideológicamente a los dos cuñados, hasta que Serrano Suñer cayó en desgracia por decisión de Franco. La gota que colmó el vaso fue lo sucedido, como hemos apuntado, en la basílica de Begoña en Bilbao el 15 de agosto de 1942, cuando el falangista Juan José Domínguez Muñoz lanzó dos granadas contra el ministro del Ejército, José Enrique Varela, de ideología carlista. Junto a él actuaron varios falangistas al grito de «¡Muera Franco!».

Tanto Serrano Suñer como otros ministros falangistas, entre ellos José Antonio Girón de Velasco y José Luis Arrese, intentaron interceder por los detenidos. El asunto llevó a una crisis de Gobierno que se saldó con la salida de varios nombres del Ejecutivo, entre ellos Serrano Suñer, que fue sustituido por el monárquico Francisco Gómez-Jordana.

Serrano Suñer quedó apartado para siempre del círculo de El Pardo y sobreviviría a sus cuñados; falleció en 2003 a los ciento un años. Con respecto a su hija ilegítima, Carmen Díez de Rivera, esta llegó a la juventud sin saber nada de su historia personal y, como si de una novela se tratase, se enamoró de su hermano sin saber que lo era. Al descubrir la verdad decidió hacerse misionera. De vuelta en España, se metió en política, llegando a ser una mujer influyente en el entorno de Juan Carlos I y, sobre todo, de Adolfo Suárez (fue la jefa de Gabinete del presidente del Gobierno). Francisco Umbral la convirtió en una de sus musas. Fue precisamente el popular periodista quien se atrevió a hablar por primera vez de esta historia de secretos a voces en su novela *La leyenda del César visionario* (1992).

Volviendo a Carmen Polo, lo cierto es que es difícil saber hasta qué punto sus opiniones forzaron a su marido a la hora de tomar ciertas decisiones. Se cita su nombre como instigadora de algunos cambios de cartera; en ocasiones incluso se cuenta cómo ella misma hablaba con los ministros de turno para solucionar alguna cuestión. Sobre todo en lo referente al mundo del espectáculo.

Una intervención de Irán Eory en *Historias de la frivolidad*, de Chicho Ibáñez Serrador, considerada por doña Carmen como demasiado erótica para ser emitida en Televisión Española, provocó más de una bronca en la única emisora televisiva existente.

También a su influencia se debe el secuestro legal de la revista del corazón *Garbo*. En 1968, la publicación, editada en Barcelona, difundió un reportaje sobre el torero Luis Miguel Dominguín junto a su sobrina Mariví. Unas imágenes que, sin decir nada, venían a confirmar la relación sentimental que mantenía ambos, a pesar de que el torero estaba aún unido a la actriz Lucía Bosé. El escándalo fue mayúsculo y la actriz italiana decidió poner fin a su matrimonio, siendo los primeros famosos en tomar esa decisión en nuestro país.

Luis Miguel era uno de los favoritos en el entorno de El Pardo, sobre todo para las cacerías, y las fotos de la joven Mariví a horcajadas cabrearon sobremanera a Carmen Polo. De ahí a que el Ministerio de Información y Turismo, que presidía Manuel Fraga Iribarne, secuestrara la edición medió poco. Durante meses, la directora de la revista, Elisenda Nadal, aguantó las pérdidas que suponía no poder publicar su revista. Era el precio por poner de los nervios a la mujer del dictador.

GLAMUR Y CELOS

Carmen Polo fue durante casi cuatro décadas la imagen pública de la dictadura. No fue la cara amable, pero sí la cara rosa del régimen autocrático de su marido. Con el paso del tiempo no solo la caracterizó el gusto por las joyas. También cuidó especialmente su imagen y se preocupó por la moda.

Pedro Rodríguez y Manuel Pertegaz fueron los modistos favoritos de Carmen Polo. Al segundo acudía a verlo a Barcelona a su taller en la avenida Diagonal. Años más tarde el diseñador le contaría a Pilar Eyre para *Interviú* que nunca vio desnuda a Carmen Polo y que casi nunca le hacía comentarios de política. Solo en una ocasión, cuando el modista le destacó el cambio de las principales potencias extranjeras con respecto al régimen franquista, doña Carmen se mostró tajante: «Ellos cambian, nosotros no».

Carmen Polo controlaba los estilismos, sobre todo durante las visitas de otras primeras damas que pudieran hacerle sombra. Claro que fueron en contadas ocasiones. Las grandes estrellas del papel cuché, como Jacqueline Kennedy o Grace Kelly, cuando viajaban a España solían tener como anfitriona a Cayetana de Alba. Una mujer cosmopolita que contrastaba con la imagen de la España más rancia que trasmitía la esposa de Franco.

Claro que cuando se tuvo que enfrentar a un duelo de estilo con Eva Perón en 1947, las cosas no fueron tan sencillas. Entre la mítica primera dama argentina y «la Collares» no hubo simpatía mutua desde el minuto cero. La argentina se refirió a ella desde el principio como «la gorda» y doña Carmen comentaba entre sus amistades el mal gusto de Evita. «Se nota que ha sido artista», añadía en sus mordaces comentarios. Aun así, la esposa de Juan Domingo Perón fascinó a los españoles. No era extraño, ya que se trataba de una de las mujeres más famosas del mundo.

También hay quien afirma que los celos de doña Carmen eran por lo especialmente atento que se mostró su marido con la invitada de honor. Una obligación de la política internacional, puesto que la Perón llegaba a España para traer carne, leche y trigo a una España que se moría de hambre. Los celos eran evidentemente infundados pero el «demonio de ojos verdes», que diría Shakespeare, era una constante en doña Carmen.

Así, por ejemplo, Pilar Eyre en su libro *Franco Confidencial* (Destino, 2013) cuenta un curioso relato sobre las memorias de Salgado-Araujo que tiene que ver precisamente con la propensión a los celos de doña Carmen y el especial interés de Franco por una folklórica. «Un editor de las memorias de Salgado-Araujo, Rafael Borrás, las incluyó en su colección "Espejo de España", y me explica que, al contrario de lo que trató en su momento de difundir la familia, no se tocó absolutamente nada del manuscrito mecanografiado original, únicamente suprimimos una referencia a la admiración de Franco por Juanita Reina», cuenta Eyre.

En el mismo libro asegura que a Carmen Polo no le gustaba nada esta querencia de su marido por la que en ese momento era una de las actrices más taquilleras del cine español. Es más, afirma que el rumor más absurdo y cruel sobre Juanita Reina pudo salir de la maledicencia de la señora de El Pardo: «Me han dicho de muy buena tinta que Juanita Reina tiene lepra…», asegura Eyre que comentó doña Carmen entre las mujeres de su camarilla.

Con respecto a Salgado-Araujo, él sí consignó los celos de la mujer de su primo. Leamos lo que publicó en su diario en la entrada del 9 de agosto de 1955:

> El padre Bulart me estuvo contando lo apasionada que es Carmen en sus reacciones. Le cuenta unas cosas y enseguida se la cree sin pararse a pensar si es verdad o mentira. Dijo que procuraba tener amigas que no fueran señoras muy agraciadas físicamente, tal vez ante el temor de que se vaya a enamorar de alguna su marido. Ella sabe que es formal y serio, pero evitando la ocasión se evita el peligro. [*]

Pero volvamos a los duelos de estilo y popularidad. Ya en los años cincuenta Carmen Polo y su hija Carmen se prepararon para recibir a otra de las mujeres más famosas de su época, la mítica Soraya de Irán. Esta pasaría a la historia de la crónica social como la princesa de los ojos tristes, por tener que divorciarse del sah de Persia, repudiada al ser incapaz de darle un hijo.

Su visita a la corte franquista, tan escasa en visitas de personajes con atractivo para la prensa, fue una revolución. Maruja Torres la recrearía años después en *El País* poniendo especial énfasis, con ácida ironía, en la reacción de las «Cármenes».

> El listón se puso radicalmente alto cuando la todavía emperatriz de Irán, la legendaria Soraya de singular belleza se dio un paseo por estas tierras. […]

---

[*] F. Franco Salgado-Araujo, 1976.

La astucia de las Franco/Polo se mostró en todo su esplendor. Descubrieron que Soraya tenía un defecto: las piernas torcidas. Y, orgullosas de sus más que presentables extremidades inferiores, tomaron la drástica decisión de recibirla luciéndolas bajo faldas que apenas les cubrían las rodillas. Fue todo un hito, como comprenderán.

UNA INMOBILIARIA LLAMADA CARMEN POLO

Todo este mundo de joyas, fanfarria y glamur acartonado acabó, como hemos dicho al principio de este capítulo, el 31 de enero de 1976. Carmen Polo pasó a ser un personaje irrelevante en la vida pública española.

Eso sí, en los primeros años de la democracia la viuda del dictador culminó su poderío económico. Fue con la adquisición del famoso edificio situado en el número 8 de la calle Hermanos Bécquer, en pleno barrio de Salamanca de Madrid. Un proceso que comenzó durante los años de la dictadura y para el que se apoyó en la figura de su amiga Pura Huétor.

Fue el periodista Mariano Sánchez Soler, uno de los que mejor conoce la fortuna y los negocios de la saga Franco, quien descubriera las maniobras de Carmen Polo para hacerse con el edificio.

El origen de todo hay que buscarlo el 22 de noviembre de 1941 cuando Elena de Astoreca y Gavaldá, menor de edad, heredó Hermanos Bécquer número 8. En 1944, ya casada con el empresario Enrique Marsans Comas (de Viajes Marsans) aportó el inmueble a cambio de 4.273 acciones por el valor de 4.274.000 pesetas a la empresa Ursaria S.A.

En el Consejo de Administración, varios nombres vinculados al clan de El Pardo: Ramón Díez de Rivera (marqués de Huétor de Santillán y jefe de la Casa Civil de Franco) con 100 acciones, José María Sanchiz Sancho con 27 acciones y Felipe Polo y Martínez-Valdés (hermano de Carmen que, además, ejercía como secretario particular de Franco) con 100 acciones. Huétor de Santillán presidía la empresa que tenía como como objeto «la adquisición y construcción de fincas urbanas para su explotación en forma de arriendo».

El 6 de mayo de 1956 Enrique Marsans vende sus acciones y una década después, en 1966, Felipe Polo se pone al frente de Ursaria S.A. El

25 de enero de ese año Elena de Astoreca, la dueña original de Hermanos Bécquer 8 trasmitió a la sociedad la propiedad de la planta sexta y el
ático de dicho inmueble. Dos años después de esta ampliación de capital
se hipoteca el edificio. Felipe Polo negoció un préstamo de cuatro millones de pesetas con el Banco Hipotecario de España, una entidad financiera pública. La empresa tenía cinco años para devolver el préstamo.

La peculiar historia de esta compañía inmobiliaria dio un nuevo giro
un 23 de febrero. Eso sí, de 1971, diez años antes de la asonada de Tejero. Se designó un nuevo Consejo de Administración con un solo titular.
Nuevamente se trataba de una persona del círculo de confianza de Carmen Polo: Fernando Fuerte de Villavicencio, jefe de la Casa Civil de Su
Excelencia. Felipe Polo seguía al frente de la compañía.

Fue tras la muerte de Franco cuando la familia se dejó de personas
interpuestas y se mostró como verdadera creadora de la compañía. El
30 de septiembre de 1977 Carmen Franco y Polo pasó a ser administradora única. Un año más tarde, el 12 de diciembre de 1978, la flamante
duquesa de Franco, anunciaba que se disolvía Ursaria y comunicó que
el total de las acciones eran propiedad de Carmen Polo y Martínez-
Valdés, la señora de Meirás. Es decir, el buque insignia de los Franco ya
era de la viuda del dictador.

El citado periodista Sánchez Soler, que tanto ha intentado desentra-
ñar la maraña empresarial de la familia, descubrió que Carmen Polo po-
seía en propiedad varios inmuebles en los años de la Transición, aparte
del citado, número 8 de Hermanos Bécquer: un piso en el número 98 del
paseo de la Castellana por valor de siete millones de pesetas, otro en
el número 85 de la misma calle por valor de dos millones, y, en el mismo
edificio, otro piso por valor de tres millones, además de dos plazas de garaje en el sótano del número 89 de la Castellana por valor de 125.000
pesetas. Calculaba Sánchez Soler que en total estas propiedades estaban
valoradas en 55 millones de pesetas. En 1977 se hizo pública la declaración de la renta de la familia. Algo que no se volvería a repetir. En ese
ejercicio la señora de Meirás había tenido unos ingresos de casi nueve
millones y medio de pesetas y declaraba un patrimonio de 89 millones.

Claro que, de entre todas las propiedades de la que fue primera dama del franquismo merece un capítulo aparte la Casa Cornide de A
Coruña.

LA GENEROSIDAD DEL CONDE DE FENOSA

Este inmueble es un edificio barroco situado en el centro de A Coruña, en la CiudadVieja, en concreto en el número 27 de la calle Dimas frente a la colegiata de Santa María. La Casa Cornide se construyó a mediados del siglo XVIII, diseñada por el ingeniero militar Francisco Llobet. La obra fue un encargo de la familia Cornide, siendo durante años la residencia del humanista y miembro de la Ilustración gallega José Andrés Cornide.

Los Cornide decidieron, ya en el siglo XX, en 1949, que el edificio pasara a ser propiedad pública. En concreto, pasó a pertenecer al Concello de A Coruña. Durante un tiempo el edificio fue la sede del Ayuntamiento de la capital coruñesa.

En 1958 se transfirió la propiedad al Ministerio de Educación para ser la sede del Conservatorio de Música y Declamación de la ciudad. Solo un lustro después de hacerse con el histórico edificio, la Administración central hizo un trueque: cedían de nuevo el edificio al Concello a cambio de unos terrenos propiedad del Estado para la construcción de un conservatorio más grande. Fue el 22 de junio de 1962. La administración local estuvo representada por el alcalde coruñés, Sergio Peñamaría de Llano, y, por parte del Estado, el delegado provincial de Hacienda, Gabriel Castro Muga. Una operación que fue controlada desde Madrid por el ministro de Educación, Jesús Rubio García-Mina, y el titular de Hacienda, Mariano Navarro Rubio.

Sin embargo, en esta operación el interés público no era el principal objetivo de las instituciones involucradas: solo mes y medio después de esta operación, el 2 de agosto de 1962, el edificio fue subastado. El Boletín Oficial de la Provincia anunció la subasta pública en su edición del 6 de julio. Es decir, solo dos semanas después de la permuta entre el Estado y el Ayuntamiento, y menos de un mes antes de celebrarse la subasta.

Obviamente, no pujó nadie de la familia Franco. Incluso en plena dictadura habría sido demasiado escandaloso. El edificio se lo quedó Pedro Barrié de la Maza, conde de Fenosa, por 305.000 pesetas, a pesar de que estaba tasado en 50.000 pesetas más. Para que el paripé fuera más completo, Barrié de la Maza tuvo un competidor en la puja: José Luis Amor Fernández, subjefe provincial del Movimiento.

Pedro Barrié de la Maza era el dueño de Fuerzas Eléctricas del Noroeste, S.A. Franco utilizó el acrónimo de su empresa para concederle el Condado de Fenosa en 1955. Uno de los títulos que el dictador decidió expedir cuando convirtió España en un reino sin rey en 1947. Un título que puede sonar tan absurdo como si hoy Felipe VI hiciera a Amancio Ortega marqués de Inditex.

Unos días después de hacerse con la Casa Cornide, el conde se la vendió a Carmen Polo y Martínez-Valdés por 25.000 pesetas. Un precio simbólico. En esta casa pasó la señora de Meirás sus últimos veranos, ya como viuda de Franco. Pudo disfrutar así de un edificio con once dormitorios, trece cuartos de baños, dos cocinas, una biblioteca con acabados de madera y dos terrazas, una cubierta con cristal y otra descubierta con vistas a la capital coruñesa. Los Franco colgaron un anuncio de venta en el portal inmobiliario Philippot & Lloyd en el que se informa de que la última reforma de este inmueble de 1.430 metros cuadrados tuvo lugar en 2018 y se basó en un refuerzo mediante una estructura metálica de piedra y hormigón.

Esta posesión sería el objeto de un largo litigio de los Franco con la Administración. En diciembre de 2020 Unidas Podemos registró una proposición no de Ley en el Congreso de los Diputados para que la Casa Cornide pasase a formar parte del patrimonio público gallego. Fue el diputado de Galicia en Común Antón Gómez-Reino quien anunció la decisión. La formación morada quería un proceso similar al seguido con el Pazo de Meirás.

Asimismo, el Ayuntamiento de A Coruña anunció que iba a emprender acciones legales con el mismo fin. El consistorio, liderado en ese momento por la alcaldesa socialista Inés Rey, quería que la Casa Cornide fuera declarada bien de interés cultural (BIC). «Utilizaremos todas las acciones a nuestro alcance para restituir la Casa Cornide a su legítima titular: la ciudadanía de A Coruña», aseveró la regidora. El Ayuntamiento se basaba en varios informes, en especial uno de la Universidade da Coruña, que avalaba medidas encaminadas a la recuperación del edificio.

La residencia está habitada con frecuencia por las hermanas de José María Martínez-Bordiú y Bassó, más conocido como Pocholo, sobrino del yerno del dictador, Cristóbal Martínez-Bordiú. Estas hermanas son

Clotilde y Esperanza, esta última conocida también como Kuca Gotor, su apodo en el mundo de la moda ya que es una famosa diseñadora.

De acuerdo con las fuentes, las hermanas Martínez-Bordiú «pasan varias semanas al año viviendo habitualmente ahí», en especial «buena parte del invierno». Además, antes de que la propiedad estuviera en el centro de los focos, se conoció que en verano la familia había decidido ponerla en venta.

Unos días después de conocerse estas iniciativas políticas, una furgoneta de mudanza fue vista saliendo de la Casa Cornide. Informó de la presencia del vehículo el Bloque Nacionalista Gallego en A Coruña después de que avisaran algunos vecinos de la Ciudad Vieja. El partido político nacionalista publicó fotografías de la furgoneta saliendo de la casa, indicando que «un vehículo estaba cargando muebles desde el interior de la Casa Cornide, el palacete en el corazón del Casco Antiguo de A Coruña usurpado por la familia Franco».

En septiembre de 2023 la Xunta de Galicia declaró BIC la Casa Cornide con la obligación que establece la ley de abrir estos bienes al público al menos cuatro días al mes. Eso sí, quedan fuera de esas visitas los «espacios que constituyan domicilio particular o en los que pueda resultar afectado el derecho a la intimidad». La Xunta podrá establecer, si la familia del dictador no facilita el acceso, un «espacio mínimo susceptible de visita pública». Se trata de una norma que ya se aplicó en el Pazo de Meirás y que en su día implicó una sanción para los herederos de Franco por no cumplirla.

También hubo polémica con unas valiosas piezas que estuvieron algún tiempo en la Casa Cornide: las estatuas del Pórtico de la Gloria de la catedral de Santiago de Compostela. En julio de 2012 la asociación O Sorriso de Daniel envió una carta a Carmen Franco y Polo reclamando la devolución de dos estatuas románicas realizadas por el Maestro Mateo para la catedral de Santiago de Compostela. Representan a Abraham e Isaac y datan del siglo XII.

La historia de las estatuas y cómo llegan a manos de la familia Franco es cuanto menos oscura. Las reformas que sufrió la catedral entre los siglos XVI y XVIII provocaron la desaparición de estas joyas del románico de la fachada. Reaparecen oficialmente en 1933 gracias a la labor del historiador Fermín Bouza Brey que las encuentra en el pazo del Conde de

Ximonde. Quince años después este las vende al Concello de Santiago. El 4 de junio de 1948 el consistorio compostelano adquiere las estatuas por 60.000 pesetas de la época. Eso sí, el aristócrata exigió una cláusula: las estatuas, en caso de venta por parte del consistorio, no debían salir nunca de la ciudad.

En 1961, en la Exposición Internacional de Arte Románico, las estatuas aparecieron por primera vez identificadas como propiedad de Franco. Solo siete años antes, en 1954, estaban ubicadas en el vestíbulo del Ayuntamiento de A Coruña. Parecer ser que el consistorio tomó la decisión de regalárselas a Franco. Cuando se puso el foco sobre la Casa Cornide, los Franco cambiaron de ubicación las estatuas.

En octubre de 2018 regresaron al Pazo de Meirás. Hasta entonces estaban depositadas en la sede de la empresa Pristina, S. L., una de las empresas inmobiliarias de Francis Franco. En esas fechas iba a arrancar una de las múltiples guerras judiciales de la familia.

El partido Compostela Aberta presentó una demanda para declarar nula la donación de las obras del Maestro Mateo por parte del Ayuntamiento y devolver las estatuas a la catedral de Santiago. Fueron demandados seis de los siete nietos de Franco (Carmen, Mariola, Merry, José Cristóbal, Arantxa y Jaime), además de la empresa Pristina, S. L., propiedad como ya hemos dicho de Francis Franco.

El 9 de febrero de 2019 el Juzgado de Primera Instancia número 41 de Madrid dio la razón a los Franco por «prescripción adquisitiva». Tal y como rezaba la sentencia, desde el consistorio no se había presentado ninguna prueba que acreditase la propiedad de las piezas ni ninguna prueba gráfica (fotos) que demostrara que las estatuas habían estado, como así se aseguraba, en la entrada del Ayuntamiento.

Desde el consistorio se presentó un recurso ante la Audiencia Provincial de Madrid que volvió a dar la razón a la familia Franco. Aun así, desde Compostela Aberta decidieron presentar dos recursos ante el Tribunal Supremo el 27 de febrero. El Alto Tribunal tardó más de dos años en pronunciarse. Así, el 6 de abril de 2022 anunció que la Sala de lo Civil del Tribunal Supremo admitía los recursos. El 19 de junio de 2025 el Alto Tribunal desestimó el recurso y condenó a la familia Franco a restituir al Ayuntamiento de Santiago de Compostela las esculturas. Una semana más tarde la alcaldesa de Santiago, Gloretti Sanmartín, confirmó que la familia se plegaba a cumplir la decisión judicial y devolver de forma inmediata las estatuas. En resumen, un asunto judicial sobre el que aún planea la sombra de las obsesiones por las antigüedades y las joyas de Carmen Polo y Martínez-Valdés. Un patrimonio que sus descendientes han sabido mantener e incrementar después de que la muerte de Franco sumiera a su viuda en cierto ostracismo social.

LOS AÑOS FINALES

Arrancábamos este capítulo con la salida de Carmen Polo de la que fue su casa durante casi cuatro décadas, el Palacio de El Pardo, el 31 de enero de 1976. A partir de ese momento la figura de Carmen Polo se fue apagando poco a poco. Juan Carlos I cumplió con su viejo sueño de mirarse de tú a tú con la nobleza al concederle el título de señora de Meirás, con Grandeza de España.

Sin embargo, y aunque en los primeros tiempos de la democracia todavía asistió a algunos de los actos de exaltación al régimen de su marido, su vida se limitó prácticamente a la cuarta planta (hasta 1978 vivió en la quinta junto a su hija) del edificio situado en el número 8 de la calle Hermanos Bécquer.

Desde allí la señora de Meirás asistió a cómo sus descendientes protagonizaban las páginas de la prensa del corazón y de las crónicas de tribunales con sus escándalos. A cómo el apellido que antaño abría puertas ahora empezaba a generar críticas e incluso incomodidad social. Pocas veces salió de ese encierro voluntario. Una de ellas para vivir uno de los mayores infiernos de su vida, el incendio del hotel Corona de Aragón en Zaragoza. Un suceso que desarrollaremos en otro capítulo.

Ni cine, ni prensa, ni televisión, aseguraban sus familiares, mantenían informada a la viuda del dictador. Claro que, algo de información debía de tener cuando acudió con su hija, la duquesa de Franco, a votar en las elecciones generales del 22 de junio de 1986. Así lo reflejaron los medios del momento. Desconocemos para quién fue el voto de la señora de Meirás.

Eso sí, no descuidaba su lado espiritual, y todos los días se trasladaba un sacerdote a su casa para que oyera misa y tomara la comunión. Y un día a la semana acudía a misa fuera. Una de sus pocas salidas, junto a las visitas que realizaba a la casa de Raphael y Natalia Figueroa.

Solo una vez rompió el silencio que se había autoimpuesto: fue el 2 de agosto de 1980 para la revista *¡Hola!*, que durante los años del franquismo ejerció de algo así como el BOE rosa del régimen. Desconocemos si la entrevista fue una de las exclusivas tan bien remuneradas a los que los miembros de la familia siempre han sido aficionados. Un lucrativo negocio del que fueron pioneros. Puede que se tratase de un favor a la autora de la entrevista, Aurora Fierro, perteneciente a una de esas familias que se hicieron ricas y poderosas durante la dictadura y revalidaron su posición en la democracia.

La Fierro consiguió un auténtico *scoop* para la revista y se adelantó a la moda de las niñas bien que jugaban a entrevistadoras en la prensa del corazón. Una especialidad en la que destacaron Isabel Preysler y Marta Chávarri. En su charla con Aurora Fierro, casi un lustro después de quedarse viuda, Carmen Polo hacía el inventario de su salud:

> Estoy estupendamente. Lo único que tengo es un poco de reuma y, de vez en cuando, me duelen algo las piernas, pero nada más. Hace unos días me he comprado un bastón para utilizarlo cuando se repitan las molestias.

Para la señora de Meirás la España de 1980 estaba «bastante estropeada... Cambia todo enseguida. Podrían haber cambiado algunas cosas, pero no de manera tan brusca», se lamentaba. Tal vez pensaba en su propia estancia en El Pardo. En su relato, esa mala situación de España es la que hacía que cada vez la gente la tratase con más afecto, según su relato:

> Ni me reconoce la gente cuando salgo a la calle. Cuando voy a misa, verdad, muchas veces hay gente a la entrada de la iglesia y cuando llego se ponen a aplaudir. Yo enseguida me marcho corriendo y siempre digo que el coche quede muy cerquita de la puerta. Ahora cada día hay más gente que está esperando.

La familia, que ya entonces había protagonizado alguno de los grandes hitos de la prensa del corazón patria, seguía siendo lo más importante para doña Carmen. «Yo a todos mis nietos siempre les regalo el primer coche; como, total, gasto muy poco, no voy a ningún sitio y pocas veces tengo gente a comer, echo una mano a mis nietos cuando tienen problemas», aseguraba.

También había un detalle humano en su charla con Aurora Fierro. El gesto que doña Carmen tenía con los escoltas que, a cargo del Ministerio del Interior de la democracia, velaban por su seguridad: «Cuando salgo a tomar el té a casa de alguna amiga siempre me voy un poco antes de las nueve de la noche, porque los de la escolta tienen que llevar el coche a El Pardo y coger su cochecito; porque todo el mundo tiene su cochecito».

Carmen Polo y Martínez-Valdés, señora de Meirás, falleció el 6 de febrero de 1988 a los ochenta y siete años. Su muerte fue certificada por el doctor Vicente Pozuelo, el galeno que se encargó de los últimos tiempos de Franco y que siguió vigilando la salud de la viuda. Bronconeumonía fue la causa de la muerte. Según publicó la agencia Efe recibió la última comunión un día antes de fallecer.

La capilla ardiente se instaló en el propio piso de Hermanos Bécquer, y por allí fueron pasando, y así lo registró la prensa, nombres del búnker franquista: el líder ultraderechista Mariano Sánchez Covisa, José Luis Cerón, los exministros José Solís y Licinio de la Fuente, el exalcalde de Madrid Juan de Arespacochaga, el expresidente Carlos Arias Navarro y el líder de Fuerza Nueva, Blas Piñar.

También pasaron por allí Manuel Fraga y Fernando Suárez, entonces en Alianza Popular, dos exministros de Franco que fueron capaces de dar el salto a la democracia sin grandes problemas. La cuota católica la cubrió monseñor Ángel Suquía, arzobispo de Madrid. También estuvo la reina Sofía y el entonces jefe de la Casa del Rey, Nicolás de Cotoner.

Una vez más un acto familiar tuvo trascendencia política. Entre las coronas de flores, una de Augusto Pinochet y, entre el público asistente, aparte de los inevitables «Cara al Sol» y gritos de «¡Viva Franco!», nuevos *hits* entonces en boga en el ambiente ultraderechista: «¡Tejero, libertad!» y «¡Vivan los militares valientes!», obviamente referido a los militares que perpetraron el intento de golpe de Estado del 23 de febrero de 1981.

El funeral tuvo lugar un día después en presencia de los reyes Juan Carlos y Sofía. El Gobierno de Felipe González desaprovechó la oportunidad del entierro de la señora de Meirás para trasladar los restos de

Franco, y que ambos fueran enterrados donde siempre quiso reposar el dictador: en el cementerio de El Pardo.

ANTICUARIOS *POST MORTEM*

En mayo de 1989, más de un año después de la muerte de Carmen Polo, periodistas de la revista *Tiempo* encontraron en la tienda de antigüedades en París de Jean-Marie Rossi, segundo marido de Carmen Martínez-Bordiú, una serie de objetos a la venta que habían pertenecido a la señora de Meirás: una valiosa colección de diez jarrones *bleues de Chine* y una gran mesa que había presidido el salón del piso de doña Carmen en Madrid. Eran parte de la herencia que su nieta favorita, Carmen, se había llevado con ella a la capital de Francia. Un botín compuesto por abrigos de visón, cuadros, espejos y varios muebles.

Los descendientes pusieron en marcha un sistema que repetirían a partir de 2017, a la muerte de la duquesa de Franco: la venta del patrimonio heredado para convertirlo en dinero corriente. Lo cierto es que el cuarto piso de doña Carmen fue totalmente vaciado y pasó a ser la sede de Agentes de Bolsa Asociados, una agencia de *brokers*, y de las inmobiliarias de Francis. Era lo que quedaba del legado de la que fuera la mujer más poderosa de la dictadura de Francisco Franco.

IV
CARMEN FRANCO. LA ÚNICA HIJA

El 7 de abril de 1978, en torno a las 16.40 horas de la tarde, el detector de metales del control del aeropuerto de Barajas sonó cuando una viajera pretendía tomar un avión a Ginebra. Cuando el guardia abrió su bolso, este estaba lleno de medallas. Tuvo que avisar al responsable de aduanas. Este se quedó sorprendido ante el botín que la mujer interceptada llevaba en el bolso de mano y aún más cuando comprobó la identidad de la mujer, que tenía pasaporte diplomático: Carmen Franco y Polo, duquesa de Franco y única hija del dictador.

El responsable informó a la duquesa de que para viajar a Suiza con ese arsenal de joyas necesitaba una licencia de exportación porque superaba el límite permitido. Las joyas se quedaron retenidas para que la Junta de Clasificación de Patrimonio Nacional pudiera evaluarlas. Las joyas se quedaban, pero la duquesa podía seguir su viaje a Suiza.

Durante los cinco años que Carmen Franco estuvo en el país helvético el asunto saltó a la prensa y los españoles descubrieron que la hija del anterior jefe del Estado había intentado viajar a Ginebra con varias joyas. La sorpresa fue mayor al conocer la opinión pública el contenido del «paquete» que la duquesa llevaba en su bolso: 31 medallas de oro y brillantes y siete insignias de solapa de oro y brillantes.

También la prensa empezó a preguntarse e indagar sobre el dinero que los Franco podrían tener fuera de España. El Gobierno de la Unión de

Centro Democrático (UCD) no se quedó fuera del escándalo e iniciaría una investigación en Ginebra y Zúrich que nunca haría pública.

El 12 de abril, ya en España, la duquesa de Franco decidió enfrentarse al escándalo y dio la primera y última rueda de prensa de su vida. Ella, que tantas veces había protagonizado el No-Do, abría las puertas de su residencia en el número 8 de la calle Hermanos Bécquer en pleno barrio de Salamanca de Madrid. La biblioteca recibió a casi 100 periodistas. Se presentó sola ante el peligro con una escenografía que recordaba a la que suelen organizar los Cuerpos de Seguridad del Estado cuando desarticulan una banda. Sobre la mesa la duquesa había desplegado un bodegón de joyas y un reloj. Todo preparado para el relato que quería dejar claro:

> Saben que no me gustan las entrevistas, pero quiero darles una explicación a pesar de no tener facilidad de palabra. Me molesta la idea de que piensen que soy tonta de remate, si pretenden hacer creer que esto era una evasión de capital. No sé exactamente el valor real que tenían estas medallas. Se me había ocurrido hacer con ellas un reloj para regalar a mi madre, con la esfera llena de escudos, semejante a este otro que les muestro. Este tiene, como ven, la cara de mis hijos, mi cara, la de Cristóbal y la de mi padre. Había pensado regalarle otro reloj como este, pero con los escudos de mi padre. En Suiza, un joyero-relojero iba a realizar la obra. Aquí tienen ustedes la carta de una amiga suiza en la que me dice que si no podía llevar las medallas el joyero Grümer no podría hacerme un presupuesto real. Esas medallas que me fueron requisadas ahora están en Hacienda. Que sepan que son las más pequeñas de las que poseo. Cuando viajo, me ofrecen siempre la sala de autoridades y si hubiera querido podría haber ido allí. Fui por donde todos los pasajeros porque no pensé que estuviera defraudando. La verdad es que no conozco bien las leyes, sé que hay una cantidad tope de dinero, pero no se me ocurrió que ir con estas medallas fuera algo delictivo.

Un reloj para doña Carmen Polo era el motivo por el cual su hija viajó a Suiza con semejante botín sin darle ninguna importancia. Para ella lo normal era usar el pasaporte diplomático que le fue retirado en 1986, al igual que a su marido. Ante los medios la única hija de Franco decidió apuntar:

No pensé que debía pedir permiso. A mí lo que me ha dolido es que han dicho que valían millones, como si fuera a hacer una evasión de capitales o como si fuera el extranjero a vender esto. Me ha dolido mucho, profundamente. Solo al llegar aquí me he dado cuenta de la trascendencia e importancia desorbitada de la noticia.

«Siento muchísimo el matiz que ha tomado esta noticia. Siento muchísimo que hayan podido pensar que yo esto lo he hecho para evadir del país algo que pertenece a España, o en un afán personal de lucro que es totalmente absurdo», añadió.

Las joyas fueron tasadas en 300.000 pesetas de la época y Carmen Franco fue condenada a pagar una multa de casi siete millones de pesetas al considerar patrimonio que eran unas joyas históricas. La duquesa de Franco recurrió esta sentencia y en mayo de 1980 la condena fue anulada y Carmen, exonerada.

Sin embargo, este incidente rompió del todo el manto de silencio que siempre había rodeado el dinero de la familia Franco. Muchos empezaron a investigar una realidad que nunca se ha conocido en toda su extensión.

Carmen Franco y Polo tuvo claro después de esa rueda de prensa y de todo el interés mediático que despertaba la familia que tenía que optar por un segundo plano. Al contrario que su marido y algunos de sus hijos, decidió ocupar las menos páginas de prensa posibles. Siendo la única hija del dictador y jugando un papel relevante casi a nivel institucional durante los años del régimen, su empeño era complicado; pero en comparación con parte de sus hijos, lo consiguió. Lo más parecido a la libertad para la adolescente que creció en El Pardo.

LA ÚNICA HIJA DE FRANCO

Carmen Franco y Polo nació casi tres años después de la boda de sus padres. Según el discurso oficial, el 14 de septiembre de 1926; en los datos del padrón municipal, a los que tuvo acceso *El Cierre Digital*, consta el 14 de septiembre de 1928, dos años más tarde.

Lo cierto es que sobre el nacimiento de Carmen Franco y Polo siempre se han difundido rumores. Siempre sin ninguna prueba. El autor de este libro publicó un reportaje en *El Cierre Digital* sobre este asunto en 2020:

> Fue el biógrafo de Juan Carlos I, José Luis de Vilallonga, el primero en atribuir a Ramón Franco la paternidad de Carmen, coincidiendo con la publicación de su libro *El sable del Caudillo* (1997).
>
> La inexistencia de imágenes de Carmen Polo embarazada, ni el aparente registro de fotografías de madre e hija durante la primera infancia de esta —la niña no posó ante las cámaras hasta 1936—, podrían explicar este misterioso baile de fechas. De hecho, el francés Philippe Nourry, biógrafo de Franco, sostenía que Carmencita había nacido en 1928, al igual que dejó patente en sus memorias Pilar Franco, hermana del dictador, que escribió que su sobrina fue alumbrada en junio de 1928.
>
> Curiosa en este sentido también resulta una entrevista concedida por Francisco Franco y Carmen Polo a la revista *Estampa*, publicada el 29 de mayo de 1928 bajo el título «La mujer en el hogar de los hombres célebres. El amor y la guerra, la esposa del general Franco». Según diversos historiadores, la propia hermana del dictador y los datos extraídos del padrón municipal, en aquella fecha Carmen todavía no había nacido.
>
> Sin embargo, el barón de Mora narraba entre sus líneas que la pequeña Carmen había aparecido con un cornetín robado de la sala de trofeos del militar para intentar hacerlo sonar frente a todos y, en una de sus respuestas, Carmen Polo hace referencia a la niña al afirmar que el dictador «ha pintado innumerables monigotes para nuestra chiquilla».
>
> Preguntado Franco en esa charla sobre cuál había sido la mayor alegría disfrutada en pareja, respondió que «el día que desembarcó el Ejército español en Alhucemas, el instante de leer que Ramón había llegado a Pernambuco, y la mañanita que nos casamos». Franco, acérrimo defensor de los valores familiares, no mencionó el día que nació su única hija.
>
> Si tomamos la fecha oficial, o al menos la versión más extendida, del nacimiento de Carmen Franco y Polo, la que sitúa su alumbramiento en septiembre de 1926, las cuentas no coinciden, o lo hacen a duras penas con el periplo militar de Franco que, en septiembre de 1925 navega hacia Alhucemas. Treinta días más tarde se culmina victoriosa la operación iniciada con el desembarco que le valdría en febrero de 1926 el ascenso al cargo de general de brigada con apenas treinta y tres años.

Su promoción a general conllevaba el abandono de su mando en África y supuso su traslado a la Primera Brigada de la Primera División de Madrid. De modo que, según estos datos, Franco regresó a España en febrero de 1926, siete meses antes del nacimiento de su hija.

NENUCA, LA NIÑA DE EL PARDO

Al estallar la Guerra Civil Carmen y su madre se instalaron en Francia bajo nombres falsos. Con el final de la contienda la vida de todos los españoles cambió. También la de Carmen, Nenuca, como la llamaban en la familia. Ella y sus padres construyeron una unidad en sí misma. Eran la primera familia de España «a imitación de la de Nazaret» llegó a escribir un periodista con ganas de agradar.

Era la única hija del hombre más importante de España y, al igual que su madre, tenía agenda. Inauguraciones, puestas de largo, mesas petitorias, visitas a hospitales o amadrinamientos ocupaban su día a día. Tenía poco o nulo contacto con otros niños. Desde los trece años, cuando se instalaron en El Pardo, su vida oficial estuvo por encima de la personal. Su formación fue deficiente y se limitó a la cultura religiosa y a los idiomas, sobre todo el francés que dominó gracias a la *nanny* que la educó.

«Yo nunca pude esquiar, ni pasar una noche fuera de casa o hacer eso que gusta tanto a los niños: dormir con una amiga. Nada. Quedarme a almorzar en casa de una familia conocida ya era un triunfo. Lo que yo vivía, hoy sería incomprensible», le contaría a su biógrafa Nieves Herrero en 2017.

En sus recuerdos, Carmen Franco y Polo marca una gran diferencia en el carácter de su padre antes y después de acceder al poder. Para ella su padre fue una figura vital. Sin embargo, su madre fue la persona que marcó el camino que debía seguir:

Estuve más unida a mi madre, aunque la persona que más influyó en mi vida fue mi padre. Ella quiso protegerme hasta el punto de no dejarme ir a ningún colegio y educarme en casa. Mamá era muy religiosa, extraordinariamente religiosa. Sin embargo, no se metía con la vida de los demás en nada.

A pesar de todo, Carmen Franco nunca se sintió una niña solitaria y en la adolescencia descubrió el sexo contrario. «Descubrí que los niños no eran como las niñas en la Academia de Zaragoza cuando vi a uno bajarse el pantalón», le contaría a Nieves Herrero. Lo militar siempre estuvo presente en su vida, también en lo sentimental:

> De jovencita empecé a fijarme en los marinos. Sobre todo, los guardiamarinas me parecían muy guapos. Me fijé en especial en Saturnino Suanzes de la Hidalga. Le llamábamos Ninín. Recuerdo que nos escribíamos muchas cartas porque solo nos veíamos en vacaciones.

Sin embargo, su madre frustró este primer amor. Se veían en la casa de su tía Pila (Pilar Franco). Su madre no quería para su hija un militar como había sido su caso. Carmen, educada para obedecer, no siguió su romance y cuando su madre le ordenó acabar con esa historia, lo hizo.

En 1949 llegó a su vida Cristóbal Martínez-Bordiú. Esta boda sí complacía a Carmen Polo. Suponía emparentar con la aristocracia. El novio era marqués de Villaverde e hijo de los condes de Argillo. Eran nobleza sin dinero, pero nobleza al fin y al cabo.

La boda tuvo lugar en la capilla de El Pardo el 10 de abril de 1950. La única hija de Franco se casó ante 800 invitados. El gran modisto de la época Cristóbal Balenciaga fue el elegido para confeccionar el sencillo vestido de la novia. El velo estaba sujeto por una diadema de brillantes y perlas que sus padres le habían regalado para el evento.

La boda tuvo lugar en plena posguerra, cuando la necesidad seguía haciendo estragos. *ABC* recogió que con motivo de la boda se repartió entre los vecinos pobres de El Pardo un *kit* «consistente en mantas, prendas de vestir, ropas y calzado y lotes de víveres: aceite, azúcar, arroz, pasta de sopa, patatas, chocolate, pan, carne y tabaco».

La boda vino después de un noviazgo de año y medio en el que no se vieron nunca solos; tenían que salir con carabina. Por fin disfrutaron de estar juntos y a solas en Tenerife. La segunda parte de la luna de miel fue internacional. Desde Valencia y en barco partieron hacia Roma. En la travesía les acompañaría la madre de la novia. Carmen Polo una vez más dejó clara su ascendencia sobre su hija.

En sus últimos meses de vida, en 2017, Carmen Franco hizo un análisis de su matrimonio con el marqués de Villaverde, con todas sus contradicciones, pero demostrando lo claro de sus planteamientos:

Me casé con Cristóbal y gané algo de libertad de movimiento, pero eran otros tiempos y había que hacer lo que te decía el marido. Muchas veces no lo compartía, pero prefería ceder a que tuviéramos una discusión. Era ordeno y mando. Mi madre decía a sus amistades que «había tenido suerte». No pienso juzgarle. Es el padre de mis hijos. Por cierto, tengo la sensación de haber estado embarazada durante toda mi juventud. Eran otros tiempos, y si no querías ir al infierno, tenías que tener los hijos que Dios te mandara. Y eso hice. ¿Qué hubiera ocurrido si hoy fuera joven? ¿Me habría separado de él? Mi respuesta es no. Hubiera seguido a su lado. Que nadie olvide que por algo me casé con él. [*]

«ESTUVIERON HASTA LOS VILLAVERDE»

En la última película de Luchino Visconti, *Confidencias* (1974), protagonizada por Burt Lancaster y Silvana Mangano, se retrataba la decadencia de una familia burguesa romana. En un momento dado el protagonista, para reseñar la importancia de una fiesta, aseguraba: «¡Estuvieron hasta los Villaverde!».

Esta cita en la cinta refleja la extraordinaria vida social que llevó la pareja durante años. Se convirtieron en algo así como los embajadores sociales del régimen franquista. Un estatus no definido con claridad, pero que servía como elemento de propaganda.

Así, por ejemplo, representaron al régimen en un viaje por Asia acompañando al ministro de Exteriores, Fernando María Castiella. También se convirtieron en los invitados de dictadores y sucedáneos. Así sucedió con Stroessner en Paraguay o con los Marcos en Filipinas. Un territorio que siempre ha levantado suspicacias con respecto al dinero de los Franco.

---

[*] N. Herrero, 2017.

También en 1960 representaron a su padre en la boda de Fabiola de Mora y Aragón con Balduino de Bélgica en Bruselas. Eran la delegación perfecta para la Casa Real belga. Por un lado, no querían desairar a los Borbones españoles y por otro, el jefe del Estado español era Franco: aunque Fabiola era española, al Gobierno belga no le hacía ninguna gracia la posible presencia de este o de su mujer en el enlace, por las repercusiones políticas que tendría. La asistencia de los marqueses de Villaverde era perfecta. Era una manera de estar sin estar.

Lo mismo ocurrió en 1962 con la boda en Atenas de Juan Carlos y Sofía. Se daba por hecho que Franco no asistiría, lo que no gustaba nada al Gobierno griego. Sin embargo, para la madre de la novia, la reina Federica, las relaciones con Franco eran importantes. Ella sabía que él era quien podría hacer que su yerno ciñera algún día la corona española.

La vida social dentro y fuera de España de Carmen Franco era importante y no había tiempo para los siete hijos habidos de su matrimonio con Cristóbal Martínez-Bordiú. «Ahora mis hijos me dicen que no estuve a su lado lo suficiente. Seguramente no fui la madre que ellos esperaban. Reconozco que no he sido cariñosa, no tengo ni idea de cómo serlo. No me enseñaron. Descargué toda la responsabilidad en Nani [la institutriz británica Beryl Hibbs], que ha sido la madre y el padre mis hijos», explicaba en 2017.

En sus conversaciones con Nieves Herrero deja sus reflexiones sobre la maternidad y el matrimonio:

Nadie te preguntaba si querías ser madre. Era lo normal. Te casabas y tenías hijos. Al embarazo se le podrá echar toda la literatura que uno quiera, pero para mí fue la situación más incómoda del mundo. Yo, que no me mareaba nunca, supe que estaba embarazada por los mareos que sufrí al montar en avión.

NEGOCIOS, *LIFTING* Y MEMORIA

A partir del 20 de noviembre de 1975, la vida de los Franco cambió para siempre. Carmen, guardiana del testamento político de su padre, decidió poco a poco alejarse de la vida pública y llevar la exposición ante los medios de la mejor manera posible. La prensa abrió la veda contra la familia del dictador.

El escándalo de las medallas en Barajas en abril de 1978 fue el punto de inflexión de Carmen Franco, después de años como marquesa consorte, convertida en Grande de España por decisión de Juan Carlos I al cederle el título de duquesa de Franco.

El ruido mediático que siempre cercó a la familia se compensaba con los silencios de Carmen. Bodas, divorcios, accidentes, juicios e investigaciones sobre el patrimonio, se sucedieron en la familia, y la duquesa de Franco intentaba hacer como que no pasaba nada.

Con el paso de los años se sintió más liberada. También de la influencia de su marido. Fiel a sus principios, nunca se divorció del marqués de Villaverde. Ni siquiera cuando se hizo pública la relación que este mantenía con Katia Guerrero. No era la primera infidelidad, pero sí la primera vez que la prensa hablaba de la doble vida del marqués sin tapujos.

Según relata Pilar Eyre en *Franco Confidencial* (2013) también hubo rumores sobre la vida de Carmen Franco al margen de su matrimonio. En concreto, la presunta relación con un industrial catalán.

Aficionada a los viajes y a la cirugía estética, la duquesa de Franco pareció vivir a partir de los sesenta años una segunda juventud, mucho más plena que la primera. Al principio los medios se sorprendían cada vez que Carmen se sometía a alucinantes *liftings* y reaparecía con la piel tersa como un tambor. También a eso le acabó dando normalidad.

Desde finales de los ochenta, además, se convirtió en el gran bastión de los Franco. Se puso al frente del *holding* familiar con el apoyo de su hijo Francis. Luego se unirían su hijo Jaime y su yerno Claudio Quiroga, marido de Arantxa, en la asesoría jurídica. Años más tarde se añadiría también Luis Alfonso de Borbón.

En 1998, tras la muerte de Cristóbal Martínez-Bordiú, invirtió también su capital en otra sociedad dedicada al arrendamiento de inmuebles, denominada Abanco, S. L. Sin embargo, la principal empresa inmobiliaria del *holding* familiar ha sido Fiolasa, S. L., constituida en abril de 2002, con domicilio social en su propia casa y cuartel general en la calle Hermanos Bécquer. Sus activos siempre han superado con creces los 20 millones de euros.

El sector inmobiliario siempre ha sido cultivado por los Franco, también los *parkings*. Junto a su marido creó en 1991 la sociedad Proazca, S. A. en la que invirtió inicialmente más de 200 millones de pesetas.

Además, desde los años sesenta se ocupaba de las grandes propiedades familiares, desde el Pazo de Meirás hasta Valdefuentes, que su padre le donó en 1974. A la muerte del dictador también se hizo con el Palacio del Canto del Pico, en Torrelodones (Madrid). La propiedad fue un regalo a Franco de José María del Palacio y Abárzuza, conde de las Almenas. En su planta baja guardaba el general todos los regalos que iba recibiendo como jefe del Estado. Para la familia Franco esta propiedad está llena de anécdotas personales. En 1950 pasaron allí su noche de bodas el marqués de Villaverde y Carmen Franco. Un cuarto de siglo después, la familia cedió esta propiedad a Merry Martínez-Bordiú, la nieta rebelde del dictador, para que conviviera con su recién estrenado marido, el polémico escritor y periodista Jimmy Giménez-Arnau.

El palacio fue vendido en 1988 por los Villaverde por más de 300 millones de pesetas a una empresa que aseguró que lo utilizaría de hotel y como explotación turística. Su actual propietario es el hostelero español José Antonio Oyamburu Goicoechea, vecino de la zona, que había hecho una fortuna en Inglaterra rehabilitando palacios en mal estado. La compra se realizó a través de la empresa británica Stoyman Holdings Limited (SHL). Pero después de más de tres décadas el lugar se ha ido deteriorando.

La Carmen Franco de los ochenta y, sobre todo de los noventa, era una mujer empresaria que viajaba junto a sus amigas y también con su hija Carmen, con la que conoció la India y Japón a una edad en la que muchas de sus coetáneas estaban retiradas de la vida. Así rememoraba el último tramo de su vida a Nieves Herrero en 2017:

He llegado hasta aquí. El final de una larga vida. Decían mis amigas que lo mejor que nos puede pasar a las mujeres es ser viuda. Yo no digo tanto, pero desde luego, ahora que ya no tengo ninguna obligación ni ninguna responsabilidad, sí que me siento más libre. Puedo hacer lo que quiera cuando quiera y a la hora que desee. No tengo por qué dar explicaciones de mis actos. No tengo que rendir cuentas a nadie, ni tan siquiera a mis hijos. Procuro llevar una vida normal para que mis actos tampoco les comprometan ni perjudiquen. Soy libre. Más libre de lo que he sido nunca.

Durante gran parte de mi vida he tenido que hacer aquello que era lo correcto, lo que marcaba el protocolo de mi posición. Primero, hija de Franco, después mujer de Cristóbal Martínez-Bordiú y, por último, Carmen a secas. Soy una mujer de mi tiempo. Nací en el hogar en el que se desarrollaron los acontecimientos que iban cambiando y transformando la historia de mi país. [*]

Carmen no solo se dedicó a mantener y aumentar el legado material. También quiso defender la memoria de su padre. Se convirtió en presidenta de honor de la Fundación Nacional Francisco Franco, y sin rubor le confesaba a su biógrafa Nieves Herrero que ella atesoraba muchos documentos generados por su padre durante los años que estuvo al frente del Estado y que serían de gran utilidad para los historiadores.

«Tengo muchos papeles por ordenar y cintas grabadas con la voz de mi padre en lo que fue un intento de hacer sus memorias. El doctor Vicente Pozuelo le recomendó que lo hiciera un año antes de morir. Solo le dio tiempo a recordar su infancia y juventud. Lo cierto es que nunca tuvo intención de hacerlas porque decía que "son justificación de los actos que has hecho y siempre dejas mal a mucha gente"», confesaba en los meses previos a su muerte.

Poco antes de morir Carmen enarbolaba la bandera de la memoria de su padre:

Siempre he defendido mi apellido. Me da igual lo que piensen unos u otros. A mi padre que le juzgue la historia, no yo. Cuando me dicen que fue un dictador, no lo niego, pero tampoco me gusta porque me lo suelen decir como un insulto. Sin embargo, a mí no me suena tan mal, para mí tiene una connotación diferente porque la dictadura de Primo de Rivera fue próspera para España. Yo no voy a juzgar a mi padre, insisto. Sí voy a decir que él, a su manera, hizo que lo que creía que era mejor para España y

---

[*] *Ibid.*

los españoles. No cedió a las presiones internacionales porque era militar, y si una persona tenía las manos manchadas de sangre, no lo dudaba.[*]

La duquesa de Franco, que siempre se había mostrado cauta en sus opiniones políticas, confesaba a Nieves Herrero la sensación de persecución política que vivió la familia en los años de la Transición y volvió a sacar a pasear a una de las grandes bestias negras del clan, el presidente Adolfo Suárez:

> Su obsesión [de Franco] era combatir el comunismo. Por eso, el día que se legalizó el Partido Comunista lo pasamos mal en casa. Fue doloroso. Ahora, le diré que en democracia nos fue mejor con el Partido Socialista que con la UCD. Al morir mi padre tuvimos la sensación de una persecución total hacia nuestra familia. Sobre todo, con el primer Gobierno de Adolfo Suárez.

LLEGANDO AL FINAL

En 2017, poco tiempo después de cumplir los noventa y un años, recibió una mala noticia sobre su salud. Un cáncer amenazaba con acabar con su existencia más pronto que tarde. En ese momento decidió ponerse en contacto con la periodista y escritora Nieves Herrero. Carmen, que había almacenado tantos silencios, estaba dispuesta a hablar y dar su visión sobre los personajes y episodios que había vivido. En el libro, publicado unas semanas antes de su muerte, hacía una declaración sobre su momento vital antes de asumir su final:

> No tengo miedo a nada. Ni tan siquiera a la muerte. La he visto de cerca muchas veces y la conozco perfectamente. No le tengo miedo. No me pillará quieta. Reivindico mi nombre porque no quiero ser juzgada por la vida de los demás. Ni la de mis padres, ni la de mi marido, ni la de mis hijos. Soy Carmen. Nada más. Carmen. Una mujer que ha sido testigo de casi un siglo de historia.

---

[*] *Ibid.*

Carmen Franco y Polo falleció el 29 de diciembre de 2017 y fue enterrada en la cripta familiar en la catedral de la Almudena.

LA VIDA SIN CARMEN

A la muerte de Carmen Franco la prensa volvió a fijarse en el dinero de los Franco. Algunos medios cifraron la herencia entre 500 y 600 millones de euros. Sus descendientes, con Francis a la cabeza, han tomado posición al frente de las grandes empresas familiares. También han sacado a la venta sus propiedades e incluso joyas para convertir la herencia en *cash*. Han intentado pasar lo más desapercibidos posible en sus operaciones, y no hablan de cantidades. Como ejemplo de por dónde andan las cosas baste el botón de Carmen Martínez-Bordiú: desde que recibió su parte de la herencia se ha alejado de todo y vive en Portugal. El dinero es el suficiente como para vivir de forma holgada sin tener que volver al *show business*.

Uno de los grandes pelotazos fue la venta del edificio más emblemático de la familia, Hermanos Bécquer, 8. Un total de siete pisos de lujo de más de 600 metros cuadrados y cuya operación de venta podría haber superado los 70 millones de euros. Una operación que controlaron de cerca los Ardid.[*]

En 2019 se deshicieron de Estacionamientos Urme, S. L., una de las empresas a través de las que gestionaban sus *parkings*. Esta empresa había absorbido otra creada previamente, Proazca, S. A. La vendieron por 8,5 millones de euros a Ipark Estacionamientos y Servicios de Movilidad, controlada por el fondo buitre Elliott a través de la sociedad Diablo Investments SARL, radicada en Luxemburgo. En 2023 también lo hicieron con Proalrevisa, otra empresa de *parkings*, una operación que controló Jaime Martínez-Bordiú.

También se ha sacado al mercado patrimonio sobre el que tiene puestos sus ojos el Estado. A principios de 2020 pusieron a la venta el mismísimo Pazo de Meirás por 8 millones de euros. A finales de ese año

---

[*] Véase el capítulo XIII.

la justicia determinaba que el pazo debía volver a manos públicas. Pero sí les dio tiempo a realizar la venta de obras de arte y recuerdos de su abuelo.

Carmen Martínez-Bordiú, por ejemplo, sacó a subasta una vajilla de la firma portuguesa Vista Alegre que fue un regalo a Franco del dictador luso António de Oliveira Salazar. La característica principal es que cada una de las piezas del menaje reproduce un monumento español, por ejemplo, el Alcázar de Toledo. La puja arrancó a partir de los 12.000 euros.

No era la primera vez. En 2019 sacaron a subasta un collar de esmeraldas, unos pendientes y un solitario en la casa Christie's de Londres por 168.300 euros. El collar de esmeraldas era uno de los favoritos de Carmen Polo. Su hija lo lució en la boda de la infanta Elena y en la de su nieto Luis Alfonso de Borbón con Margarita Vargas, quien también lo lució en alguna ocasión.

Las empresas más señeras de Carmen Franco están hoy controladas por sus descendientes. En Fiolasa, S. L. han tomado posición José Cristóbal Martínez-Bordiú como presidente, Jaime Martínez-Bordiú como secretario y Mariola Martínez-Bordiú y Álvaro Franco Guisasola como consejeros.

En Sargo Consulting, S. L. se hizo con la presidencia Arantxa en 2018; aparecían también sus hermanos Francis, Mariola y Jaime hasta la extinción de la empresa mediante fusión con Fiolasa.

En Arroyo de la Moraleja, S. L., constituida en 2009, sustituyeron a Francis Franco miembros de la nueva generación de la familia: Juan José Franco Suelves, Daniel Martínez-Bordiú Toledo y Javier Ardid Martínez-Bordiú.[*]

Tras la muerte de Carmen Franco y Polo sus descendientes siguen con su legado económico, pero también político.

---

[*] *Ibid.*

V

CRISTÓBAL MARTÍNEZ-BORDIÚ.
EL YERNÍSIMO

En mayo de 1976, seis meses después de la muerte de Franco, su yerno, Cristóbal Martínez-Bordiú, marqués de Villaverde, quería dar el salto a la arena política. El país se encaminaba hacia un lento cambio de régimen, pero el hijo político del dictador, como tantos otros, veía en los cambios que se avecinaban en el país un escenario brumoso en el que aún no se sabía qué perduraría del régimen.

El marqués quiso convertirse en consejero permanente de Consejo Nacional del Reino, es decir, ser uno de los conocidos como «cuarenta de Ayete». Así envió un telegrama a todos los miembros del consejo que tenían voto en virtud de las farragosas Leyes Fundamentales del Movimiento Nacional. En el breve texto, Cristóbal Martínez-Bordiú apelaba a la memoria de su suegro para alentar su voto: «En memoria del Caudillo Franco me he presentado a la elección. Cumple en conciencia con tu deber. Gracias».

La conciencia les dictó votar al otro candidato, ni más ni menos que Adolfo Suárez, en ese momento ministro-secretario general del Movimiento y que en apenas dos meses sería ascendido por Juan Carlos I a la Presidencia del Gobierno. Suárez obtuvo 66 votos frente a los 25 del marqués. Villaverde nunca perdonó a los que no lo votaron, y Suárez pasaría a ser una de sus bestias negras.

Durante los años de la Transición el yernísimo no se perdió ningún acto de los nostálgicos de su suegro, y mostraba su apoyo a Fuerza Nueva, el partido de ultraderecha que capitaneaba el notorio notario Blas Piñar. Culpaba a Adolfo Suárez y su Ejecutivo de una campaña que, según él, arreciaba contra su familia.

En el 20-N de 1979 asistió al acto de Fuerza Nueva en memoria de su suegro en la plaza de Oriente y demostró que seguía manteniendo el rencor contra Suárez. Ante el público de nostálgicos lanzó un mensaje muy concreto, sabedor de que llegaría a los medios de comunicación:

> Al morir mi suegro presentía lo que iba a suceder, los ataques a su figura, aunque el lodo de quienes le atacan desde sus pocilgas no salpique a la más importante figura de la historia de España. Fue entonces que intenté buscar una tribuna desde la que defender a Franco. Fui a ver al Rey, que me dio luz verde, que le parecía bien esa posición, pero de todas las maneras, para defender a Franco esta él, el Rey, y todo su equipo de colaboradores.

En su discurso desvelaba un detalle sorprendente. Según él, tras su visita al rey decidió acudir a ver al ministro-secretario general Adolfo Suárez, que le aseguraría que «para defender la memoria de Franco, yo y la mayoría de los españoles nos echaríamos al monte si fuese preciso». Villaverde lanzó ahí una puya importante al en ese momento jefe del Gobierno:

> […] Lejos de buscar la incomodidad del monte, y pese a las constantes calumnias dirigidas contra Franco y familia, el presidente prefirió la poltrona de La Moncloa. En donde no debe oír, ver ni leer las constantes injurias a Franco, porque no ha cumplido sus promesas de defenderlo.

Las declaraciones alcanzaron gran repercusión, y el portavoz del Gobierno, Josep Meliá, anunció a la prensa la intención de presentar una querella por injurias y calumnias contra el marqués de Villaverde. De la intención del presidente de tomar acciones legales contra el marido de Carmen Franco nunca se supo más, pero la decadencia como figura pública de Cristóbal Martínez-Bordiú era un hecho, después de años de representar el poder de influencia que otorgaba emparentar con un dictador.

EL ASCENSO

Nacido en Mancha Real, en Jaén, en 1922, pertenecía a una importante familia nobiliaria, con Grandeza de España, pero sin fortuna conocida. «Más bien tiesos», dicen los historiadores. Eran los condes de Argillo, José María Martínez y Ortega y María de la O Esperanza Bordiú.

Cristóbal estudió bachillerato en el colegio favorito de las élites de Madrid, el del Pilar y, cosas de la vida, compartió aula con el que sería director de cine Juan Antonio Bardem, años después destacado militante del Partido Comunista. Se licenció en Medicina por la Universidad Complutense. Según algunos biógrafos pertenecía a las activas juventudes monárquicas y defendía a don Juan de Borbón como legítimo jefe del Estado. Lo cierto es que su padre fue uno de los nobles que firmó el famoso Manifiesto de Lausana, en el que el padre de Juan Carlos reclamaba para él la corona y el fin del régimen. Un texto político que hizo que Franco nunca perdonara al conde de Barcelona.

Famoso frecuentador de los ambientes de los niños bien en el Madrid de posguerra, su suerte, y de paso la de toda su familia, cambió cuando conoció a la única hija del jefe del Estado, a la que todos conocían como Nenuca. Tras un año y medio de noviazgo con carabina incluida se casaron el 10 de abril de 1950 en la capilla de El Pardo.

El marqués convirtió sus apellidos en compuesto (Martínez-Bordiú) y comenzó a cambiar su suerte. Dicen que Franco nunca se llevó bien con él, y hasta un amigo de la familia como Ernesto Giménez Caballero afirmaba que los Franco «no habían tenido suerte con la boda de su única hija». Popularmente corrió una coplilla que explicaba lo que pensaba gran parte de los españoles:

La niña quería un marido,
La mamá quería un marqués,
El marqués quería dinero,
¡Ya están contentos los tres!

Si Franco llegó al poder tras un golpe de Estado, un golpe de suerte, un braguetazo, convirtió a Martínez-Bordiú en millonario. Con quien pareció conectar mejor fue con su suegra, Carmen Polo, encantada de emparentar con la aristocracia.

El marqués de Villaverde supo triunfar y situarse en todos los sectores bajo el paraguas de El Pardo. Durante los años de la dictadura llegó a sentarse en los consejos de administración de 27 empresas. Durante años fue de la mano de personas como el banquero Ignacio Coca o el empresario de la automoción Eduardo Barreiros.

EL MARQUÉS DE *VESPAVERDE*

Durante años las aventuras y desventuras financieras del doctor Martínez-Bordiú corrían de boca en boca, pero tal vez el mayor escándalo, en el que llegó incluso a tener que intervenir su suegro, fue el que tuvo que ver con las Vespas, las famosas motocicletas italianas, y que generó que empezaran a llamarlo con socarronería marqués de *Vespaverde*.

El escándalo arrancó en 1954 con una serie de reportajes que aparecieron en la prensa argentina, cuando en este país estaba a punto de producirse la caída de Juan Domingo Perón. En el régimen franquista lo personal y lo público se entrelazaban, como en todas las dictaduras, sin que nadie trazara la línea divisoria. Francisco Franco Salgado-Araujo, en sus conversaciones con su primo, inevitablemente tocó el tema. Franco defendió a su yerno, no solo ante su primo y hombre de confianza, sino que incluso envió un telegrama al general Perón para que parara en Argentina la publicación de lo que él consideraba «todo una calumnia».

En los años cincuenta el país aún no se encaminaba a las políticas del desarrollismo, pero la importación de 30.000 Vespas desde Italia suponía un freno a la industria nacional. El negocio se calculaba en más de 200 millones de pesetas. La empresa que llevó a cabo el negocio, Motomecánica, S.A., no tenía vinculación con Cristóbal Martínez-Bordiú, quien sí promovió la importación de estas motocicletas. Su presidente, sin embargo, sí era un hombre de confianza del entorno de El Pardo, ni más ni menos que Ramón Díez de Rivera, marqués de Huétor de Santillán, jefe de la Casa Civil y cuya esposa, Pura, era la amiga más cercana a Carmen Polo.

Más allá de las leyendas que lo rodeaban, el marqués sabía que adorar al santo por la peana le suponía un campo de posibilidades, y su presencia en 27 consejos de administración así lo demostraba. Por su cuenta también tenía pericia Villaverde para los negocios.

VALDEFUENTES: CRÓNICA DE UN PELOTAZO

Sin duda uno de los terrenos donde mejor se supo mover el yernísimo fue el inmobiliario. Su buque insignia fue Promociones del Suroeste, S.A., la promotora inmobiliaria que edificó la finca Valdefuentes que su suegro tenía en el madrileño término de Arroyomolinos, en cuya extensión se encuentra ubicado el centro comercial Madrid Xanadú.

En este suculento negocio de recalificación, aprobado por la Comunidad Autónoma de Madrid en manos del PP, fue vital la presencia como intermediario en las concesiones administrativas de Miguel Herrero y Rodríguez de Miñón, el que fuera diputado de la derecha española y exsecretario general de Alianza Popular (hoy Partido Popular).

La finca Valdefuentes fue adquirida por Francisco Franco en 1953 por 3,3 millones de pesetas a Luis Figueroa, nieto del primer conde de Romanones, y marido de la exespía norteamericana Aline Griffith. Esta propiedad se convirtió en una de las favoritas de Franco. Y es que el dictador quería unas tierras para que pudieran pastar sus ovejas. Hasta entonces lo hacían en los jardines de El Pardo, pero su primo Francisco Franco Salgado-Araujo le dijo que no era la mejor imagen para un jefe de Estado.

Esta finca, de cerca de diez millones de metros cuadrados, pertenece territorialmente al Ayuntamiento de Arroyomolinos, pero está inscrita en el registro de la propiedad del pueblo madrileño de Navalcarnero. Su costoso mantenimiento en los años sesenta causó problemas al marqués de Villaverde que se vio obligado a vender varias parcelas y a alquilar otras. Todas inicialmente declaradas rústicas.

Tras la flebitis que aquejó a Franco en 1974 este realizó la donación de la finca a su hija, debido al deterioro progresivo en su explotación agraria y ganadera. Claro que, *de facto*, ya eran esta y su yerno quienes se encargaban de una finca que cada vez generaba menos dinero.

Así recordaría Francis en sus memorias la historia de la finca del abuelo:

> Pese a que mi madre aparecía como propietaria desde la constitución de la sociedad en 1953, el 100% de los títulos eran suyos por compra desde 1974, en una fecha ligeramente posterior a la flebitis del abuelo. Me quedé perplejo con el hallazgo y comprobé que en esa misma fecha mi madre había vendido su participación de 1953 a mi abuelo y que posteriormente había recibido de él una donación en efectivo. Con ese mismo dinero, poco después, mi madre se hizo con el 100% de Valdefuentes, S. A.[*]

Según el nieto de Franco su abuelo buscó con la donación proteger su preciado bien ante los cambios políticos que pudieran venir:

> [...] Por supuesto, les pedí explicaciones a los asesores fiscales. Me explicaron que el abuelo quizás habría sopesado la posibilidad de que, tras su muerte, se considerase que sus haberes como jefe del Estado eran ilegales y le quitasen a mi madre todas las propiedades que le hubiese legado. Así que decidió evitar el riesgo haciendo que mi madre comprase la totalidad de las acciones con dinero privativo donado en 1974. Por lo que lo único que habrían podido exigirle a mi madre, en caso de cumplirse los peores temores del abuelo, habría sido la devolución de la suma donada, en lugar de la compra que efectuó con ella.

Durante un tiempo Cristóbal Martínez-Bordiú confió a su hijo Francis la gestión de la misma, pero fue un fracaso, incluso con incursiones en el mundo cinematográfico.[**]

Finalmente, fueron recalificados 3,3 millones de metros cuadrados para construir en ellos más de cinco mil viviendas, un centro comercial y otro deportivo. Hoy todavía quedan cerca de 400 hectáreas por recalificar, con un valor edificable que puede llegar a los 200 millones de euros.

---

[*] F. Franco, 2011.
[**] Véase el capítulo VIII.

En este negocio del ladrillo de Valdefuentes, los Franco estuvieron asociados junto a sus amigos, los constructores Fidel y Antonio San Román Morán, a través de sus empresas Edificaciones Tifán, S. L. y Sanedi, S. A.

En los diferentes boletines de la Comunidad de Madrid de 2003 y en algunas intervenciones del grupo socialista en la Asamblea madrileña se cita que dicha empresa llevó a cabo el planeamiento urbanístico del SAU (suelo apto para urbanizar) 6 Zarzalejos y que construyeron casi 4.000 viviendas de Protección Oficial en el SAU 4 en el municipio de Arroyomolinos, en el sector conocido como Valdecastellanos. Fue en esta finca, de especial protección, donde se construyó el actual parque de ocio de nieve de Madrid, Xanadú, que ha posibilitado un gran desarrollo de toda la zona.

Fue también en esta finca donde el dictador guardó el famoso Mercedes de tres ejes que le regaló Hitler y que su hija y su viuda venderían a Patrimonio Nacional por nueve millones de pesetas para evitar que esta joya automovilística acabara en manos privadas.

SANCHÍS, UN NOMBRE CLAVE

El gran apoyo de Cristóbal Martínez-Bordiú en el negocio inmobiliario fue su tío José María Sanchís Sancho. Un valenciano de Aldaya, al que apodaban el Bollo y que estaba casado con Enriqueta Bordiú, la tía adoptiva del marqués de Villaverde. Por sus «servicios» al dictador recibió la Gran Cruz del Mérito Civil en 1963 y campaba a sus anchas por El Pardo.

Según Mariano Sánchez Soler en su libro *Los Franco, S. A.* (Oberon, 2003) «Sanchís Sancho y Luis Gómez Sanz actuaban de testaferros» para crear sociedades pantalla que «figuraban como propietarias de fincas compradas por los Franco, como la de Valdefuentes, en Arroyomolinos (Madrid), pero de las que no aparecía el nombre de Francisco Franco o sus familiares como dueños».

La cercanía al El Pardo le sirvió al Bollo para ser una de las referencias en Valencia, su territorio de origen, y para convertirse en la mano derecha del empresario del motor Eduardo Barreiros y conocido como «el motor del Régimen».

OPOSICIONES A PREMIO NOBEL

Los negocios le dejaban tiempo al marqués para seguir ejerciendo la medicina. Cuando saltó a la fama mundial el médico sudafricano Christiaan Barnard por realizar el primer trasplante de corazón de la historia, el yerno de Franco quiso conocerlo; lo hizo cuando este visitó España tras ganar el Nobel de Medicina en 1968.

Entre ambos médicos surgió una amistad. El Nobel y su mujer Barbara, cada vez que viajaban a España, se veían con la hija y el yerno de Franco, sobre todo en Marbella. El doctor Martínez-Bordiú quiso imitar a su colega. Si Barnard fue el primero en hacer un trasplante de corazón en el mundo, él sería el primero en llevarlo a cabo en suelo patrio.

El 18 de septiembre de 1968 trasplantó el corazón de Aurora Rodríguez, una mujer fallecida en accidente, al fontanero Juan Rodríguez Grillo. Sobrevivió 16 horas. Hoy sonroja leer en los periódicos de la época el incienso que soltaban al yerno del jefe del Estado. Aunque el marqués aseguró que se encargaría de los hijos de su paciente, nunca lo hizo. Así lo explicó una de las hijas en un plató de Telecinco años después.

A pesar del fracaso, la amistad con el doctor Barnard siguió. Incluso en las semanas finales de Franco, el médico sudafricano visitó España para asistir a una cacería junto a Carmen y Cristóbal Villaverde. Un viaje que desató todo tipo de rumores sobre su verdadera naturaleza.[*]

El doctor Martínez-Bordiú ocupó distintos cargos en la sanidad pública española y los compaginó con sus negocios. También sanitarios. Su gran negocio en el mundo de la salud fueron las clínicas Incosol (Instituto Técnico de la Costa del Sol S. A.), una de ellas instalada en Marbella en 1975, en concreto en la lujosa urbanización Los Monteros. En este negoció contó con el apoyo de sus amigos el empresario Eduardo Barreiro y el banquero Ignacio Coca. Constituida como una lujosa clínica para bolsillos importantes, tuvo gran publicidad cuando, recién inauguraba, recibió como clienta VIP internacional a Cristina Onassis, la heredera más importante del mundo.

---

[*] Véase el capítulo II.

PUÑETAZOS DE REALIDAD

Conforme la salud de su suegro declinaba, lo hacían también las esperanzas de que el régimen sobreviviera y, al mismo ritmo, la estrella del marqués-doctor. Durante años fue el personaje más importante de la vida social. Muy pocos se atrevieron a hacerle un feo al yernísimo de Franco en vida del dictador. Cayetana de Alba fue de ellas. Cuando Villaverde se quejó de la posición en la que la duquesa lo colocó en la mesa durante una cena, la aristócrata le respondió con desdén: «Pero Cristóbal, ¿quién conoce en París al yerno de De Gaulle?».

Más duro debió de ser para él cuando, contra la voluntad de su suegro, decidió ser procurador en Cortes por la representación de los Colegios de Médicos de España, y solo consiguió dos votos. No se recogió en la prensa como sí ocurrió con su salto oficial a la política en 1976, como ya hemos contado.

Tampoco tuvo suerte el marqués con la conocida como Operación Princesa: la boda de su hija mayor, Carmen, con Alfonso de Borbón y Dampierre. Acarició la posibilidad de que su hija se sentara en el trono y que la estrella de los Franco nunca se eclipsara.*

Las intrigas palaciegas no eran lo suyo, y le debió de doler que en Francia valoraran su honor en un franco tras querellarse contra el escritor José Luis de Vilallonga por el texto que este escribió en una revista francesa haciendo un retrato irónico del yernísimo. La historia se repetiría ocho años después, cuando su yerno Alfonso de Borbón también llevó al escritor catalán a los tribunales, perdiendo en costas.

Así las cosas, a nadie le extrañaba que el carácter del marqués de Villaverde cada vez fuera más irascible durante los últimos años del dictador. Como ya se ha contado, en una cacería a la que acudió junto a su mujer y su amigo Barnard vació el cargador de una metralleta contra una pared al grito de «¡Hay que estar preparado!».**

A puñetazos acabó durante el ingreso de su suegro por una flebitis en 1974 con el médico de este, el doctor Vicente Gil. Estos golpes supusie-

---

* Véase el capítulo VI.
** Véase el capítulo II.

ron para el galeno el final de cuarenta años junto a Franco. Lo sustituyó Vicente Pozuelo, que tampoco tuvo una buena relación con el marqués.

Más repercusión tuvo lo que ocurrió a principios de octubre de 1975 en un bar durante una estancia en Marbella. El régimen de Franco estaba en el punto de mira internacional por los fusilamientos de septiembre. En una mesa cercana a la que ocupaba el marqués con amigos como José Banús, unos holandeses supuestamente despotricaban contra Franco. Cristóbal quiso defender el honor de su suegro y de España, según publicó la prensa del momento, y recibió los puñetazos de Rudolf Drayer. A consecuencia de ello acabó en el hospital y de ahí rumbo a la clínica de La Paloma en Madrid para una intervención de cirugía estética de urgencia. Años más tarde, *Interviú* daría una versión alternativa del asunto. Según la revista, el marqués de Villaverde había posado sus manos de cirujano sobre el trasero de la mujer que acompañaba a Drayer y ese habría sido el motivo de la trifulca.

UN MÉDICO SIN PACIENTES

La muerte de Franco supuso un cambio para toda la familia, pero el marqués lo llevó especialmente mal. Su influencia en la sociedad española ya no era la misma y la prensa, antes amordazada por la censura, ya lo criticaba sin rubor.

Por si fuera poco, los matrimonios de sus hijas se desintegraron para su enfado. Durante años no habló a su hija Carmen por dejar a su íntimo amigo Alfonso de Borbón y Dampierre por el francés Jean-Marie Rossi. En el caso de Merry es difícil saber si llevó peor las consecuencias del divorcio con Jimmy Giménez-Arnau o la boda en sí. Suegro y yerno se detestaron siempre. Curiosamente, el matrimonio más estable de sus hijos fue el de Mariola. Un enlace al que el yernísimo se opuso durante tiempo por el pasado político de la familia del novio, Rafael Ardid, cuyo abuelo había combatido en el bando republicano.

También a nivel profesional las cosas empezaron a ir mal. Villaverde estaba al frente del Servicio de Cirugía Torácica del Centro Especial Ramón y Cajal desde 1977, después de dejar La Paz, y tenía casi cien profesionales sanitarios a su servicio y cuatro departamentos. En octubre de

1980, cuanto estaba a punto de cumplirse el primer lustro sin suegro, siete pacientes del hospital se negaron a ser operados por el doctor Martínez-Bordiú. Un hecho insólito en la sanidad pública española. Alegaban que el marqués no conocía sus casos y querían al cirujano que los había tratado.

Los colaboradores de Villaverde emitieron un comunicado en su apoyo, y solo 24 horas después 19 médicos del Ramón y Cajal emitieron otro en respuesta. Para el director del hospital, el doctor Isasa Adaro, el asunto se convirtió en todo un quebradero de cabeza. En el quinto aniversario de la muerte de su suegro, el marqués concedió una exclusiva junto a su mujer a la revista *Diez Minutos* que realizó el amigo del matrimonio, Antonio D. Olano. En la misma acabó hablando del tema de la fuga de pacientes: «No fueron siete, sino dos los enfermos que no querían ser operados».

Una vez más el marqués achacó todo a una persecución política: «La mujer de uno de ellos me dijo que durante mucho tiempo les estaban mentalizando para que no fuera yo quien operara a su marido. Se estaba haciendo un lavado de cerebro a determinados enfermos para que no se dejasen operar por el yerno de Franco».

Finalmente, no realizó las operaciones y no acabaron ahí los problemas para Cristóbal Martínez-Bordiú. En agosto, la prensa recogió el insólito caso de Eugenio Calleja. Un paciente de cincuenta y seis años, al que el equipo de Martínez-Bordiú se negaba a operar sin la autorización del jefe por los riesgos que conllevaba la intervención. No eran capaces de localizar al marqués. Finalmente, la familia se llevó al paciente a la clínica Puerta de Hierro y, tras ser intervenido, falleció. La prensa volvió a poner en el punto de mira al yerno de Franco.

A finales de ese mes el INSALUD (Instituto de Salud Pública) anunció que la plaza que ocupaba Cristóbal Martínez-Bordiú saldría a oposición. Villaverde se lo tomó de nuevo como un ataque por su vínculo con el dictador e intercambió en prensa declaraciones con el presidente del INSALUD, José María Fernández Cuevas, durante el Gobierno de UCD de Leopoldo Calvo-Sotelo.

En enero de 1984, el primer ministro de Sanidad socialista, Ernest Lluch, años más tarde asesinado por ETA, suspendió de empleo y sueldo al marqués. En ese momento Villaverde estaba disfrutando de una excedencia de un año. Tras esta decisión, el yerno de Franco solicitó la jubilación.

También hubo polémica en el fin de su vida profesional. El problema era que Cristóbal Martínez-Bordiú percibía dos pensiones de la Seguridad Social y quería seguir manteniendo su puesto de trabajo como director de la Escuela Nacional de Enfermedades del Tórax. En 1989 la justicia determinó que el yerno de Franco no tenía razón.

LA AMANTE

Este postrero fracaso judicial llegaba después del que protagonizó cuando denunció a Jaime Peñafiel por las fotos de la agonía de su suegro. El otrora protegido por los medios vivía años de desprestigio. Incluso en el verano de 1989 *Diez Minutos* lo fotografiaba con su pareja extramatrimonial desde hacía años: Katia Guerrero. Dos décadas más joven que el marqués, Guerrero mantuvo un romance con él durante más de cinco años y reconocería que no le benefició.

Heredera de un importante patrimonio inmobiliario, Katia Guerrero era íntima amiga de Marta Chávarri y de María Suelves, esposa de Francis Franco. Con la primera llegó a montar un negocio en el barrio de Salamanca de Madrid. Fue antes de que los fotógrafos cambiaran las vidas de ambas. Sobre todo la de Marta, cuando se descubrió su romance con Alberto Cortina, entonces casado con Alicia Koplowitz. La amistad de Marta y Katia duró hasta la muerte de Chávarri a los sesenta y tres años en 2023.

Con María Suelves también el vínculo fue importante. Tanto que cuando ella se divorció de Francis Franco se refugió en Katia Guerrero. En el círculo de amistades de la exnovia del marqués de Villaverde también está la hija mayor de este, Carmen Martínez-Bordiú. Todavía en 2014 se las pudo ver juntas en Madrid.

LA HERENCIA DEL MARQUÉS

Los años noventa fueron casi de reclusión para el marqués de Villaverde. Su mujer, Carmen Franco, y sus hijos Francis y Jaime se pusieron al frente del emporio empresarial. En mayo de 1994 sufrió un derrame cerebral. Cristóbal Martínez-Bordiú falleció el 4 de febrero de 1998 tras ingresar en la clínica Ruber Internacional a causa de una hemorragia cerebral. Tenía setenta y cinco años.

El funeral fue un acto social como en los mejores tiempos del difunto. Acudieron a despedirlo todas las protagonistas de la crónica social: Carmina Ordóñez, Isabel Preysler, Natalia Figueroa y hasta Sara Montiel, que siempre presumió de socialista.

El testamento del marqués de Villaverde, otorgado en julio de 1988 ante el notario José Luis Álvarez, que fue alcalde de Madrid, dejaba a sus hijos y su mujer la propiedad de una finca de más de 28 hectáreas en la hacienda Arroyo-Vil, en Baeza (Jaén). También la finca de Marbella en la urbanización Los Monteros y que estaba tasada en ese momento en 60 millones de pesetas (unos 360.000 euros). Además, parcelas en la urbanización madrileña de La Florida, en el término municipal de El Pardo. Una gran urbanización madrileña controlada por el marqués de Villaverde.

Cristóbal Martínez-Bordiú dejó todo un camino a seguir por sus hijos. La nueva generación iba a hacer que el apellido Franco siguiese pujando con fuerza en el mundo económico.

VI

CARMEN MARTÍNEZ-BORDIÚ. PRINCESA A LA FUGA

En septiembre de 1979 los duques de Cádiz, Alfonso de Borbón y Dampierre y Carmen Martínez-Bordiú, inauguraban su casa en Puerta de Hierro. Llevaban tiempo deseando mudarse. Sobre todo el duque. Abandonaban el piso de San Francisco de Sales, regalo de Carmen Polo, donde habían asistido al lento vegetar de su matrimonio. Carmen, de veintisiete años, se sacudía el aburrimiento como podía. Encontró en su vecina y amiga Isabel Preysler una confidente y compañera de aventuras con las que evadirse del tedio.

La nietísima estaba dispuesta a dar un cambio total a su vida. Había calibrado todas las posibilidades. Lo de menos, con ser mucho, era el escándalo que se iba a montar. En los casi cuatro años que habían transcurrido desde la muerte de su abuelo la familia había pasado de recibir todo tipo de loas y parabienes a estar bajo el escrutinio público. Los medios de comunicación encontraron un filón en denunciar los favoritismos que les había generado pertenecer a la familia de Franco. También en lo económico. Eso, sumado a la actitud de algunos de sus hermanos, en especial Francis, Merry y José Cristóbal, los convertía en piedra de escándalo. El remate, la guinda del pastel, la iba a colocar la propia Carmen.

Recién instalados en Puerta de Hierro, la nieta mayor del Caudillo comunicó a su marido la decisión que iba ser un punto de inflexión en su vida:

—Alfonso, me voy. Mañana me voy a París, quiero empezar allí una nueva vida.

—No sé si eres consciente de lo que estás diciendo —el duque de Cádiz no daba crédito a lo que estaba oyendo e intentó llegar a un acuerdo con la madre de sus dos hijos—. Haz lo que quieras. Vete a París, haz tu vida. Pero vuelve.

Esa especie de pacto no habría sido nada nuevo en la clase social en la que se movían. El propio padre de Carmen vivía casi de manera pública una relación sentimental paralela a su matrimonio con Carmen Franco.* Sin embargo, Carmen ni valoró el acuerdo que le ofrecía Alfonso de Borbón. Como confesaría años más tarde, «nunca he sido de términos medios, si hago algo es con todas las consecuencias». En ese caso eran el escándalo y el descrédito social.

—No te vas a llevar a mis hijos —sentenció el duque de Cádiz.

Carmen ya había hablado con su abogada, Concha Sierra, y había contemplado las posibilidades. Sabía que, con la legislación española, precisamente dictada durante el régimen de su abuelo, si se quedaba en España podían denunciarla por abandono de hogar y que la mejor opción era irse a París con su nuevo amor. Lo de los hijos no era ni contemplable como posibilidad.

Para Alfonso de Borbón la existencia de Jean-Marie Rossi en la vida de su mujer no era ninguna novedad. Se conocían desde un crucero en 1974 invitados por María Gabriela de Saboya y Robert Balkany.** La relación entre Carmen y el anticuario francés varios años mayor había pasado por distintas etapas hasta estrecharse de tal modo que Carmen comprendió que era el hombre con el que quería compartir su vida en ese momento. Ya el verano anterior en Marbella protagonizaron con nocturnidad una escena en la playa estando muy cerca Alfonso de Borbón. Una anécdota que se comentó en su círculo social. Por todo ello, para Alfonso de Borbón la existencia de Rossi en la vida de Carmen no era una sorpresa, pero en su cabeza nunca existió la posibilidad de que su mujer tomara esa determinación.

---

* Véase el capítulo V.
** Véase el capítulo II.

Solo unas semanas después de la marcha, el duque de Cádiz presentó una demanda solicitando la nulidad eclesiástica de su matrimonio con la nieta mayor de Franco. Por si fuera poco, en noviembre de 1979 se conocía la separación de Merry Martínez-Bordiú y Jimmy Giménez-Arnau,[*] y la revista *Interviú* descubría en la capital francesa a Carmen y Rossi. En la prensa se comenzó a saber quién era ese anticuario francés de cincuenta años por el que Carmen, casi veintidós años más joven, decidió dejar en Madrid a todo un *príncipe* Borbón.

La noticia fue todo un impacto en la sociedad española. El marqués de Villaverde, en un ejercicio de hipocresía, retiró el saludo a su hija y se volcó en el que todavía era su yerno. Para el duque de Cádiz la huida de Carmen era un golpe más en una biografía que se puede explicar por las pérdidas y las frustraciones. La marcha de su esposa no sería la última. Tampoco sería el último punto de inflexión en la biografía de una niña que educaron como una princesa del régimen nacionalcatólico y casi se convirtió en una de verdad, pero decidió exprimir la libertad hasta sus últimas consecuencias.

LA PRINCESA DE EL PARDO

María del Carmen Esperanza Alejandra de la Santísima Trinidad y de Todos los Santos Martínez-Bordiú y Franco nació en el Palacio de El Pardo el 26 de febrero de 1951. Era la primogénita de los marqueses de Villaverde y, por tanto, la primera nieta de Francisco Franco. El día siguiente a su nacimiento hizo su primer posado para los medios de comunicación con su madre, maquillada y perfectamente peinada, aún en el lecho donde había dado a luz a la pequeña unas horas antes.

Desde sus primeros minutos de vida iba a ser una figura pública. Los pasos de su infancia y su adolescencia, además, iban a formar parte de la maquinaria de propaganda del régimen de su abuelo. Su bautizo, su comunión, los posados con su madre y su abuela cada 16 de julio por su onomástica, la Virgen del Carmen…

---

[*] Véase el capítulo IX.

En España, donde al santo se le adora por la peana, Carmencita se acostumbró desde el principio al peloteo y los agasajos. Como le confesaría a Mercedes Milá en 1986, le habían dado todos los caprichos menos el de «ser una persona normal».

Sus padres tenían una activa vida social y quien hizo verdaderamente el papel de educadora fue Beryl Hibbs, Nani, la institutriz británica que se encargaría de los hijos de los Villaverde y se convertiría en la toma de tierra de los niños con la realidad, más allá del ambiente ficticio de El Pardo.

Desde el punto de vista de la formación académica, la vida de Carmen Martínez-Bordiú fue similar a la de su madre: se educó en casa y nadie esperaba que tuviera una enseñanza más allá de lo elemental. Se daba por hecho que acabaría haciendo lo que se conocía como «una buena boda». A los once años empezó a estudiar en las teresianas y, tras pasar por Suiza e Irlanda, se examinaría de reválida en el Instituto Lope de Vega de Madrid. Nadie esperaba que estudiase una carrera: hizo un curso de secretariado internacional y acabó trabajando para Iberia en las oficinas que la compañía aérea tenía en el barrio de Salamanca.

Como tantas otras chicas de la alta sociedad esos trabajos eran una manera de rellenar el tiempo mientras llegaba el destino matrimonial. Sacaba tiempo también para hacer vida social con sus amigas. Todas ellas niñas bien como Cristina Marsans, Mari Luz Barreiros o Loli Aznar. Un grupo al que a mediados de 1969 se sumó una exótica joven que llegó a la capital de España desde Filipinas para vivir junto a sus tíos. Isabel Preysler entró en la alta sociedad española por todo lo alto del brazo de la nieta del hombre que mandaba en el país de sus antepasados. Desde entonces comenzó una escalada social que la llevaría a ser más popular que su íntima amiga.

En abril de 1969, la puesta de largo de Carmen a los dieciocho años se convirtió en un acto en el que todo el que era algo en España quería estar. Carmen deslumbró gracias a un vestido de Pedro Rodríguez. Ya destacaba por su belleza, y asistió en Valdefuentes, la finca familiar en Arroyomolinos, a un desfile de todo un quién es quién de la sociedad nacional en los sesenta, que acudió a rendirle pleitesía a Franco a través de su nieta.

Allí estuvo, entre otros, el hombre del momento, Manuel Benítez *El Cordobés*, el torero símbolo de la España del desarrollismo económico, que gozaba de los favores de la corte de El Pardo. Al llegar le espetó: «Eres la tía más buena de España». Claro que, el diestro también fue capaz de soltar al mismísimo Franco «usted y yo somos los tíos más ricos de España». Total, como diría él, más cornadas da el hambre.

En honor a Carmencita actuaron Lucero Tena, Lola Flores y el Pescadilla y, para morbo de los presentes, también en la lista de actuaciones estaba Luisa Ortega, hija de Manolo Caracol, el que había sido el gran amor de la Faraona en los años cuarenta. La nota de humor la puso Ángel de Andrés. Cuando acabaron las actuaciones, los jóvenes se lanzaron a la pista de baile al ritmo de las canciones pop del momento.

LOS PRIMEROS AMORES

Entre los invitados, el novio oficial de la joven, Jaime Rivera. Era un joven y atractivo jinete que, para disgusto del marqués de Villaverde, se había convertido en el primer amor de su hija mayor. Rivera no tenía título nobiliario, algo que disgustaba al yernísimo y, además, tenía fama de conquistador.

Sin embargo, Carmen estaba enamorada de él hasta el tuétano. Ella, acostumbrada a ser tratada casi como una princesa, disfrutaba con los desplantes que en público le hacía el caballista que, incluso en alguna discoteca cuando la adolescente montaba un pollo, era capaz de darle unos azotes al tiempo que le decía: «Martínez, tienes el mejor culo de España».

Todo el mundo daba por hecho que Jaime y Carmen se acabarían casando. De hecho, pese a la oposición del marqués de Villaverde, Rivera comenzó a ser un habitual en los actos familiares más lúdicos. Sobre todo los fines de semana en el pantano de Entrepeñas, donde el padre de Carmen tenía una casa. La naturaleza mujeriega de Jaime Rivera acabaría con aquel romance.

A principios de 1970 Jaime Rivera mantenía de forma paralela un romance con otra joven de la alta sociedad, Rosario Herbosch. Carmen supo de esa relación alternativa de su novio, pero decidió no darle importancia. Tal vez tenía la esperanza de que, finalmente, se quedara en una aventura. Cuando Rosario y Jaime se presentaron de manera oficial en el Liceo de Barcelona, la nietísima decidió poner punto final a su historia de amor. Rosario, finalmente, se casaría en 1980 con Carlos Rúspoli y Morenés, conde de Chinchón y duque de Sueca. El matrimonio, que no tuvo hijos, murió con meses de diferencia en 2016.

Carmen no se quedó quieta tras su ruptura sentimental. Tardó muy poco en llenar su corazón. El elegido era perfecto para encantar a Cristóbal Martínez-Bordiú. Era el príncipe Fernando de Baviera, hermano de la popular Tessa y primo de Juan Carlos de Borbón, pero presentaba una pequeña dificultad: llevaba años casado con Sofía Arquer.

La joven Carmen estaba dispuesta una vez más a afrontar el escándalo. Todo el mundo en la alta sociedad comentaba el amor *fou* de Fernando de Baviera con la nieta de Franco. Por razones obvias, la prensa, en plena dictadura, no publicó nada sobre este asunto, aunque sí llegó a saltar a una publicación italiana, cuando la pareja se fue a pasar unos días a la Costa Azul francesa, redundando aún más en el escándalo y en la furia de la esposa de Fernando de Baviera. Fue ahí cuando el propio Francisco Franco decidió tomar cartas en el asunto.

Según cuenta Jaime Peñafiel en *El general y su tropa*, el dictador exigió a Juan Carlos que llamara al orden a su primo, y el hoy rey emérito tuvo que cumplir con la petición del hombre que tenía la posibilidad de convertirlo en monarca. La actuación de Juan Carlos dio buenos resultados, porque Fernando de Baviera volvió al redil matrimonial. Carmencita volvía a estar soltera, a pesar de que Jaime Rivera revoloteó a su alrededor con intención de retomar su historia de amor. Carmen ya lo tenía borrado de su corazón.

El marqués de Villaverde tomó la decisión de llevarse a su hija a visitar a un buen amigo de la familia a Estocolmo. Alfonso de Borbón y Dampierre ejercía como cabeza de la legación diplomática española en Suecia desde enero de 1970. Fue una especie de premio de consolación de Franco por no haberlo elegido sucesor a título de rey a pesar de haber jugado con la posibilidad de su nombramiento. La belleza de Carmen deslumbró a Alfonso de Borbón, comenzaron un romance y todo se precipitó.

Todos vieron una oportunidad en este amor. El marqués, emparentar con una familia de sangre azul y el príncipe destronado, una posibilidad de acercarse de nuevo a una corona que creía ya descartada. ¿Y la novia? Obviamente, lo que opinase ella no tenía mucha importancia para los adultos que la rodeaban, y simplemente se dejó querer. Una Carmen más adulta haría un certero análisis de sus circunstancias ante el tribunal de la Rota que decidió la nulidad del matrimonio en 1986:

> No me encontraba suficientemente madura ni preparada. Yo he tenido tantos problemas y tantas dificultades por parte de mi padre al salir con un chico normal que, no conociendo yo personalmente a Alfonso en la intimidad, al dárseme tantas facilidades, me vi como liberada. Me he movido, o mejor dicho, me han hecho moverme en una atmósfera ficticia e irreal, aunque mi educación fue normal.

OPERACIÓN PRINCESA

Durante años Carmen Martínez-Bordiú, al ser preguntada por los intereses políticos detrás de su enlace con Alfonso de Borbón, los negó. Puede que en su fuero interno a Carmen se le escaparan las circunstancias de esa boda. Tenía veintiún años y vivía una relación que, por primera vez, era apoyada por su padre. Además, como muchas mujeres de su generación veía en el matrimonio la única posibilidad de salir de casa y hacer su vida.

Alfonso de Borbón y Dampierre nunca aceptó que su padre, el infante Jaime de Borbón, renunciara a sus derechos al trono para él y sus descendientes en favor de su hermano Juan. En muchas ocasiones se echó para atrás y presentó contrarrenuncias que nunca fueron tomadas en serio.

En 1947 Franco convirtió oficialmente España en un reino, y la última reina en el exilio, Victoria Eugenia, volvió a cobrar un sueldo público. La dictadura se revestía de reino para evitar seguir el mismo camino de los regímenes de Hitler en Alemania y Mussolini en Italia. En la Ley de Sucesión que el dictador promulgó se adjudicaba la prerrogativa de elegir quién ceñiría la corona. De poco servían los derechos históricos. La nueva monarquía surgía del capricho del dictador. Una monarquía de nuevo cuño. Por ello, don Juan envío a su hijo mayor a España para estudiar al lado de Franco.

El infante don Jaime haría lo mismo en 1954, enviando a sus hijos Alfonso y Gonzalo a España. «Por si lo de Juanito no sale bien», le confesaría el propio Franco a su primo Francisco Franco Salgado-Araujo. Durante años este jugó con todos los candidatos que se movían, intentando convencer al dictador y estableciendo redes de influencia. Incluso hubo un candidato carlista, Carlos-Hugo de Borbón y Parma, que acabaría por ser incómodo para el propio régimen.

Alfonso de Borbón contó con muchos aliados dentro del propio régimen, como José Antonio Samaranch o Landelino Lavilla. La campaña de promoción en los años sesenta a su alrededor fue importante. Llegó un momento que tenía más repercusión pública que el propio Juan Carlos.

En 1966 la revista francesa *Point de Vue*, especializada en Casas Reales, hablaba de un posible romance de Carmencita, que en ese momento estudiaba en Suiza, y Alfonso de Borbón, que tenía quince años más que ella. La verdad se reducía a que la adolescente y el duque de Anjou se encontraron en un cine en Suiza y este, amigo de los Villaverde, se acercó a saludar a la joven y aprovechó para presentarle a su abuela, la reina Victoria Eugenia. Pero ¿a quién le beneficiaba que esa posibilidad se empezara a sugerir en la prensa internacional?

LAS PREDICCIONES DE MARUJITA XIV

Alfonso de Borbón y Dampierre, a pesar de su aspecto siempre circunspecto, en los años sesenta tenía fama de conquistador. En el momento del rumor interesado, venía de romper una relación con la actriz italiana Marilú Tolo y mantenía un flirteo con Marujita Díaz. En 1984 la folklórica publicaría sus recuerdos bajo el sugestivo título de «Memorias calientes» en la revista *Semana* y relataría una anécdota curiosa. El marqués de Villaverde se cachondeaba de la actriz llamándola «Marujita XIV» por su romance con Alfonso de Borbón, eterno pretendiente al trono de Francia. Harta de chistes, Marujita tuvo un curioso diálogo con el yerno de Franco:

—¡Ya está bien de cachondeo! Además, la que algún día puede que sea la mujer de Alfonso será tu hija Carmencita.

—¡Qué dices, si es una cría!

—Ya crecerá, ya crecerá.

La folklórica acertó en sus predicciones. Y cinco años después se anunciaba una boda de la que se hablaría durante años. Como hemos contado, cuando se conoció el compromiso Alfonso ejercía como embajador de España en Suecia. Fue una especie de premio de consolación que Franco le otorgó en enero de 1970. Unos meses antes, en julio de 1969, decidió elegir a Juan Carlos como sucesor a título de rey.

En diciembre de 1971 se anunció el compromiso y parecía que muchos ya daban por sentado que el rey sería Alfonso. ¿El motivo? La Ley de Sucesión franquista preveía la posibilidad de que el Caudillo se echase atrás en la decisión en su artículo 6.[*]

Así las cosas, los antiguos aliados de Borbón y Dampierre, Landelino Lavilla y compañía, empezaron a mover ficha. Incluso semanas antes del enlace, el Instituto de Opinión Pública distribuyó entre españoles elegidos al azar la siguiente encuesta:

1. ¿Tiene usted conocimiento de la próxima boda del príncipe Alfonso de Borbón con Mary Carmen Martínez-Bordiú?
2. ¿Qué opina de ella?
3. ¿Cree que el príncipe don Alfonso podrá llegar a desempeñar cargos políticos en el Gobierno español?
4. ¿Qué razones da usted a este matrimonio?
5. Este matrimonio, ¿a quién beneficia?
6. ¿Este matrimonio podrá tener repercusiones nacionales o internacionales?
7. ¿Qué frase identifica con referencia a esta boda? Diga sí o no.
8. ¿Había oído hablar de esta boda?
9. ¿A qué actividades se dedica principalmente el príncipe don Alfonso?
10. ¿Sabe usted qué cargo ocupa en la actualidad?
11. ¿Este cargo ha sido debido a su valía personal o a su situación familiar?

---

[*] «En cualquier momento el jefe del Estado podrá proponer a las Cortes la persona que estime deba ser llamada en su día a sucederle, a título de rey o de regente, con las condiciones exigidas por esta Ley, y podrá, asimismo, someter a la aprobación de aquéllas la revocación de la que hubiere propuesto, aunque ya hubiese sido aceptada por las Cortes».

12. ¿Ha tomado el príncipe hasta ahora mucho o poco interés por los problemas del país?

13. ¿Opina usted que puede tener derechos a la Corona española?

14. Entre los requisitos necesarios para ser rey de España…, ser mayor de treinta años, católico, de sangre real, etcétera. ¿Cree usted que los reúne?

15. ¿El nombramiento de Juan Carlos [sic, sin príncipe ni don ni nada que se le parezca] se hubiera realizado de la misma manera si la boda hubiera tenido lugar hace algunos años?

16. En España hay diferentes grupos. ¿Cuáles apoyaría a Juan Carlos y cuáles a don Alfonso?

17. ¿A qué actividades se dedicaba María del Carmen?

Esto prueba cómo desde diversos círculos del régimen se prefería la opción de Alfonso de Borbón y Dampierre, tal vez por resultar más cercana al búnker. Por otro lado, esta encuesta no debió de gustar mucho a Franco, ya que el director del Instituto de Opinión Pública, Juan Cercós Bolaños, se vio obligado a dimitir, tal y como señala Juan Balansó en su libro *La familia real y la familia irreal* (Planeta, 1992).

UNA BODA QUE PUDO CAMBIAR LA HISTORIA

La boda se celebró el 8 de marzo de 1972 y fue todo un acontecimiento social. La lista de invitados es todo un *who is who* de la época: la actriz Carmen Sevilla y su marido, el compositor Augusto Algueró; Julio Iglesias, todavía con Isabel Preysler; Lola Flores, el esquiador Paco Fernández-Ochoa, el tenista Manolo Santana… Y un largo etcétera.

Parecía que quien no acudía a la boda no era nadie en la sociedad. Tal vez por eso la anécdota más recordada la protagonizó precisamente alguien que no estaba invitado: don Jaime de Mora y Aragón, hermano de la reina Fabiola de Bélgica, aristócrata, actor y fanático del *dolce far niente*. Al no estar invitado, decidió ponerse un chaqué y parar su coche en la carretera de El Pardo, y tras mancharse la camisa de aceite de motor, se encendió un cigarrillo.

Cuando la caravana de coches de los invitados se iba encontrando con él paraban para interrogar al aristócrata. «Iba a la boda pero con esta facha comprenderéis que no me puedo presentar», explicaba con fingida naturalidad, y los coches remontaban su camino. Tras esto recorrió una a una las tabernas de El Pardo contando la anécdota y al día siguiente aparecía en la lista de invitados en todos los periódicos. Años más tarde, en *Interviú*, enseñó una foto que supuestamente le envió Franco, al saber de su pericia, con la siguiente firma: «A Jaime Mora, el producto español más exportable». Conociendo la trayectoria del personaje, no pongo la mano en el fuego por la autenticidad de esa fotografía.

Los invitados internacionales eran un poco más de serie B. Prácticamente ninguna monarquía quiso acudir a un evento que consideraban poco menos que un esperpento. Solo acudieron las princesas Cristina y Desirée de Suecia, aunque el Gobierno del país escandinavo explicó que acudían por deferencia al antiguo embajador, y los príncipes soberanos de Mónaco, Rainiero y Grace Kelly. La exactriz, a pesar de asistir en una de sus épocas de sobrepeso, destacó por su elegancia cosmopolita frente a la *hight society* española, tan cateta.

Completaban el reparto la siniestra Imelda Marcos de Filipinas, los hijos de Stroessner, dictador de Uruguay y el sobrino de Salazar, difunto dictador de Portugal. Los reyes de Grecia acudieron en un momento en el que aún no tenían muy claro si seguían siendo reyes o no, porque, tras pactar con el régimen de los coroneles, habían intentado un contragolpe y el dictador los había convertido en jefes nominales del Estado aunque los mantenía en el exilio. El fin de la monarquía helena estaba cantado.

La ceremonia, celebrada por el cardenal Tarancón, presidente de la Conferencia Episcopal, supuso la puesta en escena de las tensiones en el seno de la dinastía Borbón. En las imágenes del enlace, don Juan Carlos y doña Sofía aparecen con gesto adusto. Don Juan ni siquiera acudió y el padre del novio, el infante don Jaime, tan solo acudió a cambio de una gratificación ya que no habían invitado a su segunda esposa. Además, se negó a posar junto a su exesposa, Emanuela de Dampierre que, junto a un emocionado Franco, fueron los padrinos del matrimonio. Según contó la reina Sofía a su biógrafa Pilar Urbano, Alfonso de Borbón le pidió que fuera ella la madrina del enlace, aunque, de forma cortés, se negó.

BALENCIAGA Y DALÍ

Dos de los grandes creadores del siglo xx, Salvador Dalí y Cristóbal Balenciaga, estuvieron vinculados a la boda de la nieta de Franco. Por un lado, Balenciaga se hizo cargo del vestido de novia. Aunque llevaba cuatro años retirado y viviendo en Altea (Alicante), aceptó el encargo. En 1950 también había vestido a la madre de la novia para su boda.

Carmen recordaría años después las pruebas como algo agotador, ya que el modisto la obligaba a desfilar durante horas como si fuera una modelo profesional. El vestido conllevó para su elaboración 14 metros de tela, más de 10.000 perlas y casi cinco mil brillantes. De inspiración medieval, y con una cola que nacía en los hombros, el vestido es hoy propiedad del Museo Textil y de la Indumentaria de Barcelona. Carmen remató la jugada con una tiara, regalo de su abuela para darle más aire principesco a la historia.

Con respecto a Salvador Dalí, el «regalo» de bodas de Carmen a su marido fue un retrato suyo del pintor catalán. En agosto de 1972 las páginas de *¡Hola!* recogían el surrealista encuentro entre la nieta de Franco y Dalí. El retrato sería ecuestre y para ello Carmencita tuvo que posar durante unas horas montada en un caballo. El pintor tuvo bastante. Carmen estaba embarazada y eso gustaba al excéntrico Dalí.

Pintó una Carmen de rostro aniñado, y en el interior del caballo se transparentaba parte de *La rendición de Breda* de Velázquez y el monasterio de El Escorial. En lo que más se recreó el pintor fue en los pies. Según contaría Carmen Martínez-Bordiú a Jesús Quintero en 2006 esto es lo que más le gustaba de ella al de Cadaqués.

¿Y el pago? Miguel Mateu, dueño del castillo de Perelada, exalcalde de Barcelona e íntimo de los Villaverde, fue quien hizo de intermediario. Dalí exigía siete millones de pesetas (100.000 dólares), su tarifa habitual. Pero los Franco, acostumbrados a utilizar los resortes del Estado para ellos, ofrecieron un intercambio. Darían a Dalí cuatro cuadros del Prado (según algunas fuentes también un tapiz de Goya) para el teatro-museo que estaba construyendo.

En noviembre de 1972 el propio Dalí visitó a Franco en El Pardo para entregar el cuadro. En mayo, además, la obra fue objeto de otra *performance* daliniana. En el Museo del Prado Dalí presentó el cuadro a los medios, y ante autoridades y prensa dio el remate que la faltaba a la obra: una simple pincelada en el ojo de la modelo, que estaba presente en el acto. Una bufonada digna de la fábula de *El emperador desnudo* pero en versión franquista.

En la citada entrevista con Jesús Quintero, Carmen confirmó que sigue siendo la dueña del cuadro. Una obra que vale millones y que no pagaron. Según todos los biógrafos del pintor nunca se cumplió lo prometido. En septiembre de 1974 Dalí inauguró su teatro-museo y el 8 de octubre el entonces director general de Bellas Artes, Joaquín Pérez Villanueva envió una carta a Dalí hablándole de los cuadros que le iban a dar. No hay constancia de la respuesta del pintor. Al menos ese documento no se conoce. Un año después murió Franco y no se supo más de la historia.

Solo los Franco son capaces de dejar a deber un cuadro al artista que André Bretón definió como *Avida Dollars* por su obsesión por el dinero. Hoy Carmen Martínez-Bordiú es propietaria de un cuadro que podría vender por millones, cuando al haber sido encargado por ser «vos quien sois» y pagado, aunque en grado de tentativa, por el Estado, debería pertenecer a Patrimonio Nacional.

SU ALTEZA REAL CARMEN MARTÍNEZ-BORDIÚ

Durante varios meses, el matrimonio formado por Juan Carlos y Sofía vio, no sin cierto temor, cómo sus intereses podían ponerse en aprietos. Antes de la boda intentaron que las invitaciones no se enviaran con el encabezado de «Su Alteza Real el príncipe Alfonso de Borbón y Dampierre», pero Franco le otorgó a Alfonso un título nobiliario hereditario y con tratamiento de Alteza Real: el ducado de Cádiz.

Anécdotas de este tratamiento ambiguo hacia la figura de don Alfonso, como si *de facto* ya fuera el heredero del trono, hay varias. La pareja de duques hizo representación del Estado en diversos actos: la entrega del Premio Planeta en 1973, la final de la Copa del Generalísimo en 1973 e incluso visitaron Uruguay como representantes oficiales del Estado. Más conocida es aquella que conoció todo Madrid en la que en una reunión en El Pardo el marqués de Villaverde pidió al servicio «un whisky para el príncipe». Cuando Juan Carlos señaló que no había pedido nada, el yerno de Franco, de forma contundente, señaló que se refería al marido de su hija, Alfonso de Borbón y Dampierre.

Pero, a pesar de las presiones familiares, el dictador no cambió su decisión. A partir de 1973, la calma volvió al tema sucesorio y los duques de Cádiz apenas pasaron a ser unas figuras secundarias dentro del protocolo del régimen. La mayoría de sus biógrafos, opinan que fue el propio Franco quien abortó estas ínfulas por parte del marido de su nieta, que por otro lado, él mismo avivó en otras épocas cuando le venía bien.

DOS MUJERES QUE SE ABURREN

Las ínfulas duraron poco y Carmen Martínez-Bordiú vio como su sueño de liberarse a través de su matrimonio se convertía en una nueva prisión. Tras tener dos hijos (Fran y Luis Alfonso), Carmen se veía atrapada en una vida tediosa. El matrimonio se mudó a un piso en la calle San Francisco de Sales, regalo de su abuela.

Allí tendrían de vecinos al matrimonio formado por Julio Iglesias e Isabel Preysler. La filipina, con tres hijos, se sentía casi abandonada por el cantante, que empezaba entonces su despegue mundial. Las jóvenes esposas retomaron con fuerza sus salidas de adolescentes. Viajaban a Nueva York buscando una libertad que en Madrid no podían ejercitar. El anonimato era el mejor pasaporte para el disfrute. En una de sus escapadas disfrutaron de la compañía del ex beatle George Harrison. Dicen que sobre todo Carmen.

En el verano de 1974 Carmen conoció en un crucero a Jean-Marie Rossi, que en ese momento estaba casado con Barbara Hottinger. Cinco años después, su vida iba a cambiar para siempre. Tras la muerte de su abuelo, la sociedad española asistió a muchos cambios. La lucha por el divorcio fue uno de ellos. Sin querer, Carmen Martínez-Bordiú fue una de tantas españolas que decidieron echarse a la espalda los convencionalismos sociales. Claro que el resto no eran la nieta de Franco.

Un año antes fue Isabel quien se hartó de Julio Iglesias. Según Jaime Peñafiel lo que hizo la Preysler fue adelantarse a los acontecimientos. Una voz «amiga» comunicó a través del contestador del teléfono de Peñafiel en la redacción de ¡Hola! que Isabel mantenía una relación con otro hombre. En la redacción de la revista se presentaron Carmen e Isabel. Se llevaron la cinta y la filipina rompió ese mismo día con Julio. Este llegaba de Argentina y salió del aeropuerto de Barajas con el anuncio de que su matrimonio había acabado. Carmen fue el gran apoyo de Isabel en ese momento.

Un año después, la propia duquesa de Cádiz siguió el mismo camino. Unida a Rossi puso rumbo a París. Alfonso de Borbón, en las memorias que se publicaron de forma póstuma a su muerte en 1989, definiría a Isabel Preysler como «manzana podrida». El duque buscaba a toda costa culpables a su fracaso matrimonial.

Desde la muerte de Franco, el marido de Carmen veía enemigos por todas partes. Del puesto que obtuvo antes de la muerte del dictador al frente del Centro de Cultura Hispánica fue expulsado por el primer Gobierno de la democracia. Parecía que todo le salía mal en el nuevo régimen. La nueva España tenía la culpa de su fracaso matrimonial. Así lo retrataba él en sus memorias *post mortem*:

> La muerte del Caudillo tuvo también indirectamente repercusiones en nuestra historia personal: el clima moral se degradaba, los valores familiares se desintegraban, el matrimonio empezaba a estar pasado de moda, con indudable retraso con respecto a otros países europeos, pero a un ritmo acelerado. España se desquitaba. Se asistía a una propaganda desenfrenada a favor de las nuevas costumbres; las publicaciones, libros y revistas, el cine, exaltaban sistemáticamente a las parejas en situación irregular, las aventuras sentimentales, las aventuras escabrosas.[*]

Todavía antes de su fracaso matrimonial y de centrarse en el legitimismo del trono francés, sacó tiempo para un nuevo asunto político.

PRINCESA DE GIBRALTAR

El 7 de octubre de 1976 la revista *Posible* se hacía eco de un asunto que se había tratado meses antes en los medios de comunicación ingleses. En

---

[*] A. de Borbón y M. Dem, 1989.

conversaciones del Gobierno español y el británico sobre la situación de Gibraltar, Louis de Mountbatten tuvo una de sus ideas brillantes. Asesinado por el IRA el 1979, el aristócrata era el tío de Felipe de Edimburgo y el que se encargó de conseguir que se casara con Isabel II. También participó en las decisiones sobre el papel político que debía jugar Reino Unido en la India tras su descolonización.

En el espinoso tema de Gibraltar, un asunto que el franquismo agitaba cada cierto tiempo, Mountbatten pensó en una solución fijándose en el caso de Andorra. Es decir, convertir el peñón en un coprincipado entre dos países. En el caso andorrano entre el presidente de la República francesa y el obispo de Urgell. Para el peñón la idea de Lord Mountbatten era un copríncipe proveniente de la Casa Real inglesa y el otro habría sido Alfonso de Borbón. Poco se sabe de qué opinaba Franco de este asunto, pero la muerte del dictador y el posterior asesinato de Mountbatten pusieron fin a una de esas quimeras a las que tan aficionado era el duque de Cádiz.

LE NEGARON LA COMUNIÓN

Cuando en 1979 Carmen viajó a París junto a Rossi, dueño de la famosa tienda de antigüedades Aveline, se instaló en un edificio donde todavía vivía Barbara la exmujer de Jean-Marie. Todo demasiado europeo para la España posfranquista.

En España, las reacciones fueron negativas. Sobre todo entre su familia. El marqués de Villaverde retiró el saludo a su hija y cada vez que acudió a España para algún evento familiar la tensión presidía el ambiente. Aunque Rossi viajaba con ella tardaron mucho tiempo en querer conocer al anticuario.

Carmen tuvo que vivir situaciones cuanto menos complicadas. Asistió en 1981 a la boda de su hermano Francis, y aunque Jean-Marie viajó con ella a España, no fue invitado.* Peor fue lo que ocurrió en 1983 durante la comunión de sus hijos. El cardenal primado de España,

---

* Véase el capítulo VII.

Marcelo González Martín, advirtió que Carmen Martínez-Bordiú no acudiera a comulgar porque tendría que negársela por su «escandalosa» vida.

Carmen Franco intentó templar más las cosas con su hija, pero lo cierto es que no conoció a su yerno hasta el 29 de enero de 1985. Él y su hija se habían casado semanas antes y ella estaba embarazada. Fue ahí cuando la duquesa de Franco se decidió a conocer a Jean-Marie Rossi. Viajó a la capital francesa con unas amigas con la excusa de asistir a un recital de Julio Iglesias.

Sobre la reacción de Carmen Polo no hay constancia. Intentaron ocultarle a la viuda de Franco las decisiones de algunos de sus nietos. Sobre todo cuando su favorita huyó a París. «Cuando alguien le iba con algún cuento ella decía "lo que haga mi nieta bien hecho está"», rememoraría años más tarde la propia Martínez-Bordiú.

Durante los primeros años ochenta Carmen vivía entre dos mundos. El que le ofrecía su vida con Rossi en París, y la realidad familiar cuando volvía a España para ver a sus hijos. Cuando la cosa se consolidó más, estos empezaron también a viajar a Francia para estar con su madre.

En 1982 los duques de Cádiz consiguieron su divorcio y se repartieron el resultado de la venta del chalé de Puerta de Hierro. El Estado de Venezuela les pagó 150 millones de pesetas para convertir el lugar en la sede de su embajada en Madrid. El duque se trasladó a Pozuelo de Alarcón donde adquirió una casa por 35 millones de pesetas.

Para Alfonso de Borbón el divorcio no bastaba, y siguió adelante con el proceso de nulidad que llegó a su fin en 1986. Así resumió la historia del matrimonio el mismo tribunal eclesiástico que decretó su nulidad:

> Nunca se instauró entre los cónyuges una verdadera comunidad de vida y amor. La falta de armonía y compenetración entre ellos fue evidente desde el principio. Si bien, por razones obvias, ambos trataron de guardar formalmente las apariencias mientras vivió el anterior jefe del Estado, abuelo materno de la esposa. Fallecido este, el fracaso conyugal se evidenció sin paliativos. Aun viviendo bajo el mismo techo, actuaban y se sentían como dos extraños.

DOS TRAGEDIAS

Como recoge la sentencia del tribunal eclesiástico, la muerte de Francisco Franco posibilitó un cambio radical en la vida de su nieta. Es curiosa la relación de Carmen Martínez-Bordiú con la muerte. Los grandes puntos de inflexión en su vida han venido marcados por importantes pérdidas familiares.

El 5 de febrero de 1984 el duque de Cádiz regresaba con sus hijos Fran y Luis Alfonso y la niñera Manuela Sánchez Prat de una competición de esquí en Astún, en el Pirineo de Huesca en su Citroën CX Pallas. Poco antes de las ocho de la mañana, en la salida de la autopista de Navarra, en el término municipal de Corella, Alfonso de Borbón no respetó una señal de *stop* y se estrelló contra un camión Pegaso que cargaba más de 20 toneladas de blanco España, el famoso material usado para las juntas de los azulejos. El camión salió de la carretera y el coche del duque se desplazó treinta y cinco metros en sentido contrario por la fuerza del golpe.

Todo el país quedó impactado con la tragedia. El hijo mayor de Alfonso y Carmen Martínez-Bordiú, Fran de once años, era el más afectado por el accidente. El bisnieto mayor de Franco fallecería solo 48 horas después, a las 15.15 horas de la tarde. Su padre y su hermano, que seguían ingresados por las graves secuelas del accidente, no se enteraron.

Carmen Martínez-Bordiú recibió la terrible noticia del accidente por una llamada de su padre. El hombre que no la hablaba por haber roto su matrimonio tuvo que comunicarle la peor noticia del mundo. Cogió un avión y luego fue trasladada en coche. «Sentí que mi hijo estaba muerto, vine sabiendo que mi hijo estaba muerto. Durante el camino, estaba en Pamplona, me quitaron la radio para que no oyera, pero estaba convencida, es algo que una madre siente. Lo habían mantenido vegetalmente, neurológicamente estaba muerto. Lo mantuvieron vivo artificialmente hasta que yo llegué», contaría en 2016 a Bertín Osborne.

Según recogió la revista *¡Hola!* fue Carmen quien se lo comunicó a su hijo. El duque de Cádiz se enteró de la muerte de Fran el 11 de marzo de 1984, más de un mes después. Se lo dijeron su exsuegro, el marqués de Villaverde, y su hermano, Gonzalo de Borbón.

Fran fue enterrado en el camposanto de Mingorrubio en El Pardo, donde descansarían en el futuro sus bisabuelos. Carmen Polo asistió a un entierro que prácticamente fue emitido por televisión. La imagen de la viuda de Franco, hierática y a la vez desconsolada, impactó mucho en el momento. En la breve ceremonia estuvieron personalidades como Cayetana de Alba, Pilar de Borbón, el antiguo amor de Carmen, Fernando de Baviera, con su hermana Tessa, Cari Lapique, y la gran amiga de Carmen, Isabel Preysler, junto a su marido del momento, Carlos Falcó, marqués de Griñón.

La imagen de una Carmen Martínez-Bordiú inexpresiva fue el principio de una campaña social contra ella. La nieta alegre de Franco, la que había salido corriendo en plena Transición para vivir un amor loco con un anticuario francés, ahora se mostraba para algunos como el máximo ejemplo de la frialdad. Pocos empatizaron con la madre que acababa de perder a su hijo mayor en una situación tan trágica.

Años más tarde hablaría de cómo atravesó ella el duelo y de su particular forma de entender una tragedia de esas dimensiones. Una vez más, la nieta mayor del dictador se alejaba de convencionalismos. «Nunca he vuelto a la tumba de mi hijo. Él no está allí, está conmigo. Forma parte de mí», aseguró a Jesús Quintero en 2006.

Durante la convalecencia del duque, que fue muy larga, Carmen quiso llevarse a Luis Alfonso a París con ella. El aristócrata interpretó que quería quitarle a su hijo aprovechando su situación de indefensión. Animado por la gente de su entorno concedió una emocionante entrevista para *Informe Semanal*.

El adusto duque de Cádiz consiguió meterse a la opinión pública en el bolsillo. «Tengo que lamentar que estando yo aún muy grave, en periodo en que se temía por mi vida, la abogada de mi exmujer ha intentado quitarme la guarda y custodia de mi hijo, y que evidentemente esto es una maniobra muy artera hecha en la vida de un hombre, y lo digo con enorme tristeza, porque creo que en la vida hay cosas que no se pueden hacer», se lamentaba ante las cámaras de Televisión Española.

No pudo evitar que se trasluciera el rencor que aún sentía por su exmujer: «Yo no quiero que mis hijos dejen de ver a su madre, pero la que se ha querido marchar de mi lado es ella, y la que ha querido que me quedara con mis hijos. Y repito, el accidente que ha segado la vida de mi hijo mayor es para mí una tragedia en la que ojalá hubiera dejado una parte de mi cuerpo, pero no ha sido así».

Para intentar contrarrestar la mala imagen que el asunto estaba generando en la figura de Carmen, su abogada, Concha Sierra, una de las matrimonialistas más famosas del país, se sentó solo cuatro días después en el programa *Buenas Noches* de Mercedes Milá para dar réplica al duque. «Alfonso de Borbón no dijo la verdad. Y como no creo capaz al duque de Cádiz de mentir deliberadamente, creo o que no estaba bien informado o que su recuperación neurológica no es tan buena como se pretende hacer ver», fue la respuesta de la letrada ante las cámaras de televisión.

La guerra mediática entre Alfonso y Carmen fue seguida por todos los medios de comunicación. Una nieta de Franco y un Borbón a la gresca era un material demasiado bueno. Incluso entró en liza Emanuela de Dampierre, que nunca soportó a su nuera. Años más tarde, en una entrevista para Antena 3, la ya nonagenaria definió a Carmen como «ninfómana».

La muerte de Fran no sería la única tragedia en ese año funesto de 1984. En agosto Luis Alfonso se fue de veraneo con su madre, Jean-Marie Rossi y los hijos de este a Bahamas. Una manera de huir de la negrura de los meses anteriores. Sin embargo, Mathilda, una de las hijas gemelas de Rossi, sería víctima de un terrible accidente que le costaría la vida. Cayó al mar desde una lancha motora en la que viajaba junto a su hermana Mirelle y Luis Alfonso. Mathilda murió atrapada por las hélices de la embarcación. En seis meses Carmen y Jean-Marie sufrieron la misma tragedia: perder un hijo.

Carmen Martínez-Bordiú describiría de forma sencilla lo que supone una tragedia de esa magnitud: «La muerte de un hijo solo la entiende quien la ha padecido: es como si te cortan un brazo, puedes seguir viviendo, pero ya no es lo mismo».

CARMEN ROSSI

Antes de acabar el funesto año, el 11 de diciembre Jean-Marie y Carmen se convirtieron en matrimonio en un juzgado en una localidad cercana a París. Además, trascendió que Carmen estaba embarazada. La nieta de Franco empezó, como es tradición en Francia, a utilizar el apellido de su marido. Nadie de su familia asistió al enlace en el que Carmen vistió de negro. Incluso su íntima amiga Isabel Preysler mostró en los medios de comunicación su sorpresa por la nueva boda de Carmen.

Al saber del embarazo de su hija, Carmen Franco tomó la decisión de conocer a su nuevo yerno. Escogió como excusa un concierto de Julio Iglesias en enero de 1985 en la capital gala. El 28 de abril de 1985 dio a luz a su hija Cynthia, de nuevo sin presencia familiar. El 28 de mayo se celebró el bautizo de la pequeña al que, por supuesto, no acudió su abuelo, Cristóbal Martínez-Bordiú.

Los años posteriores a contraer matrimonio, la Carmen de París cada vez tenía menos que ver con la Carmen de Madrid. Se movía entre personalidades de la *jet set* internacional como Cristina Onassis, Philippe Junot o Sofía Loren. Además, intensificó su relación con el mundo de la moda. Viviendo en París tuvo acceso aún más directo a los grandes creadores. Eso, y su apellido, claro, posibilitaron que firmara crónicas sobre desfiles y entrevistas a grandes modistas para *¡Hola!*

La Carmen de vida anodina había dado paso a una mujer de mundo que además pasó a interesarse por la vida cultural de la capital francesa. Su marido formaba parte de las comisiones del Louvre y se preocupaba por la formación intelectual de la nieta de Franco. «Siempre me está culturizando, y gracias a él he adquirido el hábito de la lectura, el gusto por el arte y los museos», le contaba a Paloma Barrientos.

A nivel profesional sus trabajos como comentarista en la revista del saludo fueron el previo a otros trabajos. Jesús Hermida intentó incorporarla a su programa matinal en Televisión Española pero no llegaron a un acuerdo, como sí ocurrió cuando, recién nacidas las televisiones privadas en 1990, fichó por Antena 3. Se encargó de una sección de moda y lujo en el magazine *Domingo en rojo* que presentaba la actriz Lydia Bosch. También presentó un breve programa, precedente de los *realities* que hoy invaden las pantallas, con entrevistas a VIPS en distintos escenarios. Muy comentada fue su charla con la modelo y actriz Inés Sastre en un momento en el que se la relacionaba con su hijo Luis Alfonso.

Carmen Martínez-Bordiú fue de las primeras «señoras bien» en ver las posibilidades de dar el salto del papel cuché a la televisión. Nunca ha ocultado que esos trabajos los ha obtenido por su apellido y la fama que conlleva. «Soy consciente de quién soy y que lo que consigo es por ello.

Mi vida académica es muy corta, me educaron para casarme y tener hijos. Luego la vida no fue así y con un currículum académico como el mío es complicado acceder a un trabajo; si mi nombre sirve para acceder a un trabajo bienvenido sea», confesaba en 2006. Diez años después era más clara con Bertín Osborne: «¡*Hola!* es quien me ha dado de comer toda la vida».

SEGUNDO DIVORCIO

Aunque la Bordiú siempre se ha caracterizado por no guardar sus apariencias, muchos pensaban que Rossi sería el hombre definitivo de su vida. Sin embargo, fiel a su esencia y su máxima de no ser de medias tintas, su segundo matrimonio llegó también a su fin en 1994.

Los últimos años estuvieron marcados por rumores que siempre se quedaron en nada. En 1989 tuvo que afrontar un nuevo golpe: la muerte en accidente de esquí de Alfonso de Borbón y Dampierre.

Carmen estuvo al lado de su hijo desde que se enteró de la tragedia, y públicamente estalló una guerra entre su exsuegra y excuñado por la educación de Luis Alfonso. Un terreno donde Carmen siempre lo tuvo claro. La muerte de Alfonso de Borbón llegaba cuando él ya era una sombra del pasado.

Sin embargo, el entierro en las Descalzas Reales al que asistió la nieta de Franco vino a demostrar que los diez años pasados desde su separación no habían atemperado algunos ánimos. Hay una imagen en el entierro que refleja muy bien eso: en el momento del pésame Carmen está descolocada, sin un lugar específico. Tanto Emanuela de Dampierre como Gonzalo de Borbón y su propio padre, el marqués de Villaverde, le niegan cualquier gesto. Una actitud que repiten la mayoría de los que asisten en pleno mes de febrero a las exequias del duque. Otra duquesa, Cayetana de Alba, es quien actúa y ante una inmóvil y desorientada Carmen, la abraza y de forma sutil la aparta del primer plano.

Para Carmen, el capítulo Alfonso de Borbón ya era pasado y dejó claro lo que pensaba del padre de sus hijos mayores durante el proceso de nulidad:

Mi marido Alfonso ha vivido desde pequeño en unas circunstancias muy especiales. Él piensa que todos los fracasos y males de su vida arrancan en la separación de sus padres. [...] Todo eso se manifiesta en su carácter introvertido, pesimista, triste, amargado, entre una mezcla de inseguridad y pretensión. [...] Aunque él lo haya negado, siempre he pensado que no es que sea un oportunista ni mucho menos, pero sí experimentó cierta ilusión [con su matrimonio] y ambición dentro del gran fracaso que ha sido su vida familiar.

Unos meses después de la muerte del padre de sus hijos mayores es cuando apareció el primer rumor sobre una crisis matrimonial con Rossi. Además, con nombres y apellidos. Se hablaba del presunto romance entre Carmen y el príncipe Zourab Tchkotoua, íntimo amigo del rey Juan Carlos I. Él y su mujer, Marieta Salas, formaban parte de lo que se conoció como corte de Mallorca, y fueron los grandes protectores de la relación sentimental del emérito con Marta Gayá.

Carmen salió al paso de los rumores desmintiendo la historia. No sería la última crisis que adjudicaron al matrimonio Rossi. Cuando a principios de los noventa la nieta mayor de Franco adquirió un casoplón en el barrio sevillano de Santa Cruz muchos pensaron que la Bordiú volvía a buscar un refugio para un nuevo cambio de vida. Las lenguas ladinas hablaban de un hombre racial que había enloquecido a la exduquesa de Cádiz.

En este caso fue el paso del tiempo el que hizo de disolvente de los rumores. Sin embargo, era una evidencia que Carmen cada vez empezaba a viajar más a la capital hispalense para disfrutar de la casa del siglo XVII que encontró con ayuda de sus amigos los diseñadores sevillanos Victorio & Lucchino.

En el verano de 1993 Jean-Marie y Carmen viajaron cada uno por su lado, y por primera vez se entendió que los rumores eran mucho más que eso. Vamos, que parafraseando a José María García, en esta ocasión sí eran la antesala de la noticia. Efectivamente, unos meses más tarde, ya en 1994, el matrimonio se separó y Carmen empezó una nueva vida a los cuarenta y tres años.

Cuando la mayoría de las mujeres de su edad estaban establecidas en una monotonía vital y sentimental, Carmen, que había sorprendido a la

España de los setenta, dejando a todo un Borbón para buscar la felicidad en París, volvía a dejar a todos de piedra con una decisión vital. Pronto se supo que madame Rossi no tenía el corazón libre: el nuevo ocupante era un arquitecto italiano que respondía al nombre de Roberto Federici.

Con Roberto estaría saliendo más de una década, pero nunca sintieron la necesidad de tener que oficializar su matrimonio. Fueron los años en los que Carmen vivió pegada a una maleta. Constantemente entre Madrid, Roma, París y Sevilla. Nunca dejó de vivir en la capital del Sena. La situación no era como cuando dejó a Alfonso de Borbón en 1979. Quería seguir estando al lado de su hija Cynthia.

Esos años son también en los que se intensificó su dedicación a la venta de exclusivas. Se hicieron populares sus reportajes para *¡Hola!* viajando alrededor del mundo. Todavía hay quien recuerda sus fotos posando con gorilas en África. Hubo quien preguntó quién tenía más *photoshop*, si la nieta de Franco o los primates.

En ocasiones viajaba con Rossi y en otras con su madre. Sobre todo desde la muerte de su padre. En los últimos años de su vida, Cristóbal Martínez-Bordiú consiguió por fin acercarse de nuevo a su hija. La muerte del marqués en 1998 pilló a Carmen trabajando en un acto en el que promocionaba una marca de café. Cuando salía del evento alguien le susurró al oído un seco «el marqués ha muerto». Carmen no exteriorizó nada y saludó a los medios hasta salir del lugar. Dicen que solo se permitió romperse cuando estaba dentro del coche que la llevaría al hospital.

En sus años de romance con Rossi, Carmen intensificó sus entrevistas televisivas. En los años noventa y los primeros 2000, la pequeña pantalla vivía una era dorada en España y se pagaban muy bien las entrevistas. Así, estuvo por ejemplo en el debut de *Tómbola*. La estrella invitada era Chábeli Iglesias. Para los anales catódicos queda el momentazo en el que la hija de Julio Iglesias abandonó el plató, harta de las críticas de colaboradores como Jesús Mariñas, Karmele Marchante o Lydia Lozano, al grito de «¡Esta gente son gentuza!».

Este momento tuvo como daño colateral que la amistad entre Isabel Preysler y Carmen Martínez-Bordiú se resintiera durante muchos meses porque la filipina consideró que su amiga no se había portado con lealtad al no salir en defensa de su hija, que dicho sea todo, tenía difícil que alguien saliera a su rescate. Finalmente, se impuso la cordura y retomaron su amistad.

En esos años post-Rossi, Carmen también coqueteó con la literatura, y publicó *La mujer invisible. Disfrutar la madurez* (Martínez Roca, 2001), una especie de libro de autoayuda y reflexiones sobre la llegada a la edad madura. Claro que lo de coquetear con la escritura se puede tomar como un eufemismo. Cuando Carmen llegó a una radio a promocionar el libro, la entrevistadora, sabedora de que el papel de la nietísima se había limitado casi a poner la firma, hizo unas preguntas demasiado exhaustivas. Vamos, que tuvo el mal gusto de leerse el libro para hacer la entrevista. Carmen sudó la gota gorda durante los minutos en antena.

También su historia con Roberto Federici llegó a su fin. No lo comunicaron públicamente hasta finales de 2004, pero los rumores de ruptura les perseguían desde tiempo atrás. Decidieron no dar cuartos al pregonero hasta que pasara la boda de Luis Alfonso de Borbón con Margarita Vargas. Tenían muchas cosas en común, además del cariño, como la finca que explotaban en Cazalla de la Sierra (Sevilla).

Carmen Martínez-Bordiú estaba soltera por primera vez desde los diecisiete años. Una situación inédita en su biografía. No era feliz sola y así lo manifestaba en los medios. «En mis relaciones siempre han empezado enamorados ellos, luego me enamoro yo y ellos se están desenamorando. Ya es mala suerte», contaba en tono compungido a Ana Rosa Quintana en 2005.

TERCERA BODA

Al igual que con Rossi, su relación con Federici fue buena tras la ruptura. El italiano vendió su parte de la finca en Cazalla de la Sierra a Paloma O'Shea, la esposa de Emilio Botín. Carmen, un tiempo más tarde, haría lo propio con César Alba.

A principios del verano de 2005 entraría en escena el nuevo hombre de su vida: se trataba de José Campos. Por primera vez un hombre más joven que ella. Un cántabro simpático que algunos comparaban con Pedro Picapiedra. Campos en su juventud había sido atleta e incluso fue campeón de salto de longitud. Cuando conoció a Carmen estaba en otro momento de su vida. Un hombre muy conocido en Santander por su local Galería Culturas y vinculado profesionalmente al equipo de la capital cántabra, el Racing. También era habitual de la radio y la tele locales.

Llegó a la vida de Carmen cuando esta aún se estaba reponiendo de su nuevo revés sentimental. Acudió a Castro Urdiales invitada por Alfonso del Corral, en esos momentos jefe de los servicios médicos del Real Madrid, y su mujer, amigos suyos. La excusa era acudir a un concierto de otros grandes amigos de la nietísima, Los del Río. El matrimonio del Corral era también amigo de José Campos. Llegado el momento de acudir al concierto, Carmen estaba desanimada y decidió quedarse en la cama. Campos resolvió acudir a ver a la amiga de sus amigos con dos copas de champán.

«Yo le dije que prefería beber agua, y se fue y volvió con dos vasos de agua. Él me dijo que me iba a dar un beso porque lo único que le hacía gracia era decir que había besado a la Bordiú», rememoraría Carmen en el programa de Jesús Quintero.

Carmen ya se había casado dos veces, y no le hacía especial ilusión volver a repetir la experiencia, pero para Campos era la primera vez, y la nietísima accedió. A falta de una, fueron dos las bodas que se celebraron, y con sus exclusivas. En abril de 2006 cobraron la primera por el anuncio de la boda. Una noticia con la que la nieta de Franco volvió a sorprender una vez más a la sociedad española.

El 18 de junio se celebró la boda religiosa en la finca de la que había sido propietaria Carmen junto a su ex Roberto Federici en Cazalla de la Sierra (Sevilla). Carmen lució un vestido de Christian Lacroix, aunque unas semanas antes llegó a los quioscos un extraño posado con lo que presuntamente iba a ser el traje de novia, pero era un vestido lencero.

Volviendo al enlace, tal y como reflejó ¡Hola!, asistieron por el lado Franco, la madre de la novia y sus hermanos José Cristóbal, Arantxa, Jaime y Francis que, además, ejerció de padrino. Ninguno de los dos hijos vivos de la novia asistió al enlace, aunque de alguna forma estuvieron presentes a través de tres rosas que, en sustitución del habitual ramo, representaban a Luis Alfonso, Cynthia y al fallecido Fran. Los tres hijos de Carmen.

El 9 de julio de 2006 llegó la segunda boda. La más tumultuosa. José Campos jugaba en casa: se celebró en el Hotel Palacio del Mar de Santander. El novio estaba exultante. Tanto, que los 600 invitados acabaron en casi 1.000 porque el novio se había pasado de rosca invitando a todo el mundo.

En esta ocasión los Franco estuvieron representados solo por Jaime, que abandonó rápido la fiesta, y Francis, el padrino. A la llegada del nietísimo algunos, ya pasados, le gritaron «¡Franco, Franco!». Como en los mejores tiempos de la familia. También estuvo la hija de Carmen, Cynthia. Su hijo Luis Alfonso y su mujer Margarita no asistieron, lo que hizo que creciera el rumor de que el hijo de Carmen no aprobaba este enlace.

Claro que la invitada que más miradas acaparó fue, como siempre, Isabel Preysler, que recurrió a Juan Pedro y Leonardo, los que habitualmente se ocupaban de los *looks* de Isabel Pantoja. Así, la presencia de la filipina casi eclipsó a la novia, que en esta reboda escogió un diseño con plumas del malogrado Manuel Mota, que hizo recordar al que lució la novia en su petición de mano con Alfonso de Borbón y que era obra de Miguel Rueda.

El noviazgo y las bodas de Carmen con José Campos la volvieron a poner en cabeza de lista de los personajes favoritos de la prensa del corazón. Un mundo del que nunca había desaparecido del todo, pero que al contar con esta noticia «bomba» la hacía cotizar más en el mercado. Prueba de ello es el supercontrato que firmó con Televisión Española para participar en *Mira quién baila*. Mucho se comentó que la televisión estatal en la etapa de José Luis Rodríguez Zapatero contratara a la nieta de Franco por, según publicaron algunos medios, 48.000 euros a la semana. Faltaban dos años para que la crisis financiera convirtiera estos cachés en casi ciencia-ficción. La exduquesa de Cádiz a punto estuvo de colarse en la final de un programa que cumplió con las expectativas de audiencia y en el que compartía plantel con personajes como Felisuco o Chayo Mohedano. La ganadora fue la gimnasta olímpica Estela Giménez.

TERCER DIVORCIO

Carmen se trasladó a vivir a la capital cántabra e incluso adquirió propiedades en la zona. Un piso frente a la playa del Sardinero y una gran casa en pleno monte, en la que invirtió casi 100.000 euros y luego le costaría quitarse de encima.

En un principio la nueva vida de Carmen llamó la atención a los medios y la prensa del corazón la sorprendía con una barra de pan bajo el brazo acudiendo a la compra. Más sofisticada se mostraba posando en *Vanity Fair*. Sin embargo, los rumores de que Carmen se aburría en su vida de provincias comenzaron tres años después de los fastos nupciales. En 2010 María de Mora, a la que muchos conocían como «la *madame* de las famosas», confesó en el plató de *Sálvame Deluxe* que había tenido sexo con José Campos con el consentimiento de la propia Carmen Martínez-Bordiú.

La separación llegó a principios de 2013. Por primera vez a Carmen le salía un alumno aventajado en el mercado de las exclusivas. Fue José quien vendió la noticia del fin del matrimonio. Estaba enfadado porque Carmen le había confesado que estaba enamorada de otro hombre.

El divorcio se complicaría cuando José Campos reclamó a la Bordiú la propiedad de un barco que le había regalado y que llamaron Te quiero. Campos exigió que, además, pagara el traslado desde Mallorca, donde estaba atracado, hasta Santander.

Finalmente, Carmen y José se divorciaron y el santanderino volvió a su anonimato. En 2020 Carmen se deshizo de su último recuerdo cántabro, la casa de campo que servía de refugio para la pareja en pleno bosque, situada en una finca de 50.000 metros cuadrados dentro de un parque natural en el término municipal de San Roque de Riomiera.

Aunque Carmen sacó en un principio el lugar a la venta por 500.000 euros, finalmente, lo vendió por 190.000 euros. Se habló de que el comprador fue un famoso cantante pop, pero nunca se confirmó. Tres años antes había vendido el pisazo de 300 metros cuadrados con cinco baños frente a la playa del Sardinero.

José no quiso seguir la carrera de las exclusivas y rehízo su vida privada. Poco tiempo después de su separación conoció a Marián Sousa, profesora en un colegio religioso de Santander. Se casaron en 2014 y pocos meses después tuvieron a su hija Martina.

En 2020 el nombre de Campos volvió a la prensa nacional por el juicio que sentaba en el banquillo al expresidente del Racing, Francisco Pernía, al que se acusaba de apropiación indebida y administración desleal, y solicitaba indemnizar a la Galería Culturas de José Campos con 100.000 euros por rescisión contractual.

Ante el tribunal, Campos afirmó que su trabajo en el equipo de fútbol en la temporada 2007/2008 le costó «dinero, salud y su matrimonio, gracias a Dios». En julio de 2022 el Tribunal Supremo absolvió a Francisco Pernía de administración desleal del Racing y lo condenó a un año de cárcel por apropiación indebida.

Con respecto a la indemnización de 100.000 euros a Galería Culturas de José Campos por rescisión de contrato, el Alto Tribunal resolvió que no se «pudiera entender que la indemnización, cuyo pago acordó, no podía obedecer o no podía encontrar justificación en la resolución anticipada del contrato con la sociedad de la que era titular José Campos».

Según el Supremo, Pernía «actuaba en la creencia de que la resolución del contrato a causa de los previos desacuerdos constantes conducía a la justificación de una indemnización». Por lo que «no puede concluirse que conociera el carácter fraudulento de su actuación, ni la causación de un perjuicio económico que era inexistente, ya que el pago obedecía a una causa consistente en la resolución anticipada de un contrato y en ese sentido encontraba su justificación».

En 2020 José Campos sufrió un ictus. Cinco años más tarde, en marzo de 2025, posaba para *¡Hola!* en Cartagena de Indias (Colombia) junto a su mujer y su hija, mostrando su recuperación con 22 kilos menos.

De su primera mujer asegura que le enamoró más el personaje, el hecho de ser la nieta de Franco, que la persona en sí. Un pasado que no ha contado a su hija de diez años: «Se extraña cuando la gente me pide fotos, pero le digo que salí en *Torrente 4*. No sabe nada de Carmen, aunque se mete en internet y pregunta cosas. Cuando lo descubra, se lo contaré, que no pasa nada. Ni tengo remordimiento, ni reniego, pero Marián me cambió la vida. Literalmente me la salvó, porque yo estaba perdido. Si estoy hablando contigo, es gracias a ella».

LUIS MIGUEL RODRÍGUEZ

La ruptura con José Campos vino motivada por la relación de Carmen Martínez-Bordiú con el empresario Luis Miguel Rodríguez, al que algunos llaman «el chatarrero». La nieta de Franco volvió a protagonizar la actualidad con otro sorprendente giro en su vida sentimental.

Fue una amiga común quien los presentó. Aunque Luis Miguel seguía casado con Asunción Fernández, madre de sus hijas Marta y Victoria, y en ese momento era propietaria del 49 por ciento de Desguaces La Torre, hacían vidas separadas desde hacía años. De hecho, el chatarrero venía de tener una relación sentimental complicada con Mari Luz Barreiros, íntima amiga de juventud de Carmen, hija del empresario Eduardo Barreiros[*] y exmujer del editor del grupo Prisa, Jesús de Polanco.

Dos años después de conocer a la Bordiú se divorció oficialmente de su mujer. Carmen se instaló a vivir en un piso en la calle Velázquez, en pleno barrio de Salamanca de Madrid, que sufragaba el empresario. Según recogieron algunos medios de comunicación, el alquiler superaba los 5.000 euros mensuales.

Nacido en 1956, Rodríguez empezó en el negocio de los desguaces de coches a los quince años. De su familia heredó unos terrenos en Parla (Madrid) y allí, en 30.000 metros cuadrados, creó Desguaces La Torre, el mayor negocio de este tipo en Europa, que se complementa, además, con los 10.000 metros cuadrados de la nave central en Torrejón de la Calzada (Madrid).

El gran negocio de su vida lo consiguió en 1991, cuando se le adjudicó en subasta pública por el Ayuntamiento de Madrid la gestión de los vehículos retirados por la Policía de las vías públicas. Las consecuencias de la crisis económica de 2008 tardaron en hacerse notar en el negocio de Luis Miguel Rodríguez, pero finalmente llegaron, y en 2015 apareció en la lista de morosos *deluxe* de Hacienda. Un año más tarde llegó la ruptura definitiva con Carmen Martínez-Bordiú.

La relación estuvo marcada por los celos e idas y venidas. A pesar de la naturaleza un tanto inestable de esta relación, unos meses antes de la ruptura, Carmen le confesaba a Bertín Osborne en Televisión Española que estaba de verdad enamorada por primera vez en su vida: «Hasta los sesenta años no he sabido lo que es estar enamorada. ¿Qué te parece?».

En el mismo programa Carmen relataba que su exmarido, Jean-Marie Rossi, con el que nunca perdió la amistad hasta su muerte en 2021, le aseguraba que el motivo por el que estaba tan enamorada era porque

[*] Conocido como «el motor del régimen».

el chatarero no le bailaba el agua y le daba «caña». Algo a lo que la nieta de Franco no estaba acostumbrada. Finalmente, Carmen llenó su cupo de aguantar deslices de Luismi y acabaron rompiendo.

Tras la separación, Luis Miguel Rodríguez no desapareció de la órbita de la prensa del corazón. Mantuvo una muy seguida relación con la diseñadora Ágatha Ruiz de la Prada. Su relación con la diseñadora tampoco duró. Cuando fue fotografiado con la brasileña Marcia Di Lele, ex de Kiko Rivera, la diseñadora se llevó un rebote, pero le perdonó. La relación no podía prosperar mucho y cada poco se publicaban fotos del empresario en buena compañía femenina, sobre todo en el tendido de Las Ventas.

En cuanto a los negocios, los problemas de Desguaces La Torre comenzaron en 2018, cuando la empresa entró en concurso de acreedores. El Juzgado de lo Mercantil número 12 de Madrid fue el encargado de poner como administrador concursal a Ubsolvia, S. L. P. Aun así, Luis Miguel Rodríguez apareció en la lista de morosos de Hacienda en el año 2020; dos después del inicio del concurso de acreedores.

Según publicó en exclusiva *El Cierre Digital*, en febrero de 2024 ya estaba al corriente del pago de sus deudas con la Agencia Tributaria y «llegó en el concurso de acreedores a una quita con Hacienda del 50 por ciento y de la deuda restante ya ha pagado casi el 50 por ciento. Lo mismo sucede con la deuda con la Seguridad Social».

La pasión del empresario por los coches históricos hizo que creara el Museo de Automoción La Torre. En 2020 puso a la venta varios modelos de la colección para hacer frente a sus problemas con el fisco.

UN AMOR MÁS JOVEN

Tras el capítulo Luis Miguel Rodríguez, Carmen volvió a sorprender con su nuevo acompañante. Salvo José Campos, lo habitual en su vida sentimental había sido que se enamorase de hombres mayores que ella. Por ello sorprendió que su nueva pareja fuera treinta y cuatro años menor, con la misma edad que su hija Cynthia.

Carmen conoció al joven cuando, tras su ruptura con Rodríguez, fue invitada a un crucero en la Costa Azul por el empresario colombiano Carlos Mato. Se trataba de Tim McKeague, el profesor de yoga que había contratado el empresario para su barco. La vuelta a casa ya la hizo Carmen con el profesor convertido en su novio.

Nacido en Perth (Australia) en 1985, se definía como *coach* especialista en superalimentos. Tuvo su bautismo mediático cuando, al mes de conocerse, fue fotografiado paseando de la mano junto a Carmen. Fue en octubre de 2017 y las fotos acabaron en la portada de *Corazón TVE*.

Tim conocería el lado complicado de la fama cuando en 2018 se hizo público un incidente en el aeropuerto de Barajas. Iba a embarcar en un vuelo para Holanda, pero llegó tarde y se encontró con las puertas de embarque ya cerradas. Perdió los nervios y el novio de la nietísima salió del aeropuerto Adolfo Suárez-Barajas en libertad con cargos por un delito de atentado a la seguridad del Estado.

Tras conocerse el romance con el australiano, Carmen se sentó en el plató de *Sálvame Deluxe* en noviembre de 2017. «[Tim] es una persona muy espiritual que puede estar seis meses en la montaña, sin sexo. Yo mucho menos porque soy una persona muy sexual. Para mí es más importante el sexo que para él», explicaba sobre su nueva pareja.

Ni Carmen ni sus entrevistadores se podían imaginar que estaban asistiendo a su canto de cisne mediático. Esa realidad, la de vivir de las exclusivas, iba a cambiar por completo. Una vez más, una muerte supondría un punto de inflexión en la vida de Carmen.

LAS CUENTAS DE LA NIETÍSIMA

Siempre se ha dicho que Carmen Martínez-Bordiú es la menos interesada por los negocios de los nietos de Franco. También la menos implicada en el *holding* empresarial. La muerte el 29 de diciembre de 2017 de su madre, Carmen Franco y Polo, supuso el acceso a una importante herencia. Carmen percibió la parte que le correspondía de la venta de patrimonio y liquidación de empresas. Operaciones a las que se habían lanzado los Martínez-Bordiú tras la muerte de la matriarca del clan. Antes del fallecimiento de la duquesa de Franco, Carmen aparecía en dos pequeñas empresas con las que se manejaba: Ofnarca, S. L. y Cazalla 18 de Junio, S. L.

La venta de patrimonio y las herencias son el motivo de la vida tranquila que tiene hoy la que fuera una de las grandes protagonistas de la prensa rosa. Cuando murió su padre en 1998, Carmen y sus hermanos heredaron varias propiedades inmobiliarias. Como ya se ha apuntado, el marqués de Villaverde otorgó testamento diez años antes, el 8 de julio de 1988, siendo el notario el que fuera exalcalde de Madrid José Luis Álvarez. Así, Carmen se hizo copropietaria junto a sus hermanos y su madre de una finca de 30 hectáreas en la hacienda Arroyo-Vil en Baeza (Jaén).

No fue lo único que recibió por herencia paterna, ya que también pasó a tener varias parcelas en la urbanización madrileña de La Florida. Algunas se las vendió la familia San Román, tan vinculada a los negocios de los Franco. Las operaciones inmobiliarias siempre han reportado muchos beneficios a la Bordiú. Ya se ha contado las ventas de sus dos propiedades en Santander cuando dio por finalizado su matrimonio con José Campos.

Años antes ya había realizado importantes ventas, como la de una parcela de la colonia El Bosque, en Pozuelo de Alarcón (Madrid); la venta de una finca rústica de seis hectáreas de olivares de secano en Mancha Real (Jaén), y la de unos apartamentos en la playa de Campoamor en Alicante.

LEJOS DEL MUNDANAL RUIDO

Tras la muerte de su madre y con el cambio de su situación económica, Carmen dio por finalizada su vida vinculada a la compraventa de exclusivas y la participación en *shows* televisivos. Es difícil tasar al completo el patrimonio familiar, pero quienes más lo han investigado aseguran que Carmen Franco dejó al morir una fortuna de unos 500 millones de euros y 25 propiedades inmobiliarias.

Aunque Carmen asegura que en el país vecino ha encontrado la paz, harta de la persecución de la prensa, lo cierto es que las ventajas fiscales portuguesas la animaron a trasladarse allí. Carmen vive en el parque natural de Sintra-Cascais, cerca de Lisboa. El chalet que ha adquirido por dos millones de euros tiene 800 metros cuadrados en una parcela de 2.000 y cuenta con una amplia terraza de casi 30 metros cuadrados con vistas al Atlántico. Carmen fue vecina de Madonna y dicen que Cristiano Ronaldo se está construyendo una impresionante villa en la zona.

En el país luso, la que fuera duquesa de Cádiz y (brevemente) duquesa de Franco tiene amistades con las que hace vida social como Catarina Flores, hija de Joao Flores que fuera presidente de la Cámara de Comercio Hispano-Porguesa, o Ana Cristina Rodrigues, casada con Carlo Agnelli, descendiente del fundador de Fiat.

Carmen Martínez-Bordiú viaja con asiduidad a Burdeos y Madrid para estar con sus hijos y nietos. En la capital de España se ve con amigas como Blanca Carrillo de Albornoz, Cary Lapique o Nuria González. Depende de a quién se le pregunte por el estado de su amistad con Isabel Preysler, la respuesta es una u otra. Cuando en julio de 2023 Carmen no estuvo en la boda de Tamara Falcó con Íñigo Onieva, se habló del enfriamiento de la amistad.

Lo cierto es que Carmen, si le preguntan, no habla de esto. Tampoco lo hizo de su ruptura con Tim, que ha conseguido ser discreta cuando en otros momentos de su vida habría sido portada asegurada. A principios de 2021 Paloma Barrientos anunció en *Vanitatis* la ruptura, pero Carmen contestó de forma escueta al autor de este libro que era mentira y que autorizaba el desmentido sin dar más detalles, y así se publicó en *El Español*.

La ruptura definitiva parece que llegó en el verano de 2023. Se dio por hecho cuando algunos periodistas afirmaron que Tim McKeague ya tenía otra relación y por ello había dejado Sintra. Carmen ni ha confirmado ni ha desmentido lo dicho y el tiempo ha sido el que ha hablado por ellos.

En otros tiempos habría monetizado la ruptura vía exclusiva. Ahora, sencillamente no le hace falta y vive en un país donde no es interesante para los medios de comunicación. Es una rica más disfrutando de la vida en Portugal. Algunos vecinos suyos no sabrán de su vínculo con el dictador español y que algunos incluso soñaron verla como reina de España.

VII

MARIOLA MARTÍNEZ-BORDIÚ.
EL SILENCIO ENTRE EL RUIDO

De los siete nietos de Franco, María de la O Martínez-Bordiú es la que ha ocupado menos titulares en la prensa, fruto de una decisión personal y de un proyecto de vida con Rafael Ardid, el hombre al que lleva unida más de medio siglo. Ambos son alérgicos a toda publicidad, pero no se han librado de la sombra del apellido como reclamo. También han tenido su ración de noticias escandalosas. Al contrario que sus hermanos, Mariola nunca ha coqueteado con la prensa del corazón.

Sin embargo, su nombre se vio en los titulares en 2018. Fue en el mes de noviembre, cuando, en el marco de una operación contra la explotación sexual, la Policía Nacional rescató a 23 mujeres que ejercían contra su voluntad la prostitución en dos edificios situados en el Paseo de las Delicias de Madrid. En total fueron detenidas 17 personas acusadas de formar parte de una organización criminal. Uno de los edificios pertenece a la inmobiliaria CM 16. Esta empresa, de la que forman parte Mariola, su marido y dos de sus hijos, era la propietaria del inmueble desde 2003.

Tal y como publicaron los medios en aquellos momentos, la empresa formaba parte del Grupo Didra y tenía propiedades valoradas en 13 millones de euros, además de una serie de terrenos, tasados a su vez en cinco millones.

La publicación del escándalo coincidía con el punto álgido de la guerra de la familia Franco con el Gobierno por el traslado de los restos mortales del dictador del Valle de los Caídos. Para disgusto de Mariola, la familia se involucraba en política como nunca. Un terreno complicado para ellos, que prácticamente habían evitado durante toda la democracia. Además, toda la batalla judicial y mediática en torno a la exhumación coincidió con los preparativos de la boda de su hijo pequeño, Javier Ardid, con la mexicana Fernanda Estévez Hinojosa en enero de 2019. Un enlace que rompió la norma del resto de eventos privados de los Ardid-Martínez-Bordiú. En esa ocasión el evento se convirtió en noticia rosa obligatoria. También la familia lanzó un mensaje claro aprovechando el interés mediático del enlace: la unidad. Tenían un enemigo común: Pedro Sánchez y las políticas de memoria. Un motivo para acabar con años de dispersión.

En mayo de 2019, Jaime y su flamante esposa, Fernanda, asistieron a la inauguración en Madrid del hotel Bless, en la calle Velázquez, en pleno barrio de Salamanca. Un evento en el que se dieron cita los habituales protagonistas de la crónica rosa. El hotel es uno de los negocios inmobiliarios de los Ardid, pero nunca habían dado publicidad a sus inversiones y empresas. El eco del escándalo por los negocios de prostitución en el edificio de su propiedad aún no se había extinguido.

Eso sí, Mariola y Rafael Ardid asistieron sin llamar la atención. También estuvo otro hijo del matrimonio, Jaime, que fue el único que posó en el *photocall* junto a una de las parejas habituales de la *jet set*, la compuesta por la modelo Eugenia Silva y Abel Matutes Jr., hijo del que fuera ministro de Asuntos Exteriores con José María Aznar.

Precisamente la mujer de este, Ana Botella, asistió también a la inauguración. El poder de convocatoria de los Franco parecía brillar como en los mejores años de la saga. Los Ardid estuvieron apoyados esa noche por Jaime y Arancha Martínez-Bordiú, los nietos menores de Franco. Esta última, la más discreta junto a Mariola, también rompió su tendencia a mantenerse en un segundo plano, para demostrar que el músculo familiar estaba en plena forma a pesar, o gracias, a la batalla con el Ejecutivo de Pedro Sánchez.

Completaban la lista de nombres Rocío Aguirre, hermana de Esperanza; Beatriz de Orleans y hasta Begoña García-Vaquero, la cuñada de Felipe González. Todas ellas representantes de la *beautiful people*, la *jet set* o la nobleza. Tribus urbanas de la élite económica y social que nunca han dejado de tener conexión con los descendientes de Francisco Franco.

Los periodistas que la han tratado siempre han hablado de Mariola como la más aperturista políticamente. Paloma Barrientos contaba en su libro *Carmen Martínez-Bordiú. A mi manera* (Ediciones B, 2006) que las posiciones políticas de María de la O incluso eran motivo de pelea en ocasiones con su hermano Francis, que solía dirigirse a ella llamándola «roja».

Hay quien dice que, aunque su vida parece más convencional que la de su hermana Carmen, Mariola fue la que más rápido evolucionó con los tiempos de cambio político. Según el citado libro de Barrientos, incluso en sus años universitarios se apuntó a las revueltas estudiantiles contra el régimen de su abuelo y hasta corrió delante de los tristemente famosos *grises*. Mariola se licenció en Arquitectura y se diplomó en Pintura, pero nunca ha ejercido las profesiones para las que se formó.

LA «NARIZ FRANCO»

María de la O Martínez-Bordiú y Franco nació en el Palacio de El Pardo el 19 de noviembre de 1952 como segunda hija de los marqueses de Villaverde, justo entre la primogénita, Carmen, y el primer varón, Francis. Como en un sándwich de personalidades mucho más atractivas para la prensa.

Con todo, durante su primer cuarto de siglo convivió con la exposición institucional. Lo cual no ha sido impedimento para, prácticamente, desaparecer después de los medios de comunicación salvo casos puntuales. Un semiolvido mediático que contrasta con la cantidad de veces que en la hemeroteca nos encontramos con la Mariola niña, adolescente y de primera juventud.

Lo mismo la vemos en un acto benéfico con su hermana Carmen, que junto a su abuela y sus hermanos en un reportaje para el No-Do. Siendo una de las hermanas más atractivas también en su juventud, tuvo alguna portada del corazón por sí misma. Hoy sorprende pensar que un acto cotidiano como ir a esquiar llegara a alcanzar la portada de la revista *Semana*. Hoy Mariola es solo noticia, siempre contra su voluntad, cuando algún escándalo propio o ajeno la devuelve a los periódicos.

Una anécdota de su juventud describe muy bien su relación con la exposición pública. En 1970 participaba como modelo en un desfile benéfico con otras jóvenes de la aristocracia y las familias bien posicionadas. *A priori* la nieta del dictador lo tenía todo para ser la protagonista del evento. Sin embargo, los cronistas se fijaron en una chica desconocida que acaparó toda la atención por su exotismo y su forma de posar: era Isabel Preysler. Pocos imaginaban que esa joven que despertó la curiosidad iba a ser, andando el tiempo, la protagonista de la crónica social durante más de medio siglo. Mariola estaba allí, se la fotografió, pero, como siempre, para su alivio, había alguien que interesaba más.

Cuando Mariola tuvo una buena ración de atención fue cuando tomó la decisión de operarse la nariz. Se puso en manos del doctor Vilar-Sancho que también había retocado la nariz de su madre y luego lo haría con algunas de sus hermanas. El tabique nasal de las Franco sería un hito en la cirugía estética en España. En nuestro país en esos años nadie se operaba y, si lo hacía, lo ocultaba. Ya en los años cincuenta, cuando este tipo de operaciones en España eran casi experimentales, Marujita Díaz se operó el apéndice nasal por sugerencia del director de cine Antonio del Amo. Era la primera vez que la prensa hablaba de cirugía estética. La actriz nunca quedó contenta con el resultado y volvió a pasar por el quirófano, para este y otros menesteres, varias veces más a lo largo de su vida.

No pasó lo mismo con las creaciones de Vilar-Sancho. El resultado de Mariola, su madre y compañía encantó en un país poco habituado a lo que suponían los retoques estéticos. Claro que eran un tipo de intervenciones solo accesibles para una amplia minoría. Pero dentro de ese grupo de escogidos, marcó tendencia. Toda niña bien, poco contenta con la nariz que le había tocado en la lotería genética, decidió seguir los pasos de las habitantes de El Pardo. La llamada «nariz Franco» fue un éxito. Sobre todo, para el doctor Vilar-Sancho, claro.

LA ÚLTIMA BODA DE EL PARDO

Con todo su afán por no destacar, Mariola tuvo para sí el último gran acontecimiento familiar, la despedida de las glorias de la dinastía, que funcionaba casi como una familia real de saldo. Su boda fue la última que se celebró en la capilla de El Pardo. Un acontecimiento que se retransmitió por Televisión Española y también tuvo pieza propia en el No-Do y, cómo no, mereció todas las portadas. Un acontecimiento familiar pero con repercusión institucional.

El novio, cinco años mayor que Mariola, era Rafael Ardid Villoslada, un joven perteneciente a una familia bien posicionada. De la nueva burguesía nacida al calor del desarrollismo económico y el crecimiento inmobiliario. Con un detalle: el abuelo había sido un importante militar republicano.

El teniente Tomás Ardid Rey, abuelo paterno de Rafael, estaba destinado al inicio de la Segunda República en la Comandancia de Obras, Reserva y Parque de la 1ª Región Militar de España. El golpe de Estado del 18 de julio de 1936 pilló a Ardid Rey convertido en inspector general de Ingenieros. En plena contienda se afilió al Partido Comunista.

Al acabar la guerra un consejo de guerra lo condenó el 9 de noviembre de 1939 a muerte. Luego se le conmutó por treinta años de prisión y, finalmente, obtuvo la libertad condicional en 1943. Falleció en 1958.

Como tantas otras familias, una boda unía a descendientes de los dos bandos de la contienda civil. Con la salvedad de que la novia era la nieta de Franco. A pesar de su buena posición económica, el marqués del Villaverde no estaba conforme con el novio que había elegido su segunda hija. El enlace se retrasó hasta en tres ocasiones. En una de ellas lo que se adujo es que coincidía en fechas con la boda de la princesa Ana de Inglaterra con Mark Philips. Una excusa un tanto peregrina, si tenemos en cuenta que cuando finalmente tuvo lugar la boda de Mariola no asistieron miembros de la realeza europea. Uno de los motivos más creíbles es el atentado que el 20 de diciembre de 1973 acabó con la vida del presidente del Gobierno, Luis Carrero Blanco. Eso y la oposición de Cristóbal Martínez-Bordiú.

El carácter de Mariola se impuso, y el enlace tuvo lugar con el hombre que ella quiso el 14 de marzo de 1974. Franco repetía como padrino de una de sus nietas. Entre los 900 invitados, los Franco en pleno, pero también los príncipes de España, Juan Carlos y Sofía, la duquesa de Alba y todo el Gobierno. Por razones de protocolo, Carmen Martínez-Bordiú entró en la capilla de El Pardo del brazo del entonces presidente del Gobierno, Carlos Arias Navarro. El vestido de la novia, creación de una de las grandes agujas de la alta costura nacional, Pedro Rodríguez, marcó época por sus mangas y una cola de casi diez metros.

CINCO DÉCADAS DE SILENCIO

La boda supuso para Mariola el final de una exposición en los medios de comunicación. Tras la muerte del abuelo llegó el fin de la vida familiar mezclada con la institucional. Mariola ha sido, junto a la pequeña del clan, Arancha, la única en no acceder a entrar en el mundo de la prensa del corazón.

Su matrimonio con Rafael Ardid, con tres hijos en común (Borja, Jaime y Javier), ha sobrevivido. De nuevo otro punto coincidente con Arancha es que son las únicas que no se han divorciado. En el caso de Mariola y Ardid, a pesar de su proverbial discreción, no se han librado de algún rumor sobre posibles intereses femeninos de Rafael más allá de su esposa. Se hablaba de una popular actriz del destape a cuyo espectáculo acudió en alguna ocasión Rafael. El rumor en eso se quedó y hoy siguen viviendo juntos en la lujosa urbanización Montepríncipe en Boadilla del Monte (Madrid) donde tienen como vecinos a Rocío Carrasco, Omar Montes o Raphael.

Mariola solo ha aparecido en los medios cuando no le ha quedado otra opción, como el día de la exhumación de los restos de su abuelo o en los enlaces de sus hijos. El escándalo de 2018, con el que abríamos este capítulo, ha sido el único que ha roto momentáneamente la tranquilidad de Mariola y Rafael.

LOS NEGOCIOS

El terreno de los negocios no ha sido descuidado por el matrimonio. En el caso de Rafael era un mundo que conocía por su familia. La suerte de los Ardid, provenientes del bando perdedor de la Guerra Civil, cambió cuando el padre de Rafael, Miguel Ardid Gimeno, ganó el primer premio de lotería en los años cincuenta y creó la empresa de construcción Cofivisa en un momento en el que empezaba el desarrollismo económico en España. Construyeron, sobre todo, las casas de los soldados estadounidenses destinados en la base en Torrejón de Ardoz (Madrid).

Rafael Ardid, a lo largo de su vida, se ha introducido en todo tipo de negocios con empresas como Sociedad Cinematográfica Junior Films,

Hoteles Amistad, S. A. y, sobre todo, Didra, S. A. la gran empresa de los Ardid.*

Mariola, más allá de su marido, no ha descuidado su posición en las empresas familiares. Es consejera, junto a sus hermanos Francis y José Cristóbal, en Arroyo de La Moraleja, S. L., que, como la mayoría de las empresas de la familia, tenía su sede en Hermanos Bécquer, 8, en pleno barrio de Salamanca de Madrid.

A la muerte de Carmen Franco sus hijos tomaron posiciones en las empresas familiares. Así ocurrió con Sargo, S. L., que creó la duquesa de Franco en 2002 y que hoy está extinguida. A la muerte de la única hija de Franco, en 2017, la presidencia pasó a estar ocupada por Arancha Martínez-Bordiú, y varios de sus hermanos ejercían como consejeros. En otra sociedad familiar, Fiolasa, S. L., que preside José Cristóbal Martínez-Bordiú, también es consejera Mariola.

Más allá de la familia, Mariola viaja sola en los negocios. La segunda hija de los marqueses de Villaverde es administradora única de Domarma 3, S. L. fundada en mayo de 2006 y con sede en el número 37 de la calle Príncipe de Vergara, en Madrid. Tiene como objeto social la «promoción, construcción y explotación de hoteles». Esta sociedad tiene unos fondos propios de 5,74 millones de euros y un activo de 6,8 millones de euros.

Siguiendo la tradición empresarial de los Franco, Mariola, a través de esta sociedad, tiene participaciones en otras. Así, controla el 20 por ciento de Servicios Infantiles Dulcinea, S. L., empresa que tiene una red de guarderías y ludotecas en Madrid y en Castilla-La Mancha (Guadalajara y Ciudad Real).

También Domarma 3, S. L. tiene un 17 por ciento de Dulcinea Nutrición, S. L. Esta empresa tiene como característica que, además de comercializar los potitos de la marca Naturbaby, se dedica la explotación de restaurantes por adjudicación por parte de las distintas administraciones públicas. Así, en 2017 consiguió un contrato por 1,9 millones de euros para encargarse durante cuatro años del servicio de la restauración de La Moncloa. Es decir, la empresa consiguió el contrato público bajo el Gobierno de Mariano Rajoy y se mantuvo durante los primeros años de Pedro Sánchez.

---

* Véase el capítulo XIV.

Otra de sus adjudicaciones, en este caso el *catering* del Centro de Estancia Temporal de Immigrantes (CETI) de Ceuta, fue motivo de polémica por una serie de huelgas que protagonizaron los empleados que se quejaban de retrasos en el pago de las nóminas.

En 2016 la Secretaría General de la Consejería de Educación, Cultura y Deportes de la Junta de Comunidades de Castilla-La Mancha escogió a esta empresa para los comedores escolares no universitarios durante los cursos 2016/2017 y 2017/2018 por 397.719 euros.

Mariola figura como consejera junto a sus hijos en CM 16, S. L. La empresa tenía en 2021 un patrimonio de más de 10 millones de euros. Entre sus movimientos más destacados, en 2010 convirtieron un palacete en Sevilla en un hotel de lujo de 50 habitaciones. También en el paseo de las Delicias levantaron siete viviendas. Esta empresa apareció en los papeles por el escándalo de los pisos de prostitución, como se ha recordado al inicio de este capítulo.

Como no podía ser de otra manera, también esta sociedad forma parte de otras. Así participa con el 20 por ciento en Breda Capital, que explota un lujoso hotel en plena calle Velázquez, un majestuoso edificio en el barrio de Salamanca de Madrid. CM 16, S. L. también controla el 9,5 por ciento de Komar Investment en Estados Unidos.

DEFENDIENDO LA MEMORIA DEL ABUELO CON ANTONIO TEJERO

Aunque en los años setenta Mariola tenía fama de ser la nieta de Franco que más rápidamente se había adaptado a los cambios políticos, y que incluso tenía posturas que podían ser calificadas de progresistas, hoy su realidad es muy distinta. Salió de su anonimato para unirse a sus hermanos en la lucha contra el Gobierno de Pedro Sánchez por la exhumación de Franco. Sin embargo, esta postura de defensa del legado político de su abuelo no terminó ahí. A inicios de 2025 se unió a la denominada Plataforma 2025, que pretendía ser una réplica al anuncio de cincuenta actos que prometió el Gobierno para rememorar el medio siglo de la muerte del dictador.

El manifiesto lo han firmado, entre otras personas, el exteniente coronel de la Guardia Civil Antonio Tejero, condenado por su participación en el intento de golpe de Estado del 23 de febrero de 1981. Acompañan a Mariola y al golpista, Miguel Bernard, del sindicato ultraderechista Manos Limpias, y tres hermanos de Mariola: José Cristóbal, Arancha y Jaime.

La plataforma en su manifiesto critica que «el Generalísimo Franco ha sido objeto de las más brutales acusaciones falsas desde que ganó a la izquierda una guerra perdida, para luego levantar nuestra nación a lo largo de una próspera y prolongada paz como jamás ha vivido nuestra tierra».

«No olvidamos tampoco que esos poderes políticos y mediáticos que se lanzan contra Franco odian su obra porque odian a España. Y odian a España, porque odian a Cristo y los valores y la cultura cristiana que España propagó y defendió durante siglos mejorando el mundo», apunta el manifiesto.

Entre los firmantes también aparecen Rafael Ardid, aquel cuyos antecedentes familiares republicanos tanto molestaban al marqués de Villaverde. Un giro de 360 grados en un periodo de cincuenta años. Partiendo de un lugar para volver al mismo en lo ideológico. La gran paradoja de la discreta Mariola Martínez-Bordiú.

VIII

FRANCIS FRANCO.
LAS ANDANZAS DE FRANCO II

En marzo de 1977, menos de un año y medio después de la muerte del dictador, el nombre de Francisco Franco protagonizaba la actualidad. Era otro Francisco Franco, su nieto Francis, Franco II. Por primera vez alguien con ese apellido se veía envuelto en un asunto contra la autoridad.

El 5 de marzo, el nieto mayor de Franco junto a su amigo Julio Rivera Ballesteros decidió acudir a cazar a la Reserva Nacional de Puertos de Beceite (Teruel). El problema es que lo hicieron de forma furtiva, con nocturnidad y usando silenciadores. Sin embargo, una patrulla de la Guardia Civil iba a hacer que la jornada acabara de manera muy diferente. Los agentes vieron que un Land Rover apagaba sorpresivamente los faros. Un gesto que levantó sus sospechas.

Cuando les dieron el alto, la Guardia Civil descubrió con sorpresa que se trataba del nieto del Caudillo y un amigo y que, además, tenían armas finlandesas de precisión con mira telescópica y un silenciador de fabricación casera. Aunque los agentes vieron manchas de sangre no encontraron ninguna pieza. Sería unos días más tarde, el 14 de marzo de 1977, cuando miembros del Icona encontraron el cuerpo decapitado de una *Capra hispanica*. Especie protegida porque solo quedaban 4.000 en todo el país. El Juzgado de Primera Instancia de Tortosa condenó a Francisco Franco y Martínez-Bordiú y a su amigo con la retirada de la licencia de caza durante dos años.

El nombre de Francis Franco saltaba así a las crónicas de sucesos y desde entonces nunca ha dejado de ser, junto a su hermana mayor Carmen, el miembro más mediático de la familia. Junto a ella es el que más tiempo vivió los privilegios de ser el nieto del jefe del Estado. También el que más rápido asistió a cómo los beneficios del apellido se equilibraban con el estigma que podía llegar a ser. Y del mismo modo, también se sumó, como su hermana, al carro del negocio de las exclusivas. Un camino que siguieron casi todos sus hermanos, pero realmente él es el que más se ha mantenido en los medios de comunicación. El verdadero estandarte de la familia.

UN CAMBIO DE APELLIDO

Francisco Martínez-Bordiú y Franco nació en El Pardo el 9 de diciembre de 1954. Era el tercer hijo de Carmen Franco y Polo y Cristóbal Martínez-Bordiú, pero el primer varón. El primer nieto de Franco. Al haber tenido solo una hija y buscando que su apellido no se perdiera Franco mandó a sus Cortes la solicitud del cambio de apellido. Así, solo unos días después de venir al mundo pasó a llamarse Francisco Franco y Martínez-Bordiú. Muchos le llamaron con cachondeo «Franco bis». En su casa siempre sería Francis, y el primo del dictador, Francisco Franco Salgado-Araujo, consignaría en sus memorias que al niño le habría gustado llamarse simplemente Martínez.

El cambio de nombre llamó la atención, e incluso despertó alguna suspicacia sobre la sucesión a Franco en la Jefatura del Estado. «La verdad es que incluso a mí me parecería forzado», llegó a escribir Pilar Franco en uno de sus polémicos libros.[*] La que nunca fue cierta es la leyenda que asegura que la famosa revista *La Codorniz* celebró el cambio de nombre del nieto de Franco apareciendo el número con el nombre de la publicación trocado: es decir, *Codorniz La*. Como curiosidad, ese mismo año, nació el tercer hijo de Cayetana de Alba, Jacobo, que acabaría también invirtiendo el orden de sus apellidos para

---

[*] P. Franco, 1981.

llevar primero el de su madre: Jacobo Fitz-James Stuart y Martínez de Irujo.

Francis, igual que sus hermanos, formó parte de la vida oficial del régimen. A partir de los años cincuenta la visión de un Franco mayor, convertido en un abuelito entrañable, empezaba a formar parte de la propaganda. Ser el primogénito varón hizo que Francis estuviera muy expuesto en los medios de comunicación.

Según su tía Pilar Franco fue un joven «mimando, muy mimado» y en 1972 comenzó a estudiar Medicina en la Universidad Autónoma de Madrid para seguir los pasos académicos de su padre. Ya en esa época concedía entrevistas hablando de que se sentía cercano al «afán de renovación» de su generación y mostrando su afición a las armas de caza. De todos los nietos es el que más tiempo pasó con su abuelo, precisamente por su afición común a la caza.

Según publicaría más tarde *Interviú*, Francis acudía muchas mañanas a la facultad con crías de gamos que había cazado para impresionar a las chicas. Lo de Francis y su fama de ligón empezaba a construirse ya en sus años de adolescencia. Eso y la vocación de negociante. También por la velocidad y los coches. En el último verano del franquismo sufrió un accidente de circulación que llenó de preocupación a sus abuelos.[*]

La relación del primer nieto varón del Caudillo con el dinero es cuanto menos llamativa desde siempre. Así, entre la herencia que se llevó de su abuelo destacan escopetas de caza, amén de la bandera con la que fue enterrado en noviembre de 1975. Las primeras, así lo publicó *Interviú*, las acabó vendiendo en una armería de la calle Lista de Madrid. Según Paloma Barrientos, con anterioridad había hecho lo mismo con trofeos de caza que llevó a Galerías Preciados. Barrientos recuerda que esa vocación suya por mirar hasta el último duro, lo llevó a aprovechar la decoración de la boda de su hermana Arancha en 1996 para celebrar un día después el bautizo de su hija Miriam.

---

[*] Véase el capítulo II.

ANA OBREGÓN, EL ROMANCE OLVIDADO

Al morir su abuelo, poco se imaginaba Francis que iba a acabar protagonizando los periódicos por noticias que no le hacían ninguna gracia. En el verano de 1976 su nombre se escribía en las noticias del corazón al conocerse su primera novia importante. Directamente su prometida.

Se trataba de Ana García Obregón. Una Ana muy distinta a la que poco después se haría famosa como novia de Miguel Bosé y daría comienzo a su carrera artística. Sin embargo, en 1976, era una joven de veintiún años perteneciente a una familia de la alta sociedad. Su padre era el empresario Antonio García, fundador de la constructora JOTSA que llevó a cabo la creación de la lujosa urbanización de La Moraleja sobre unos terrenos que pertenecían a José Luis de Ussía y Cubas, conde de los Gaitanes, y padre del escritor Alfonso Ussía.

Ambos se movían en el mismo ámbito social, tanto que incluso Ana Obregón era compañera de estudios de Merry Martínez-Bordiú.[*] Tanta era la amistad, que incluso la futura actriz acudió a la boda de esta con Jimmy Giménez-Arnau en el Pazo de Meirás.

También estaban allí sus hermanas, íntimas de la pareja. Tanto que Amalia García Obregón, que llegó a coquetear con el mundo de la moda, intervino como actriz en *Cocaína* (1980), la única y sorprendente película que dirigió Giménez-Arnau una vez se había divorciado de la nieta de Franco.

Ana Obregón ha desterrado de su biografía la relación con el primer nieto varón del dictador. En sus memorias se recuerda su amistad con Merry, pero en ningún momento recuerda su papel como «prometida» de Francis. Como tal apareció en la revista *¡Hola!* en un reportaje publicado el 5 de junio de 1976: Ana y Francis presentaban su amor en sociedad en un acto en Marbella en homenaje a Luis Miguel Dominguín. Y allí estaba Ana García (todavía no era famosa por su nombre artístico con el apellido materno) junto a nombres del papel cuché tan sonoros como el de Carmina Ordóñez, todavía unida en matrimonio a Francisco Rivera *Paquirri*.

---

[*] Véase el capítulo IX.

Las promesas de matrimonio no se cumplieron y al año siguiente Francis ya ocupaba el verano marbellí con otras compañías femeninas. Ana daría su salto a las portadas en 1978 como novia oficial del ídolo musical del momento, Miguel Bosé.

Con el paso del tiempo la actriz acabaría arrinconando en su memoria esta historia de amor. A efectos de su vida pública, Ana empezó su camino sentimental con Bosé y, además, siendo prácticamente una adolescente. Es decir, la artista acabaría borrando varios años de su trayectoria vital. Eso sí, todavía en 1981, tras la boda de Francis y María Suelves y Figueroa, contaría en la revista *Protagonistas* que ella podría haberse casado con el nieto de Franco «si hubiese querido». Ha llovido mucho desde esas declaraciones que, casi seguro, hoy la actriz negaría que salieron algún día de su boca.

TIROS, PUÑETAZOS Y CHIRINGUITOS

Su detención como cazador furtivo en marzo de 1977 fue verdaderamente el inicio de Francis como personaje interesante para la prensa. Era una pieza demasiado jugosa. Además, les daría motivos constantes para llenar titulares.

Tras su incidente cinegético Francis empezó su trayectoria laboral lejos de la bata blanca, como había soñado su padre. Para disgusto del marqués de Villaverde, su hijo decidió, al acabar la carrera de Medicina, que no iba a cursar el MIR y no pensaba dedicarse profesionalmente a ser médico. «¿Quién va a querer que le atienda llamándome como me llamo?», alegó el joven.

En pleno verano, lejos ya de su «prometida» Ana Obregón, decidió lanzarse al mundo empresarial creando un chiriguinto en San Pedro de Alcántara llamado Yacunda Beach. Sus socios fueron Fernando Arbex (creador del exitoso grupo musical de los sesenta Los Brincos) y Miguel Allende.

La prensa del corazón recogió la fiesta por todo lo alto que el 1 de agosto de 1977 inauguró Yacunda Beach; ahí estaba para apoyar a su hermano, José Cristóbal, junto a la conquista de turno.

En los veranos de finales de los setenta la prensa del corazón mostraba a Francis como perejil en todas las salsas marbelleras, junto a las guapas del momento como Carmina Ordóñez, Isabel Preysler, Beatriz de Borbón o Gunilla von Bismarck.

En la prensa anunciaba la idea de abrir también una discoteca. Sin embargo, el sueño económico-playero de Francis duró poco. Mientras se instruía su caso por caza furtiva, el año 1977 acabó con un nuevo incidente. En fecha tan señalada como el 25 de diciembre, Francis vivió una situación complicada cuando se dirigía en su coche a la casa de su abuela en Hermanos Bécquer para la comida familiar de Navidad. Intentó adelantar el coche en el que viajaban Pedro Rubio Domínguez y su hijo Pedro Rubio Cañabate. Francis los adelantó por la derecha, subiéndose a la acera. Un semáforo hizo que el coche se parase y gritaran «¡Franco, asesino!». Bajar del coche y comenzar una discusión fue todo uno. Francis fue golpeado por padre e hijo.

Jimmy Giménez-Arnau dejaría para la historia el relato de cómo la familia recibió la llegada del magullado Francis. Según el entonces esposo de Merry Martínez-Bordiú, el duque de Cádiz y el marqués de Villaverde convencieron a Francis de presentar una denuncia. La viuda de Franco se mostraba compungida y nos cuenta Jimmy con malicia que Villaverde soltó al ver a su hijo: «Tienes que llamar a un médico». «¡Qué cosas están pasando! Me alegro de que Paco no las vea» fue el lacónico comentario de Carmen Polo, según Jimmy, al ver así a su nieto. El incidente acabó en los tribunales, un territorio en el que Francis empezaba a moverse como en casa.

Y es que su afición a disparar fuera de la ley volvió a convertirlo en protagonista de la crónica judicial en 1979. El 29 de septiembre de ese año la Guardia Civil lo sorprendió junto a sus amigos, Julio Rivera Ballesteros y Juan Leonardo de Luengo, con un rifle Remington del calibre 270. Fue en una carretera cerca de los Montes Universales, en Teruel. Agentes del Icona habían oído cuatro disparos de rifle y, tras dar el alto al nieto de Franco y sus amigos, ataron cabos.

Esta vez el asunto le fue mucho mejor a Francis. El 11 de junio de 1980 el Juzgado de Albarracín (Teruel) absolvía a Francisco Franco Martínez-Bordiú de una falta contra la Ley de Caza. Su amigo Leonardo de Luengo sí fue condenado a una multa de 5.000 pesetas. Él fue quien disparó un rifle que, según declaró desde el principio Francis, pertenecía a su madre, la duquesa de Franco. La propia Carmen Franco y Polo así lo confirmó asegurando, además, que ella había prestado el rifle a Luengo.

Esta sentencia favorable a Francis Franco llegó cuando estaba buscando dar una nueva dirección a su vida profesional a través de Valdefuentes.

NEGOCIOS DE CINE

Tras sus aventuras empresariales en la Costa del Sol, Francis convenció a sus padres para ponerse al frente de Valdefuentes, en ese momento la joya de la corona del emporio familiar. En septiembre de 1978, Carmen Franco, la dueña de Valdefuentes, S. A., incluyó al mayor de sus hijos varones en el Consejo de Administración con facultades ejecutivas.

Las decisiones de Francis al tomar los mandos fueron llamativas. Despidió a una veintena de trabajadores. Solo 22 personas quedaban como empleados. Buscando rentabilizar «la finca del abuelo», Francis se atrevió con otras vías de negocio muy alejadas del sueño agropecuario de Franco: alquilar el lugar para rodar películas.

Durante años los críticos de la familia del dictador usaban este dato asegurando que en Valdefuentes se rodaron películas pornográficas. Algo que Francis siempre negó. Es falso que el lugar fuera escenario para cintas X, entre otras cosas porque el cine pornográfico no se legalizó en España hasta 1983. Sí que se filmaron películas de *fantaterror* y de las denominadas «Clasificadas S», cintas eróticas (no porno) pero que sí contenían desnudos más que explícitos. Los géneros más taquilleros en la España de la Transición.

La relación de Francis con el cine (más allá de su historia de amor con una Ana Obregón aún no aspirante a actriz) empezó tras ser asesor cinegético en *La escopeta nacional* (1978) de Luis García Berlanga. La obra maestra del cineasta valenciano era precisamente una parodia descarnada de las cacerías de la dictadura de Franco en las que se cerraban negocios y se trataba de influir en política.

Fue Jimmy Giménez-Arnau quien hizo de intermediario entre su entonces cuñado y la productora. Muchos vieron como una ironía del destino que Francis participara de refilón en una película que parodiaba el régimen de su abuelo. Berlanga, por su parte, siempre guardó buen recuerdo de la colaboración con Francis, e incluso le pidió a Carmen Martínez-Bordiú que adquiriera en uno de sus viajes a París la lencería que debían lucir en pantalla Mónica Randall y Bárbara Rey, protagonistas femeninas de la cinta.

Según contaría Mariano Sánchez Soler en un reportaje de la revista *Tiempo*, en la finca Valdefuentes se rodaron en total 15 películas con participación de nombres como Cristina Galbó, Héctor Alterio y Pol Naschy. Este último rodó allí una cinta junto a la actriz antifranquista Lola Gaos, que se reía ante la paradoja de rodar una cinta de terror en una propiedad de Francisco Franco.

En el citado reportaje, Sánchez Soler entrevista a uno de los cineastas que utilizó Valdefuentes como plató. Carlos Puerto rodó allí *Historias burlescas: la vida, el amor y la muerte*, protagonizada por dos de las *sex-symbols* del cine español de principios de los ochenta: María José Cantudo y la malograda Azucena Hernández.

Puerto hablaba así sobre el papel que jugaba Francis en el negocio de alquilar la finca para rodajes: «Llevaba directamente el asunto. Él hacía los contratos, e incluso apareció en el rodaje para saludar». El lugar donde se estaba realizando su rodaje no pasó inadvertido para el cineasta, que descubrió que allí había «un coche acorazado del que se decía que había sido el primer coche blindado de Franco, un regalo de Hitler». No se quedaron ahí los descubrimientos de Carlos Puerto. «Husmeando un poco por las habitaciones, vi montones de archivos, papeles, legajos y documentos que no eran privados porque tenían el sello oficial», explicaba en su entrevista a Sánchez Soler. «Había cuadros buenos en las paredes y objetos valiosos, como tapices y esculturas, pero todo estaba muy abandonado y sin orden».

La forma de gestionar Valdefuentes por parte de Francis no gustó a su padre. En marzo de 1981, Cristóbal Martínez-Bordiú decidió no dar más oportunidades a su hijo mayor, y el Consejo de Administración nombró al marqués de Villaverde consejero delegado, Carmen Franco pasó a la presidencia y Francis pasó a ser vocal, apartado de toda responsabilidad ejecutiva en la sociedad que administraba la finca. Este revés contrastaba con un cambio importante en la biografía de Francis. El amor llamaba a la puerta del nietísimo.

EL PRIMER MATRIMONIO

Francis Franco había aprendido de su cuñado Jimmy Giménez-Arnau el fructífero negocio de las exclusivas en la prensa. Tras la boda de su hermana Merry, Francis coqueteó con los medios y vendió algún reportaje. Por ello a nadie le sorprendió que en una portada de ¡Hola! de julio de 1981 Francis anunciase, previo paso por taquilla, su próximo enlace matrimonial. Las cámaras eran testigos impertinentes de su petición de mano. ¿Quién era ella? La rozagante novia era una bellísima joven que atendía al nombre de María Suelves y Figueroa, hija de los marqueses de Tamarit, y nieta por vía materna del conde de Romanones. María y su hermana pequeña Blanca han sido consideradas durante años como las chicas más guapas de la alta sociedad española. Blanca, además, fue una cotizada modelo durante años y se hizo famosa en los años ochenta como la «chica Don Algodón», imagen de la famosa marca de Pepe Barroso. En 1996 se casó con el duque de Albuquerque, del que se divorció en 2021.

María vio cómo se convertía en protagonista del papel cuché por su noviazgo y posterior enlace con el nieto de Franco. La boda tuvo lugar el 18 de diciembre de 1981 en una finca propiedad de los Tamarit en Altafulla (Tarragona). La expectación que despertó el enlace hizo que Francis se lanzara a la negociación con las revistas del corazón. Según algunas fuentes pidieron la desorbitada, para la época, cantidad de 20 millones de pesetas, algo que hizo que las cuatro grandes revistas llegaran a un acuerdo.

El interés mediático por la boda hizo que algunos periodistas del grupo Z se colaran en el evento y la cuantía de la exclusiva sufrió una importante rebaja para cabreo de Francis Franco, que se arrepintió de no tener más seguridad.

Un enlace en el que se dieron cita casi todos los miembros del clan Franco. Entre los casi 500 invitados estaban Luis Miguel Dominguín y, para sorpresa de todos, Massiel. La cantante se quejaba de que no habían invitado a su pareja, el diputado socialista Carlos Zayas. «Más que porque sea socialista, no le han invitado porque no estamos casados».

Una situación similar vivió la hermana mayor del novio. Carmen Martínez-Bordiú ya vivía entonces instalada en París junto a Jean-Marie Rossi. Carmen viajó hasta España y asistió a un enlace religioso en el que no invitaron a su pareja, y por ello decidió marcharse apenas empezada la celebración para encontrarse con el anticuario francés quien, a pesar de todo, sí la había acompañado en su viaje.

Parte del morbo e interés que despertó la boda es que sería la primera vez que la nietísima se encontraba en un importante acto familiar después de que su huida a la capital francesa superara el límite de todos los escándalos que podían acosar a la dinastía Franco. La relación de Cristóbal Martínez-Bordiú con su hija estaba rota. Además, ya había empezado la diáspora familiar, en la que cada uno de los miembros buscaba su hueco en la España posfranquista. Un alejamiento que se culminaría con la muerte de Carmen Polo siete años más tarde.

EN EL CHILE DE PINOCHET

En enero de 1982 la pareja de recién casados decidió instalarse en Chile en plena dictadura de Augusto Pinochet, declarado admirador de la figura de Francisco Franco. Francis ya se había acercado al país sudamericano unas semanas antes de convertirse en el marido de María Suelves para tantear el terreno.

A principios de los ochenta el sector inmobiliario chileno vivía un momento de expansión y crecimiento gracias a las políticas económicas del régimen de Pinochet. Francis Franco, tras perder la confianza de su padre al frente de Valdefuentes, decidió dar un impulso a su trayectoria laboral. Chile parecía el lugar ideal. Se fue de España harto del estigma de ser un Franco hacia un país donde, por el contrario, su apellido servía de perfecta carta de presentación. Como no podía ser de otro modo, la cosa acabó como el rosario de la Aurora.

La pareja se instaló en la lujosa urbanización de Las Condes en Santiago, y Francis se centró especialmente en los negocios en los que ya se había introducido en los últimos meses de 1981. El nieto de Franco representaba a un grupo de inversionistas españoles en el país. Su socio en esta aventura fue Antonio Santa Isabel Vizcaíno.

El negocio consistía en que cuatro inversores españoles se comprometían a entregar a la empresa chilena Hormigonera del Pacífico, S. L. 700.000 dólares. Como decimos, Francis era el representante de los inversionistas patrios. Según el gran investigador de la economía de la familia Franco, Mariano Sánchez Soler, este compromiso se ratificó en Madrid ante un notario que era, ni más ni menos, que Carlos Arias Navarro, el último presidente del Gobierno del franquismo. Por otro lado, Franco II creó en Chile una empresa constructora llamada General de Obras y Construcciones, S. L.

Los problemas llegaron pronto. A finales de 1982 Santa Isabel presentó una querella contra Francis acusándolo de quedarse con un cheque por valor de un millón de pesos chilenos. La situación del nieto de Franco en el país de Pinochet empezaba a ser complicada.

Sánchez Soler, en su investigación sobre este tema, señala que Francis solicitó un crédito de 36.000 dólares a Centrobanco (sede del Banco Central español en el país andino). «Francis giró letras que debería ir pagando» para importar una planta hormigonera desde Argentina y «durante dos o tres vencimientos, el banco [Centrobanco] pagó las letras que Francis no pudo amortizar», explica Sánchez Soler.[*]

La situación se complicaría cuando Francis fue denunciado por supuestamente sustraer de la sede del banco el documento de depósito. Así, en marzo de 1983, informa Sánchez Soler en sus investigaciones, desde la justicia chilena «se pidió que el nieto de Franco fuera citado judicialmente para explicar cómo había llegado ese documento a sus manos, pero Francis, en un acto audaz, denunció al gerente de Centrobanco, en el mismo juzgado, por un supuesto delito de apropiación indebida de documento y, al final de la historia, la deuda de la hormigonera quedó pendiente de dictamen judicial».

Prueba de que las cosas no marchaban bien es que María Suelves se instaló en Madrid junto al primer hijo del matrimonio, Francisco Franco III. Desde su nuevo hogar en La Moraleja, concedieron una entrevista a *¡Hola!* Francis seguía cotizando al alza en el mercado rosa.

En Chile, las cosas iban cada vez peor. A sus problemas con los socios se sumó un grupo de ciudadanos que se sintió estafado por el nieto de Franco. Su constructora General de Obras y Construcciones Prim se ofrecía como intermediaria y gestora entre sus clientes y el Estado chi-

---

[*] M. Sánchez Soler, 2019.

leno para acceder al Subsidio de la Vivienda, algo similar a las viviendas de protección oficial en España, la forma más sencilla para que la clase media chilena accediese a una propiedad.

Sin embargo, pronto comenzaron a sospechar que se habían convertido en víctimas de una estafa piramidal. Los presuntos damnificados se unieron para presentar varias querellas criminales por estafa y hasta confesaron en la prensa que iban a pedir la extradición del nieto de Franco. Para entonces, 1987, Francis ya había vuelto definitivamente a España. Volvía al redil familiar. Francis empezaba a tomar posiciones como la cabeza visible de los negocios familiares. Los problemas chilenos, de los que se defendió en varias entrevistas en los medios de comunicación españoles, acabaron en el olvido. Los cambios políticos en el país andino y el tiempo hicieron de disolvente. Francisco Franco II había escrito un nuevo capítulo de su atribulada biografía.

MAL DE AMORES PARA EL SEÑOR DE MEIRÁS

El 6 de febrero de 1988 moría Carmen Polo y Martínez-Valdés. Seis meses después Francis solicitaba legalmente el título nobiliario que Juan Carlos I concedió a su abuela recién llegado al trono: el señorío de Meirás, con tratamiento de Grande de España.

La sorpresa llegaba por el hecho de que el título se saltaba una generación. La madre de Francis, hija única de la primera señora de Meirás, era la heredera lógica de este título nobiliario. Sin embargo, Carmen Franco y Polo, que ostentaba también por decisión de Juan Carlos I el ducado de Franco, no mostró interés alguno en solicitar el señorío de su madre. ¿Fue por interés en que su hijo mayor formara parte de la nobleza? Puede que la clave la diera el historiador Juan Balansó que, tras conocerse que Francis se convertía en Grande de España, señaló en los medios de comunicación la posible ilegalidad del título.

Recordaba Balansó que el derecho nobiliario español había suprimido décadas atrás los señoríos dentro de las dignidades aristocráticas. Fue un real decreto de 1912 lo que sancionó la desaparición de los señoríos. Sin embargo, Juan Carlos I había recurrido a una ley de rango superior (decreto-ley) para poder otorgar este título a la viuda de su mentor. Una ley que, señalaba Balansó, no incluía cláusula sucesoria. Es decir, era personal e intransferible. Sin embargo, el Ministerio de Justicia socialista aceptó la solicitud del título para Francis Franco. Con todo, en 2022 la Ley de Memoria Democrática eliminaría el título.

Como señora de Meirás consorte posó María Suelves junto a su marido en la revista *¡Hola!*, orgullosos de ingresar en la casta nobiliaria. Pero el matrimonio que ya había tenido a su segundo hijo, Juanjo, pronto empezaría a tener problemas.

En 1991 se publicaron unas fotos de María con Miguel Muñoz Calero en una playa murciana, y se empezó a hablar en los medios de que los cónyuges hacían vidas separadas. El divorcio llegó definitivamente en 1992. «Francis y yo tuvimos un divorcio normal. Los dos lo hicimos muy bien», contaría Suelves en una entrevista para el diario *El Mundo* en 2016. De hecho, cuando empezó la guerra entre su exfamilia política y el Gobierno de Pedro Sánchez por la exhumación de Franco, mostró su apoyo a los Martínez-Bordiú.

María Suelves, que desde hace años ejercía como directora general de la empresa MS Fashion Company, rehízo su vida con el empresario Claudio Montes e intentaron llevar una vida lejos de la fama. Montes, por su parte, venía de estar casado con la azafata de vuelo Silvia Tinao, que tendría su momento de gloria mediática a mediados de los noventa por iniciar una relación sentimental con Alessandro Lequio en un momento en el que el italiano todavía era la pareja oficial de Ana Obregón, ex a su vez de Francis Franco. Los nombres en la crónica social se repiten y se entrecruzan desde hace décadas.

María Suelves y Claudio Montes nunca quisieron contraer matrimonio, pero estuvieron juntos casi un cuarto de siglo y tuvieron una hija. En marzo de 2018 la revista *¡Hola!* sorprendió con la exclusiva de la separación de la pareja. Tan poco interesantes habían conseguido ser para la prensa del corazón que su separación trascendió meses después de haber tenido lugar.

Francis también rehízo su vida. En su caso en 1994, con la decoradora Miriam Guisasola. Con ella tendría dos hijos más, Álvaro y Miriam. En 2001 se casaron en Móstoles. Este segundo matrimonio fue mucho menos protagonista de la prensa rosa que el anterior. Seguían siendo habituales de la crónica de sociedad, pero ya no acaparaban portadas. Francis estaba ya centrado en capitanear el emporio empresarial de los Franco.

NADA PERSONAL, SOLO NEGOCIOS

Los años noventa son los más importantes en la biografía empresarial de Francisco Franco Martínez-Bordiú: en esa década es cuando se convierte en un hacha para los negocios. Conforme su padre va perdiendo facultades, Francis se convierte en el gran apoyo de su madre en los negocios. Mucho más tras el fallecimiento del marqués de Villaverde en 1998.

Francis tomó las riendas, aunque siempre con el visto bueno de Carmen Franco y con la asesoría legal del pequeño de la saga, Jaime Martínez-Bordiú. Francis Franco se ha introducido en muchos sectores económicos: la sanidad, los aparcamientos, las telecomunicaciones y, sobre todo, la gestión de bienes inmuebles.

Francis tomó posiciones en Promociones del Suroreste, S. A., heredera de Valdefuentes, S. A., de la que tan mal salió parado Francis década y media antes. La recalificación de 3,3 millones de metros cuadrados para construir cinco mil viviendas, así como la construcción del centro comercial Xanadú, fueron de los grandes pelotazos de la familia Franco. Francis estuvo acompañado en este negocio por dos viejos habituales de la familia: los constructores Fidel y Antonio San Román, en su día conocidos por gestionar la plaza de toros de la capital de España, Las Ventas.

También se colocó Francis al frente de otras compañías de la familia. Como Montecopel, S. L. o Prístina, S. L. A través de Aparcamientos Atocha 70, S. L. o Estacionamientos Urme, S. L. gestionan uno de sus grandes negocios los Franco: los aparcamientos. Dicen que durante años ha sido difícil aparcar en grandes ciudades españolas como Madrid sin que los Franco saliesen beneficiados.

También en algunas sociedades colocó Francis a su segunda mujer, Miriam Guisasola, como Prístina, S. L. llegando a tener el 68 por ciento, además de ser consejera en Estacionamientos Urme, S. L. Un cargo en el que también colocó a Miriam hija en Caspe 99, S. L.

Tampoco en estos años se libró Francis de los escándalos. A principios de los noventa algunos inquilinos de pisos de renta antigua en Madrid pusieron bajo el foco al nieto mayor de Franco. En 1987 Francis había creado Credisol, S. A., aunque figuraban su primera mujer María Suelves y otros dos socios, con sede en la avenida de Hellín, número 51, en Madrid.

El negocio se basaba en comprar baratos inmuebles viejos con inquilinos con renta antigua que vaciaban, restauraban y devolvían al mercado a un precio de alquiler muy superior. El escándalo se montó por la forma que tenían de «convencer» a los inquilinos de que tenían que abandonar su casa. La prensa del momento recogió varios testimonios de ancianos que directamente hablaban de extorsión.

En el Juzgado de Instrucción número 1 de Madrid se llegó a admitir a trámite la denuncia de un profesor jubilado, Cirilo García Gasco-Tello, por presuntas extorsiones. No fue la única demanda por este asunto. La crónica de tribunales siempre ha tenido a Francis Franco como uno de sus grandes protagonistas.

VUELTA AL ESCÁNDALO

Tras unos años de relativa tranquilidad, el nombre de Francis Franco volvió a los titulares por todo lo alto. En 2009 protagonizó un incidente en la estación del AVE de Zaragoza. El marqués de Villaverde, título que heredó a la muerte de su padre en 1998, llegaba tarde y según recogieron los medios de comunicación se saltó la barrera de seguridad para intentar llegar al andén y tomar el tren.

Una vigilante de seguridad se lo impidió y según el testimonio de ella, Francis le dirigió una serie de insultos de carácter xenófobo y la agredió, por lo que solicitó la presencia de la Policía Nacional.

Francis irrumpía de nuevo en los medios envuelto en un escándalo. Se sentó en el plató de *¿Dónde estás corazón?* (Antena 3) para defenderse. También lo haría en periódicos y en Intereconomía. Su vuelta a los medios parecía definitiva. Además, en 2011 publicó un libro sobre la figura del dictador: *La naturaleza de Franco. Cuando mi abuelo era persona* (La Esfera de los Libros, 2011).

En 2012 Francis se sumó a la criticadísima amnistía fiscal de Cristóbal Montoro. El nieto de Franco regularizó 7,5 millones de euros que tenía en Estados Unidos a través de su empresa Montecopel.

Pero lo que ese mismo año hizo correr ríos de tinta fue su presunta vuelta a las andadas como cazador furtivo. La noche del 30 de abril de 2012, a la altura de Báguena (Teruel), guardias civiles de servicio en la N-234 dieron el alto a un Toyota Hilux que no llevaba las luces puestas. El conductor no paró.

Según recogieron los medios de comunicación de la época la fuga fue digna de película. Tras salir huyendo, el todoterreno se desvió en Legueruela y cogió la carretera A-2513 hasta Collados, donde, al fin, lo interceptó un Nissan Patrol de la Guardia Civil, alertada ya en toda la zona por sus compañeros.

Cuando un guardia civil se acercó armado al todoterreno, el conductor salió huyendo en su coche. El miembro de la Benemérita dijo creer que se trataba del nieto de Franco por la coronilla. Sin embargo, Francis aseguró que en esa fecha él estaba en Madrid y que en el coche iban dos rumanos que luego volvieron a su país.

El coche fue abandonado en la localidad de Bea, junto a la iglesia, como señalaría un vecino. Dos hombres bajaron de él y huyeron. Presuntamente uno de ellos era Francis.

En 2014 fue absuelto de su incidente en la estación de Zaragoza, pero poco después fue condenado por los hechos ocurridos en tierras aragonesas. El Juzgado de lo Penal de Teruel lo condenó a 18 meses de prisión por un delito de atentado contra la autoridad, 12 meses de prisión por un delito de conducción temeraria y 12 meses de multa. Francis recurrió la sentencia en la Audiencia Provincial de Teruel, que lo absolvió por falta de pruebas en octubre de 2018.

Unos meses antes había fallecido la matriarca de los Franco. Un golpe que llegaba después de un nuevo revés sentimental.

El matrimonio entre Francis Franco y Miriam Guisasola nunca se ha roto del todo. En 2008 trascendió una importante crisis. No fue definitiva, pero a finales de 2014 *¡Hola!* sorprendió anunciando el divorcio. Este nunca llegó a firmarse y pocos meses después Guisasola y Francis volvieron a convivir en la casa familiar en El Viso. Dicen los que conocen a la pareja que su dinámica desde hace años es la de encadenar grandes broncas con grandes reconciliaciones, pero que es difícil que lleguen a firmar un divorcio.

SOLTANDO LASTRE

Si durante la vida de Carmen Franco y Polo, Francis fue el gran gestor, a la muerte de la matriarca y de forma lenta pero segura, la familia se ha dedicado a ir deshaciéndose de propiedades y buscando nuevas formas de negocio.

Así, en 2019 Francis gestionó la venta de Estacionamientos Urme, S. L., una de sus famosas gestoras de *parkings*, a un fondo de inversiones. Según publicó *ElDiario.es*, los Franco consiguieron 8,5 millones de euros por esta venta a Ipark Estacionamientos y Servicios de Movilidad.[*]

La otra gran empresa de *parkings* de los Franco, Aparcamientos Atocha 70, S. L., también se vendió a la misma sociedad en septiembre de 2019 por 8,2 millones de euros. Los aparcamientos son desde hace décadas una de las grandes apuestas económicas de la familia. *El País* llegó a afirmar que Francis Franco era propietario, a través de diversas sociedades, de 264 plazas de garaje en Madrid. Sobre todo en el centro de la capital, por ejemplo en las calles General Pardiñas y Príncipe de Vergara.

Desde la muerte de Carmen Franco, los seis hermanos de Francis tomaron posición en algunas de las compañías familiares y vendieron varias, como asimismo hicieron con ciertas propiedades. Después de un tiempo se produjo la extinción de algunas: así ocurrió en 2022 con Sargo, S. L. que creara Carmen Franco en 2002 y que fue uno de los grandes instrumentos financieros de la matriarca en el sector inmobiliario. Arancha Martínez-Bordiú ejerció de presidenta en los últimos tiempos de la empresa.

---

[*] Según ese periódico, el comprador fue Ipark Estacionamientos y Servicios de Movilidad, que pudo confirmar la transacción. La sociedad con domicilio fiscal en Álava compró el cien por cien de las acciones de la empresa de los Franco. Esta sociedad vasca estaría a su vez controlada por la sociedad Diablo Investments Sarl radicada en Luxemburgo que a su vez pertenece al fondo de inversión de alto riesgo estadounidense Elliot.

Francis no ha descuidado sus inversiones más allá del emporio familiar que ha dominado desde los primeros años noventa. Muy comentado fue su pelotazo en 2016 al deshacerse de sus empresas de venta de tabaco en países de Europa del Este por más de 5 millones de euros.

Los movimientos del nietísimo en los últimos años se dirigen a convertir sus negocios en una matrioska de sociedades, haciendo que los activos y propiedades de unas pasen a otras, en una maraña de empresas. El nombre de Francisco Franco II aparece en incontables sociedades en España con diferentes funciones.

Hoy, la influencia económica de los Franco pasa por una nueva generación que ha heredado la vena especulativa de los hijos de Carmen Franco y Polo; pero Francis no ha iniciado aún su retirada del mundo empresarial. En 2023 creó Keppler Werk Investments, S. L., con sede en el número 24 de la calle Castelló de Madrid y un capital desembolsado de 3,5 millones de euros. Francis es el administrador único de esta sociedad, que tiene como actividad «la construcción de edificios residenciales» y como objeto principal «actividades de las sociedades *holding*». El actual marqués de Villaverde ha renunciado a parte de la visibilidad política del clan en pos de su sobrino Luis Alfonso de Borbón. Sin embargo, su nombre sigue cotizando fuerte en el terreno de los negocios al frente de un *holding* auspiciado al calor del apellido Franco.

IX

MERRY MARTÍNEZ-BORDIÚ. LA FAVORITA DEL GENERAL

El 3 de agosto de 1977 el Pazo de Meirás era escenario del evento familiar más importante de los Franco desde la muerte del dictador más de año y medio atrás. La cuarta nieta de Francisco Franco, Merry, se casaba con el escritor y periodista Jimmy Giménez-Arnau. El enlace fue revolucionario por muchos motivos. Por un lado, inició el mercado de la venta de exclusivas en la prensa del corazón en nuestro país. Por otro, suponía la unión de un joven periodista con fama de progresista con la dinastía Franco.

Tal y como pronosticaron algunos, el matrimonio duró poco y, además, sería una fuente eterna de disgustos para la familia. Jimmy se convertiría en el gran contracronista de la saga. Durante años fue su mayor crítico. Solo dos años después del fin de su matrimonio publicó un libro divertido y cruel: *Yo Jimmy. Mi vida entre los Franco* (Planeta, 1981), que, en solo cuatro meses, vendería ocho ediciones. Todo un *best seller* que venía a ser, desde dentro, el retrato de una decadencia familiar. Secretos hasta entonces no desvelados se conocían por alguien que había estado dentro del clan. No por un periodista metido a investigar los avatares de los Franco, sino por uno de sus miembros políticos.

Coincidió con el inicio de la democracia y la libertad de prensa. La que había sido la familia más importante del país era puesta bajo el escrutinio público y criticada por los medios de comunicación. Una decadencia política y levemente económica, que también se trasladó a lo social. Fueron los protagonistas de páginas y páginas de prensa, pero al mismo tiempo también se lanzaron a la venta de exclusivas y a hacer de su memoria y su apellido una vía de financiación.

Así se encontró Giménez-Arnau a los Franco cuando ingresó en la familia:

> El clan acababa de perder a su patriarca, pero seguía siendo un clan. No tanto porque sus miembros se mostrasen solidarios, pues tan solo la presión social los mantenía juntos —que no unidos— poco más de un año después de la muerte de aquel, sino porque la señora de Meirás sostenía en alto la antorcha de la nostalgia. Aquella familia no creía en nadie, no tenía confianza alguna. Y estaban en el buen camino. Después de ver cómo miles de personas durante años los alabaron hasta la histeria, en aquellos momentos estaban contemplando ya las espaldas de esas mismas sabandijas.[*]

La cuarta nieta del dictador fue la protagonista de ese evento nupcial que tantos cambios y sorpresas supondría para la familia. Merry, una de las grandes reinas del papel cuché de los años ochenta, pasó a ser luego una especie de versión femenina del hombre invisible. Una discreción que se rompió en 2019 cuando, junto a José Cristóbal, se convirtió en la única nieta del dictador que asistió a la salida de los restos del mismo de la cripta del Valle de los Caídos.

Curiosamente, José Cristóbal y Merry, que apenas se llevan un año y medio de diferencia, han tenido en lo mediático trayectorias paralelas. Ambos fueron protagonistas de la prensa durante años e incluso participaron del negocio de las exclusivas, para luego desaparecer casi del todo.

En el caso de Merry, además, fue la gran ausente durante años en los grandes acontecimientos familiares. Por ello su vuelta al foco en 2019 sorprendió aún más. Aunque fue protagonista de la prensa del corazón, nunca se ha sentado en un plató de televisión.

---

[*] J. Giménez Arnau, 1981.

«LA FERROLANA»

María del Mar Martínez-Bordiú nació el 6 de julio de 1956 en Madrid, y ella misma aseguraba que era la nieta favorita de Franco, frente a su hermana mayor Carmen, que lo era de la abuela. Fue durante años conocida como «la jipi» de los Franco por su forma de vestir y de entender la vida, pero su abuelo la llamaba «la ferrolana» por su carácter duro y su decisión a la hora de pelear por lo que creía.

En su adolescencia fue amiga de Ana Obregón, y así lo consignó la actriz en su fantasioso libro de memorias. Claro que, rebajando un poco su edad y de paso la de su amiga, para hablar de unas niñas que en plenos años setenta, cuando ambas realmente ya eran adolescentes, acudían a El Pardo a estudiar y jugar. La Obregón no ahorra en su libro anecdotarios sobre su amistad con Merry, y nos cuenta que la primera vez que vio a Franco se puso tan nerviosa que lo acabó llamando señora.

Durante un tiempo, Merry estuvo saliendo con Juan Antonio García Obregón, hermano de Ana. Luego, Ana se anunciaría como prometida del hermano de Merry, Francis.[*] Un amor de veinteañera que, por lo que sea, la actriz olvidó contar en sus memorias. Lo cierto es que prueba de la amistad que las unió es que Ana, junto a sus hermanas Cecilia y Amalia, asistió a la boda de Merry y Jimmy en el Pazo de Meirás en agosto de 1977.

El carácter de Merry que tanta gracia le hacía a su abuelo, la hacía chocar constantemente con su padre, Cristóbal Martínez-Bordiú. Jimmy asegura en su citado libro de memorias que cuando conoció a su esposa, el marqués de Villaverde apenas hablaba y que él le recordaba que no le gustaba la vida que hacía.

María del Mar y Joaquín, o Merry y Jimmy, se conocieron en una fiesta en el pantano de Entrepeñas. Era diciembre de 1976 y Merry tenía veinte años (menor para las leyes de la época, que cifraban la mayoría de edad en veintiuno) y trabajaba como restauradora de muebles, aunque era más bien un *hobby*. Por su lado, Giménez-Arnau tenía treinta y dos años y llevaba tiempo ejerciendo el periodismo. Los presentó un amigo

---

[*] Véase el capítulo VIII.

común, José Zorita, aunque a Jimmy lo llevó a la fiesta Carlos García-San Miguel, *Charly* (hoy marido de la periodista Lydia Lozano), según contaría más tarde, porque así se lo había pedido la propia Merry.

En esa fiesta en la casa propiedad del marqués de Villaverde el escritor se fijaría en la nieta del dictador y siempre recordaría que en ese momento «sonaba muy fuerte la música de Alan Parsons», mientras ella «con su cabellera castaña, boca ancha, nariz altiva —por aquel entonces ya sometida al bisturí—, pantalón vaquero y botos, sentó su pose ausente frente al fuego de la chimenea». En ese primer encuentro le llamarían la atención dos cualidades en su futura mujer: «Espontaneidad y desidia».

Comenzó así un romance que daría mucho que hablar a la prensa del corazón. Sin embargo, en los primeros meses gozaron de la tranquilidad de no ser descubiertos por los periodistas. Se veían en un apartamento en Paseo de La Habana donde Merry guardaba sus cosas de restauración y que también utilizaba su hermano Francis para sus encuentros sexuales.

Al poco de conocerse, Jimmy viajaría a Indonesia para realizar un reportaje sobre drogas para *Interviú*, y le dejó a su novia el borrador de *Las islas transparentes*, novela con la que se presentaría al premio Nadal. A su vuelta, Giménez-Arnau descubrió que Merry había subrayado las partes que más le habían llamado la atención. «Aquel libro contenía fragmentos premonitorios», consignaría en sus memorias. También le confesaría una infidelidad con una mujer con la que llevaba tiempo viéndose en el extranjero y con la que decidió romper en ese viaje.

Con el paso del tiempo la pareja se planteó la posibilidad de irse a vivir juntos, pero Merry prefirió evitar el escándalo que eso supondría y el consiguiente disgusto para su abuela. Decidieron que había que casarse y que las familias se tenían que conocer. Pronto la prensa estaría al tanto del asunto, aunque la primera vez que los retrató confundieron a Jimmy con un exnovio de la nieta de Franco.

GALERÍA DE FAMILIARES

Durante años Jimmy Giménez-Arnau sería el mayor azote mediático de la familia Franco en los medios de comunicación. No dejó títere con cabeza, pero sería en el citado libro *Yo Jimmy. Mi vida entre los Franco* donde de verdad brindaba toda una galería de retratos de los miembros más punteros de la saga.

En el texto los que peor parados salen son Cristóbal Martínez-Bordiú y su hijo Francis. A ambos los retrata como ambiciosos, poco inteligentes y pagados de sí mismos. No ahorra en anécdotas que reflejan los caracteres de su suegro y su cuñado.

Para Jimmy, el marqués de Villaverde era «arrogante, despreciativo y estúpido, amén de rácano hasta la médula» y aseguraba que «su propia suegra, la señora de Meirás, lo trataba con total ausencia de aprecio y le decía a su propia hija para referirse a él, con el que no se hablaba: "Ese señor con el que te has casado…"».

De su suegra, sin embargo, trazaba un perfil más complejo: «Me dio la impresión de un ser distante, educado y sagaz; con el tiempo aquel juicio inicial iría variando y matizándose: tendría ocasión de comprobar que, cuando me encontraba a solas con ella, aparecía una mujer culta, dulce e inmadura, pero si había alguien más delante, se volvía insegura y hermética». También contaría que la propia Carmen Franco y Polo le explicaría, el mismo día de la pedida de mano, que su marido era un desequilibrado.

Porque hubo petición; aunque en un principio quisieron casarse de la forma más discreta posible, ambas familias no lo iban a permitir. La boda sería por todo lo alto, con más de 150 invitados, y en un lugar mítico para la familia: el Pazo de Meirás.

LLUVIA DE PORROS EN UNA BODA EN EXCLUSIVA

La boda se celebró el 3 de agosto de 1977 después de semanas de una gran intensidad mediática. La noticia del compromiso impactó mucho a la sociedad y la prensa del momento. La nieta del dictador, por mucha fama de jipi que los medios le impusieron, daba la sorpresa casándose con un periodista y escritor con fama de progre e irreverente, por mucho que fuera hijo de un diplomático del régimen.

Muchos no entendieron la unión de los jóvenes y hasta el padre de Jimmy, José Antonio Giménez-Arnau, autor de teatro, periodista y cabeza de la legación diplomática española durante el franquismo en países como Brasil, Nicaragua y Guatemala, pronosticó que aquello no iba a durar mucho.

Tampoco los amigos de Jimmy comprendieron la decisión de Giménez-Arnau de emparentar con la saga Franco. Incluso el guionista de cine Rafael Azcona decidió ignorarlo cuando se lo encontró por la calle junto a Merry.

Iban a casarse por presión social para evitar el escándalo de irse a vivir «en concubinato concupiscente». Viendo que no se cumplía su sueño de casarse casi sin ruido, el novio cogió el toro de la fama por los cuernos y decidió que ya que la prensa iba a convertir el enlace en «la boda del año», ellos también deberían sacar tajada. Negoció la exclusiva de la boda por un millón de pesetas. Una suma importante para la época, pero como reconocería el propio Jimmy, se había quedado corto en la petición de dinero.

Jaime Peñafiel contaría en *¡Hola! y el hijo de Sánchez* (Temas de Hoy, 1994) que, pese a lo que siempre se ha sostenido, no fue Jimmy el precursor de las exclusivas. Con unas semanas de antelación la revista, de la que él era redactor jefe, pagó por la exclusiva del nacimiento de Aitor, el hijo de la cantante y actriz Massiel. La artista dio a luz en Londres por razones legales. No aprobado el divorcio en nuestro país, no podía dar a su hijo los apellidos de su padre, el diputado socialista Carlos Zayas.

También en el citado libro Peñafiel desmiente a Jimmy Giménez-Arnau una curiosa anécdota. Según contó el segundo en *Yo Jimmy. Mi vida entre los Franco*, cuando se presentó en la sede de *¡Hola!* en la calle Miguel Ángel de Madrid, Peñafiel lo recibió esgrimiendo el número de bodas reales a las que había asistido. «La mía es una boda real y por supuesto no vas a asistir», le contestó Jimmy. Según este relato, entre ambos hubo un intercambio de frases cortantes y Jaime le dijo que si vendía la exclusiva él estaría en el pazo, a lo que Giménez-Arnau contraatacó diciendo que él le impediría la entrada. «Él cumplió y yo también», aseguraba Giménez-Arnau en su libro.

Jimmy, conocedor de los medios desde dentro, fue el que hizo de introductor de la familia en el mundo de las exclusivas de prensa. Un negocio que a raíz de esta boda se desató, y no solo para los descendientes del dictador.

El enlace fue todo un éxito para la revista, que vendió más de un millón de ejemplares. El texto corrió por cuenta del propio novio. Un relato en el que no contó los problemas con los que se llegó al enlace. Incluyó que el marqués de Villaverde intentó impedir la boda, contando a los novios que sabía de buena tinta que *Interviú* iba a publicar unas fotos de Merry desnuda. Una mentira del padre de la novia que tenía algo de profecía, ya que años después, en la época en la que Merry no hacía ascos a la compraventa de reportajes, sí aparecería desnuda en las páginas de la citada revista.

Una huelga de hosteleros amenazó la celebración de una boda que tanta ilusión hacía a doña Carmen Polo, encantada con el novio que había escogido su nieta. «Me gustas porque eres bajito como Paco», le dijo a Jimmy el día que fueron presentados oficialmente. Lo cierto es que la señora de Meirás es el único miembro de la familia que se libraría de los dardos de Giménez-Arnau en los años posteriores, junto a Rafael Ardid, el marido de Mariola. Jimmy siempre lo recordó con afecto. Fue él quien le dio la clave sobre su peculiar familia política: «Esto es una *carmenocracia*. Aquí solo se hace lo que dicen Carmen abuela, Carmen madre y Carmen nieta».

La boda en el Pazo de Meirás sirvió también como medidor de cierta decadencia social de la familia. Merry se las veía muy felices soñando con el regalo que les haría un importante magnate, teniendo en cuenta que a sus hermanas Mariola y Carmen les regaló un millón de pesetas a cada una por sus respectivas bodas. Sin embargo, la cantidad que el anónimo millonario regaló a Merry fue... 5.000 pesetas. «Los millonarios saben cuándo tienen que dejar de untar. Ella misma (Merry) se dio cuenta de hasta qué punto el mundo social, ensoberbecido y omnipotente, se iba apartando de los Franco para intentar hacer sus maniobras en el nuevo universo que estaba creando Adolfo Suárez. Las falsas alabanzas habían elegido nuevos derroteros. Ya no valía la pena apostar por un viejo clan en derribo», escribiría después Gimenéz-Arnau.

La boda fue un encuentro entre los mundos dispares de los novios y sus familias. Merry, por recomendación de su hermana Carmen, se casó con un diseño de Dafnis. Entre nombres como el alcalde de Coruña, apellidos como los March, Carlos Arias Navarro o el mismísimo Manuel Fraga (en ese momento líder de la Alianza Popular que se había descalabrado dos meses antes en las primeras elecciones democráticas), estaban los amigos de Jimmy y Merry. Mucho más jóvenes, en un momento de la celebración decidieron fumarse unos porros. Como resultado del colocón pasaron casi en bucle en un besamanos improvisado para la viuda de Franco. Los mismos invitados acabaron lanzando los porros desde la ventana de la biblioteca de Emilia Pardo Bazán. Una lluvia estupefaciente que cayó cual maná sobre unos invitados que lo tomaron como confeti. Una perfecta metáfora del matrimonio que nacía más como aventura que como proyecto de vida.

UN MATRIMONIO COMO UN SUSPIRO

La unión no llegó a los tres años. Después de la boda, Merry y Jimmy rechazaron el regalo que les ofreció Carmen Polo, un piso en la avenida de América. Prefirieron quedarse en el Palacio del Canto del Pico, en Torrelodones (Madrid), una de las propiedades más populares de la familia. También los marqueses de Villaverde les anunciaron un regalo de dos millones de pesetas para iniciar su vida en común. Una cantidad de dinero que según Giménez-Arnau nunca vieron.

Mientras se llevaban a cabo las obras para instalarse en su vivienda matrimonial vivieron con Mariola Martínez-Bordiú y Rafael Ardid en la urbanización Valdelagua y en la casa de estos en el pantano de San Juan.

Para Jimmy Giménez-Arnau la boda trajo como consecuencia la falta de trabajo como periodista y escritor. A pesar de quedar finalista en el premio Nadal de novela, su imagen como yerno de los Villaverde le afectó a nivel profesional. La joven pareja se dedicó a viajar por el mundo y se convirtieron en personajes oficiales de la prensa del corazón.

El periodo entre 1977 y 1979 estuvo lleno de anécdotas y de enfrentamientos entre Jimmy y su familia política. Muchas de ellas las relataría en su libro *Yo Jimmy*. También hubo momentos llamativos, como el enfrentamiento de Giménez-Arnau con Francisco Umbral después de que este la dedicara una de sus ácidas columnas en *El País* acusándolo de haber dado un «braguetazo» con su boda. Finalmente, acabaron acercando posturas e incluso Jimmy le facilitó algunos datos sobre su suegro, al que Umbral siempre atizaba en sus crónicas.

El dinero estuvo siempre presente en la vida del matrimonio. Jimmy fue una especie de asesor de algunos miembros de la dinastía en el mercadeo de las exclusivas de prensa. Tuvo varios enfrentamientos con Francis a cuenta de un reportaje que el nieto mayor de Franco malnegoció con *Diez Minutos*.

La historia pecuniaria más complicada tuvo que ver con la presunta venta del Palacio del Canto del Pico. Según Jimmy, esta operación inmobiliaria la quiso capitanear Francis Franco a espaldas de sus padres. En juego había 100 millones de pesetas. La operación no acabó bien.

En enero de 1979 nació Leticia Giménez-Arnau Martínez-Bordiú. El nacimiento de la pequeña no sirvió para que el matrimonio durase. En noviembre decidieron poner punto final a su unión. Merry seguía así los pasos de su hermana mayor, Carmen. Era la segunda nieta de Franco que, en pleno proceso de Transición política, rompía su matrimonio en menos de un año. La pareja había estado junta apenas tres años. Jimmy Giménez-Arnau lo resumía así en su citado libro:

Yo la encontré y se llamaba Merry, sin importarme un bledo su apellido. A mí me interesaba el ser humano, que era magnífico y lo seguirá siendo. Este es el primer mensaje que quiero enviar a mi hija Leticia: tu madre es estupenda. Buena prueba de ello es que aceptó romper conmigo. Lo que no me dijo fue que en el trato iba incluido no verte nunca más.

Un resumen que huele a epitafio y que aventuraba lo que sería la (no) relación entre Leticia y su padre.

MERRY, REINA DE CORAZONES

Hoy en día la cuarta nieta de Franco es casi una desconocida. Sus apariciones en los actos de exhumación de los restos de su abuelo supusieron una novedad. Un paréntesis en una vocación de anonimato que ha puesto en práctica desde hace algo más de tres décadas. Dicen que Merry es, de los hermanos, la que menos soporta a la prensa. Con estos datos sorprende comprobar que en los ochenta fuera una de las reinas del papel cuché. Cotizaba en el mercado rosa tanto como su hermana Carmen.

Lo cierto es que casi todos los miembros de la familia entraron al mercado de las exclusivas en la década de los ochenta, pero ninguno se volvería tan radical en el rechazo a que su imagen apareciera, después de haber comerciado tanto con su vida privada. O tal vez es por eso por lo que guarda un mal recuerdo.

El caso es que recién separada de Jimmy Giménez-Arnau, Merry posaba enseñando su casa, se dejaba fotografiar de veraneo y hasta en 1981, con solo veinticinco años, vendía sus memorias a su revista de cabecera, *Diez Minutos*. En sus páginas y por capítulos daba su versión sobre su matrimonio, recordaba su infancia en El Pardo, sus escapadas despistando a los escoltas, sus amores juveniles y hasta su opinión sobre los miembros de su familia.

Ese mismo año consiguió el divorcio, con la Ley recién aprobada. En los primeros meses de su separación hubo buen trato con su exmarido. Aunque el juez le otorgó la guarda y custodia de Leticia, no hubo problemas entre ellos. Sin embargo, cuando Jimmy publicó su libro con Planeta, que fue todo un *best seller*, el buen rollo se quebró para siempre.

Sorprende la decisión radical de Merry cuando ella también comerció con sus recuerdos matrimoniales en las revistas del corazón. Cierto es que no fue tan ácida como el padre de su hija. Aunque tampoco tenía el talento literario de Giménez-Arnau.

Siguiendo con la venta de exclusivas, Merry aún dio una sorpresa más en 1983. Cuando parecía que los escándalos de los descendientes de Franco no podían asombrar más a la sociedad española, llegaba el desnudo de una nieta del dictador. Merry se mostraba en todo su esplendor en las páginas del número 382 de *Interviú* en septiembre. Un desnudo con teleobjetivo que nadie creyó que fuera un robado.

También hubo reportajes y titulares para su primer gran amor tras su divorcio: un breve romance con el empresario catalán Toni Enrich. Sin embargo, en el mismo año de su desnudo inició una historia de amor con un profesor de gimnasia estadounidense llamado Gregor Tamler.

Su nuevo novio consiguió incluso arrumbar de los titulares de los medios otra noticia que no hizo ninguna gracia a Merry. Su nombre fue citado en *El País* como una de las clientas del Instituto Imayam para practicar yoga. Una institución regentada por la secta Raschimura. Un escándalo en el que estaba implicada Paloma Lago Jaráiz, nieta de la siempre mediática tía Pilar (Franco Bahamonde).

Tamler y Merry se conocieron de una forma llamativa. Él trabajaba como profesor de gimnasia en el Colegio Americano del distrito madrileño de Aravaca hasta que al terminar su contrato decidió buscar trabajo anunciándose como entrenador personal en un periódico. Recibió la llamada de Merry. En parte harta del interés mediático, la nieta de Franco se trasladó con su nuevo novio a San Lorenzo (Gran Canaria). Se llevó con ella a su hija Leticia. La pareja se dedicó a dar clases de inglés. Empezaba así hasta cierto punto la lucha de Merry por el anonimato. También una guerra con su exmarido por el acceso a su hija.

UN RUMOR PRESIDENCIAL

Antes de desaparecer de la prensa del corazón, Merry tuvo una despedida como personaje por todo lo alto. En enero de 1986 un rumor comenzó a expandirse: Merry era la amante de Felipe González. El origen de este bulo hay que buscarlo en un periódico de efímera vida: el catalán *ABB*. Este medio jugaba a ser una versión ibérica de los diarios sensacionalistas británicos. El diario contaba con firmas como Siro López o un juvenil Josep Pedrerol y en el campo de la crónica social un primer espada como Jesús Mariñas.

José Luis Córdoba, jefe de deportes del efímero rotativo que duró diez días, publicó el libro *El viejo periodista* sobre los avatares de este medio. Allí cuenta cuál fue el origen del rumor. Buscaban una noticia de impacto. Algo que pusiera el foco sobre el nuevo diario. Ya que buscaban el punto trasgresor de la prensa amarilla inglesa, decidieron buscar un tema que nunca hubiera sido tratado por la prensa nacional. Se barajó hablar de la homosexualidad de un famoso futbolista, pero acabaron desechando la idea. Se centraron en buscar algo sobre la vida privada de los intocables, el rey Juan Carlos o el presidente Felipe González. En aquel momento la población aún comentaba con sorpresa la relación extramatrimonial entre Miguel Boyer e Isabel Preysler. Por ello, las sorpresas sentimentales de la *beautiful people* que se estaba gestando llamaban la atención.

Así lo contaba Córdoba en una entrevista para *El Confidencial* (12 de agosto de 2021)*:*

> Mariñas sugirió dos temas que eran lo más comentado en el faranduleo de la noche madrileña… Las propuestas eran: 1) El rey tenía cáncer y había sido operado… De hecho, el desmentido el día anterior del urólogo Gil-Vernet sobre la buena salud de Juan Carlos de Borbón no hacía más que confirmar la enfermedad. 2) Una auténtica *boutade* de la prensa rosa, que insinuaba que Felipe González estaba liado con la nieta de Franco… Todos quedamos pasmados ante las dos noticias y consensuamos que, posiblemente, la del cáncer del rey era cierta y la de Felipe González tenía pocos visos de credibilidad. Sin embargo, estábamos de acuerdo en que tocar la monarquía implicaría el cierre del periódico tras el primer número, mientras que la joven democracia española sería más indulgente con la frivolidad que afectaba al presidente del Gobierno, más preocupado por ganar el referéndum de la OTAN que por lo escrito en un pequeño periódico barcelonés. Así que optamos por este tema como el principal de la portada.

El periódico incluía incluso las declaraciones de Jimmy Giménez-Arnau, que aseguraba que su exmujer conocía al presidente por mediación del productor de cine Andrés Vicente Gómez y que incluso había pasado la noche de fin de año de 1985 en la famosa bodeguilla de La Moncloa.

Durante días no se hablaba de otra cosa. La noticia de un romance de una nieta de Franco con el presidente del Gobierno socialista era demasiado, pero como decía una viñeta «ellos también lo negaron». Ellos eran José Federico de Carvajal, ennoviado con su secretaria Helena Boyra, y Miguel Boyer con Isabel Preysler.

El rumor acabó disipándose ante la evidencia del bulo. Merry utilizó esta actualidad insospechada para dar su último gran reportaje pagado en la prensa del corazón. Fue el tema de portada de *¡Hola!* del 27 de febrero de 1986.

Merry tiraba de victimismo. «Yo sé que soy la nieta de Franco y estoy muy orgullosa de serlo, pero él se murió hace muchos años y no participo para nada ni de la vida política ni de la vida pública», aseguraba y lo hacía, en un alarde de incoherencia, desde una entrevista en exclusiva.

Sobre el rumor en cuestión se mostraba tajante: «Al señor Felipe González solo le conozco de verle por la televisión. Y lo grave es que no sé cómo se puede permitir que una cosa así, falsa, calumniosa y absurda, salga en la prensa. La Nochevieja última la pasé en mi casa con Greg, aquí presente y a quien considero mi marido, y con su madre».

Lo que no convertiría en exclusiva fue el siguiente paso que dio en su vida. En mayo se casó por sorpresa en Nueva York con Greg Tamler y decidió marcharse de España. Primero a Miami y luego a las Islas Vírgenes. Empezó así una guerra judicial con su exmarido por haberse llevado consigo a Leticia, la hija de ambos.

En febrero de 1986 Jimmy presentó una demanda en Canarias por la desaparición de su hija Leticia. Fue a mediados de 1992 cuando Jimmy localizó a su hija en la isla de Saint Croix después de años de búsqueda. Fue más de un lustro de batalla judicial. En España, el escritor estaba asistido legalmente por la abogada matrimonialista Trinidad García del Nero que animó a Giménez-Arnau a no desfallecer y a buscar un abogado en Estados Unidos.

Jimmy relataría muchos años después en sus memorias, *La vida jugada* (Arzalia Ediciones, 2020), el final de esta guerra judicial:

[…] En Estados Unidos contraté a otro abogado para continuar con las pesquisas y, gracias a sus buenas artes, obtuve una pequeña venganza contra mi exmujer: el documento de su divorcio del americano, que ella pretendía mantener oculto. Venganza pírrica, si quieren, pero al menos obtuve una pequeña satisfacción, desmontar la mentira en la que Merry se escudaba, alegando que su hija vivía en un matrimonio donde reinaba la felicidad. En las islas Vírgenes logré por fin ver a la niña, aunque solo fuera durante cinco minutos —yo estaba autorizado a llevármela para que pasara dos meses conmigo—, pero por expresa indicación de su madre no me dejaron estar con ella a solas, tan solo permitían el encuentro en presencia de la odiosa directora del colegio, por cierto, con una halitosis que tiraba de espaldas, a lo que me negué rotundamente. De modo que salí de aquel lugar sin haber logrado mi propósito. Este no fue el último asalto del culebrón. Poco después la justicia me dio otra mínima alegría: la madre se vio obligada a enviármela desde el otro lado del océano para que pasara conmigo el verano. Fui a recogerla a Hermanos Bécquer y nos fuimos a la granja, donde yo vivía entonces con Teresa [Fernández Peral, segunda esposa de Jimmy]. Leticia venía acompañada de una amiga de su edad a la que Merry había concedido el papel de carabina e informadora. Sé que mi hija fue feliz aquellas semanas que pasó junto a mí. Cuando nos despedimos, después de unos días fabulosos en los que verdaderamente disfrutó, le apunté a mi hija una dirección donde localizarme y un teléfono en el que siempre podría contactar conmigo. Tras su marcha, la llamé para asegurarme de que había llegado bien y estuvimos hablando más de una hora; al día siguiente volví a telefonear. El contestador me devolvió un mensaje en el que me anunciaba el cambio de número del abonado.

Ese fue el último encuentro de Jimmy con su hija:

Ella nunca me telefoneó. Seguramente entonces era aún demasiado pequeña para tomar algunas decisiones, pero lo cierto es que cuando tuvo edad tampoco hizo el más mínimo intento. Quise darle un margen para que se acercara a mí. Durante ese tiempo envié a Hermanos Bécquer un ejemplar de cada libro que escribí, con acuse de recibo y mi dirección y mi teléfono bien visibles. Seguí esperando un gesto por su parte, hasta que me cansé. Y cuando fue mayor de edad tuve claro que yo había quedado fuera de su vida para siempre.

LA MUJER INVISIBLE

A partir de ese momento, la vida de Merry Martínez-Bordiú cambió radicalmente. Ni siquiera su segundo divorcio, en 1991, ocupó grandes titulares en la prensa. Su nombre y su rostro desaparecieron casi por completo de los medios de comunicación.

Con una vida entre Miami y Madrid, la que fuera etiquetada como nieta rebelde o jipi por la prensa, siempre «la ferrolana», la más parecida en carácter a Francisco Franco, decidió no dejarse ver ni siquiera en los eventos familiares. Sobre todo en los que iban a ser noticia rosa, como la mediática tercera boda de su hermana mayor Carmen Martínez-Bordiú. A pesar de que esta le pidió que asistiera (y formara parte del reportaje), Merry se mantuvo en sus trece. También lo hizo Mariola.

Durante años ha usado María Martínez como nombre para viajar o registrarse en hoteles o reservar mesa en restaurantes. Un nombre común y que otorga justo lo que ella se ha empeñado en buscar: pasar desapercibida.

También en el mundo de los negocios tiene una existencia casi fantasmal. Merry heredó de su padre, fallecido en 1998, un piso en Monachil (Granada). En el entramado empresarial familiar, Merry figura en una de las grandes firmas del clan, la ya citada Fiolasa, S. L., fundada en 2002, con sede (cómo no) en Hermanos Bécquer, 8, y dedicada al «alquiler de bienes inmobiliarios» y que en 2022 presentaba unos fondos propios de 14,78 millones de euros.

Merry Martínez-Bordiú es consejera de la firma desde enero de 2018. Su hermano José Cristóbal es el presidente y Jaime el secretario. Además, aparece también como consejero un miembro de la nueva generación de los Franco, Álvaro Franco Guisasola, uno de los hijos de Francis. Además, junto a su hermana Arancha, Merry es propietaria de MarletMakai, S. L.[*]

En 2019 el nombre de Merry Martínez-Bordiú volvió a los medios de comunicación. Muchos periódicos hicieron reportajes explicando a las nuevas generaciones quién era esa desconocida nieta de Franco que era la escogida por la familia para estar, junto a José Cristóbal, dentro de la cripta del Valle de los Caídos para asistir a la exhumación de los restos del abuelo.

Su rostro, muy diferente al de la veinteañera que protagonizó las revistas del corazón, volvió a ser captada por los fotógrafos. Días después de la exhumación mucho se habló de su actitud durante el acto que, dicen, incluyó varios improperios contra la notaria mayor del Reino, la ministra de Justicia Dolores Delgado, allí presente. El carácter de «la ferrolana» se hizo más patente que nunca. La idea de trasmitir unión por parte de la familia en su guerra contra el Ejecutivo de Pedro Sánchez consiguió lo imposible: que Merry rompiese su propia norma de intentar ser anónima. Sin embargo, la unidad familiar inquebrantable acabó cuando terminó la polémica de los restos del abuelo. Merry volvió a donde siempre quiso. A su vida lejos de la fama, entre Estados Unidos y España.

---

[*] Véase el capítulo XI.

X

JOSÉ CRISTÓBAL MARTÍNEZ-BORDIÚ. LA (BREVE) CARRERA DE LAS ARMAS

A principios de 1976 José Cristóbal Martínez-Bordiú «después de acostarme a las cuatro de la mañana, tras una noche de copas» soñó consigo mismo vestido de militar. Durante dos meses se repitió el sueño en varias ocasiones. Para el quinto hijo de los marqueses de Villaverde estaba claro: tenía que ingresar en el Ejército. Cuando se lo comunicó a su madre, la única hija del dictador intentó quitarle la idea de la cabeza: «No digas tonterías».

Sin embargo, la decisión la tenía clara. Se iba a convertir en el único nieto de Franco que iba a tomar la carrera de las armas emulando al abuelo. Dejó la carrera de arquitectura que estaba cursando y se inscribió en la escuela premilitar del ICAI. Empezaba así su formación para ingresar en las Fuerzas Armadas. Una decisión que lo convertiría en uno de los descendientes del Caudillo con más tirón mediático en los primeros años de la democracia.

Se daban en José Cristóbal varias condiciones para ello. Le faltaban dos meses para cumplir los dieciocho años cuando falleció su abuelo. Si bien no fue tan popular en los actos oficiales del franquismo como sus cuatro hermanos mayores, tampoco era un niño como Arancha y Jaime. Además, era el más atractivo de los hijos varones de Carmen Franco y uno de los más lenguaraces, con una sinceridad poco habitual en el entorno familiar. Todo ello lo hizo ser un objetivo de la prensa. Además, al igual que algunos de sus hermanos, también entró en el negocio de la compraventa de exclusivas.

Nacido el 10 de febrero de 1958 en el Palacio de El Pardo, con veinticinco años editó unas memorias tituladas *Cara y cruz. Memorias de un nieto de Franco* (Planeta, 1983). En ellas hacía un retrato somero de su infancia y adolescencia durante el franquismo, de la muerte de su abuelo, de su paso por el Ejército y también un repaso a su propia familia y la situación política de la Transición. Llegó a vender cinco ediciones y se sumó a la moda de los ochenta de familiares de Franco que escribían sus experiencias, como hiciera su excuñado Jimmy Giménez-Arnau o la tía Pila, Pilar Franco.

«TODO LO QUE TENÉIS ES PORQUE VUESTRO ABUELO ES JEFE DEL ESTADO»

La sinceridad de José Cristóbal no gustó a todos los miembros de la familia, empezando por su padre, del que heredaba el nombre. En abril de 1982 le contaba a Luis Cantero para *Interviú* lo siguiente sobre la vida del doctor Martínez-Bordiú: «A mí el que mi padre haya tenido algún ligue incluso me divierte. No creo que esto haya deteriorado su imagen, porque en España se valora mucho al conquistador». Además, añadía que «se ha exagerado mucho en ese sentido. […] Ha tenido sus ligues, indudablemente, como cualquier bien nacido, pero, por ser quien era, esos ligues se aireaban más que los de cualquier otra persona», remataba.

Estás declaraciones no gustaron mucho al marqués de Villaverde, aunque ya llovía sobre mojado. De hecho, en la misma entrevista José Cristóbal relataba así la relación con su padre: «Hasta los doce años era mi modelo y, por lo tanto, nos llevábamos bien. Yo era algo así como su segundo mayordomo, con lo cual le venía fenomenal. Incluso el primero, porque normalmente le servía mejor que sus mayordomos. Cuando me empecé a enterar un poco de sus historias y sus rollos, me defraudó un poquito».

También narraba un bache académico a los catorce años. Su padre para animarle le prometió una moto si sacaba matrícula. Esto fue un incentivo para que el joven estudiara, pero tras lograr su objetivo su padre no cumplió la promesa. Fue su cuñado Rafael Ardid, el marido de Mariola, quien le regaló su moto antigua porque iba a comprarse otra.

En sus memorias, publicadas un año después de esta entrevista, era más explícito sobre la lejanía con sus padres en su infancia. Su gran referente en sus primeros años fue la institutriz inglesa Beryl Hibbs a la que llamaban Nani. Para José Cristóbal la inglesa fue «la única persona que verdaderamente luchó para que yo y los demás nietos no perdiéramos el sentido de la realidad» y «la persona mayor que más cariño me ha dado». «Recordad que todo esto que tenéis, vivir en El Pardo, disfrutar del monte, tener los caballos, los criados, chófer a la puerta, es porque vuestro abuelo es jefe del Estado. Cuando él falte todo cambiará», les repetía Miss Hibbs constantemente.

En su citado libro, José Cristóbal cuenta una anécdota que refleja el estilo educativo de Nani. Meses después de la muerte de Franco, cuando la abuela se trasladó al edificio de Hermanos Bécquer en el que vivían los Villaverde y sus hijos, José Cristóbal descubrió en El Pardo una habitación-almacén donde Nani había guardado todos los regalos que les habían enviado ciudadanos e instituciones a los niños Martínez-Bordiú solo por ser los nietos del general. Nani consideró que era mejor ocultar esos regalos para que los hermanos Martínez-Bordiú Franco no perdieran la perspectiva.

Motivos había para la decisión de la institutriz inglesa. Hasta tal punto vivían rodeados de privilegios, que gozaban de su propia cabalgata de Reyes. Los miembros de la Casa Militar de Franco se disfrazaban de Melchor, Gaspar y Baltasar así como de pajes. «Un año reconocí al paje del rey Baltasar, con quien había estado hablando el día anterior mientras montaba guardia en la puerta del jardín del palacio. Comenté mi descubrimiento con mi hermana Merry quien, a fuerza de preguntar, consiguió deshacer el mito», rememoraba José Cristóbal en sus memorias.

Más allá de Hibbs, en el entorno familiar José Cristóbal siempre estuvo muy influido por Merry, con la que compartía habitación en su infancia. Con ella y con Francis que «se autotituló general» y designó cabo a Merry y soldado raso a José Cristóbal. Con el tiempo, Merry abandonó la habitación, pero la conexión entre los hermanos se mantuvo fuerte durante años.

Desde joven tuvo la necesidad de buscar su propia libertad. Se educó en el elitista colegio de El Pilar en Madrid y ya con catorce años se hizo experto en eludir a sus escoltas. En una ocasión, junto con otros dos compañeros, decidió irse del colegio para visitar a un tercero que estaba enfermo. Ese día fue el primero de su existencia en el que viajó en metro.

Distinguió también muy pronto el entorno de adulación que rodeaba a su abuelo y a la familia. En sus memorias dejó constancia de cuál era la visión de los ministros, militares y empresarios que visitaban El Pardo. También reflejó la frialdad de Luis Carrero Blanco para con la familia. «No debía de ser muy amante de los niños», aseguraba sobre el presidente del Gobierno asesinado por ETA el 20 de diciembre de 1973. En presencia de Carrero los nietos percibían «una sensación de inseguridad y miedo».

«Posteriormente, me fijaría en los auténticos aduladores de una época que se congratulaban de que el régimen hubiera acabado, olvidando que ellos en su momento pusieron todo su entusiasmo y ambición en trepar por los andamios hasta las alturas de ese mismo régimen. Con frecuencia eran los más aduladores quienes más marcaban distancia», escribiría en 1983 sobre el círculo de peloteo que rodeaba al clan de El Pardo.

En octubre de 1975 empezó la carrera de arquitectura, influido por su hermana Mariola y sobre todo por su padrino, José Serrano Suñer, hijo de Ramón Serrano Suñer. Con él era con quien cazaba a menudo y su sueño era terminar la carrera para trabajar en el estudio de arquitectura de este. En el inicio de su trayectoria universitaria ganó José Cristóbal una de sus batallas particulares. Se negó a ir al campus en coche oficial y prefirió hacerlo en su moto Montesa. Una batalla, la de desprenderse del coche del parque móvil de El Pardo, que ya habían librado con éxito sus hermanos Francis y Merry.

Sin embargo, todo cambió a mediados de ese mes cuando su abuelo sufrió dos ataques cardíacos. Comenzó así el final físico de Franco, un lento caminar a la muerte que duró más de un mes. José Cristóbal tenía claro que la muerte de Franco supondría un antes y un después en la vida de la familia. «Él nos unía a todos. Intuía que al faltar él la dispersión de la familia sería el acto seguido. Cuando comenzaron las hemorragias ya sabía que lo inevitable venía, y pronto», escribía en sus memorias en 1983.

Ante lo inevitable, José Cristóbal decidió trasladarse a El Pardo, a la habitación de «la Perona», así conocida por ser la que utilizó Eva Perón durante su viaje en 1947, y dejar aparcada la carrera. También supuso la ruptura con su primera novia. No da en sus memorias la identidad de su primer romance, pero nos explica que era dos años mayor que él, «guapa, morena, bien dotada de cuerpo, se pintaba mucho y le gustaban los escotes provocativos». Con ella tuvo sus primeras experiencias sexuales. Fue cursando el COU «cuando, en clase de inglés, se apagaban las luces y nos ponían películas».

Aunque pasaron juntos el verano de 1975, tras empeorar fatalmente la salud del abuelo la historia llegó a su fin. Años más tarde José Cristóbal vivió un breve reencuentro casual en la madrileña calle Serrano: ella estaba «acompañada por quien supongo era su marido y un niño pequeño, hijo de ambos». Según el nieto de Franco «ella o no me reconoció o no quiso reconocerme y yo no hice ademán de acercarme».

El final de Franco impactó mucho a José Cristóbal. Nunca olvidó los días en el Hospital de La Paz, alargando la vida del dictador. «No quisiera tener una muerte como la de mi abuelo. […] Llegado ese momento de ancianidad y de desgaste, dejaré escrito a mis herederos que no me dejen nunca sufrir como sufrió él», escribiría, como ya hemos señalado.

UN FRANCO VUELVE A LA ACADEMIA MILITAR DE ZARAGOZA

Tras la muerte de su abuelo, José Cristóbal se encontró con que sus pronósticos se cumplían. Tal y como había asegurado Miss Hibbs los privilegios empezaban a desaparecer. Lo comprobó en febrero de 1976 cuando con dos amigos acudió a pescar lucios al monte de El Pardo. El guarda les dijo que solo podía entrar él. Él lo achacaba todo al presidente de Patrimonio Nacional, Fernando Fuertes de Villavicencio, uno de los principales colaboradores de Franco.

También el ambiente en la universidad se había vuelto hostil para él: le comunicó a su madre que tomaba la carrera de las armas. Durante cinco años José Cristóbal Martínez-Bordiú estuvo vinculado al Ejército. Su paso por la Academia Militar de Zaragoza fue especialmente diseccionado en su libro de memorias. Arrestos y sanciones fueron habituales en su carrera militar. En plena Transición José Cristóbal Martínez-Bordiú nos presentaba unas Fuerzas Armadas con los mandos especialmente preocupados por el proceso constituyente. Especialmente complicada fue su relación con el director de la misma durante un tiempo, el general Pinilla, a cuenta de un artículo que José Cristóbal publicó en la revista *Armas* que saltó a los medios de comunicación.

En su artículo José Cristóbal hablaba de la necesidad de modernizar las Fuerzas Armadas y cambiar algunas costumbres y formas de dirigir que a fuerza de antiguas resultaban poco efectivas.

En sus memorias presenta unos mandos del Ejército admiradores de su abuelo y que despreciaban las figuras de Santiago Carrillo y Adolfo Suárez. En su autobiografía deja claro que él se desvinculaba de la extrema derecha de los años de la Transición. Algo reseñable teniendo en cuenta la clase social a la que pertenecía. «Llegué a escuchar auténticas barbaridades en boca de jóvenes en los *pubs* de Madrid», afirmaba. Tan alejado estaba él de esas posturas que llegó a creerse de izquierdas o rojo «debido a mi propio talante tolerante». Tan conservador llegaba a ser el ambiente que incluso leía a escondidas a Hermann Hesse para no levantar suspicacias ni entre compañeros ni, sobre todo, ante los mandos.

Con todo, su estancia en el Ejército fue tomada por su familia como un orgullo. Un homenaje al fallecido Francisco Franco. Tanto que Carmen Polo llegó a regalarle el sable de su abuelo que tenía la siguiente inscripción: «Al comandante Franco Bahamonde sus amigos y admiradores de El Ferrol, 1922».

En la Academia Militar de Zaragoza llegó a recibir la graduación de teniente de Infantería. Fue en julio de 1979 y el acto se vio ensombrecido por un suceso que aún presenta muchas sombras.

EL INCENDIO DEL HOTEL CORONA DE ARAGÓN

El incendio del Hotel Corona de Aragón es uno de esos asuntos de los años del paso de la dictadura a la democracia que nunca han quedado aclarados del todo. Aquel día, 12 de julio de 1979, el Corona de Aragón estaba lleno; se celebraba en la Academia General Militar, ubicada en Zaragoza, la entrega de despachos, y en el hotel se hospedaban numerosos militares y sus familiares. La viuda de Franco, Carmen Polo, estaba en el hotel porque su nieto José Cristóbal Martínez-Bordiú era uno de los cadetes que iban a recibir el despacho de teniente.

Al día siguiente del incendio, que se saldó con 78 muertos y 113 heridos, en el diario *Heraldo de Aragón* se recibió una llamada en nombre de ETA en la que esta se atribuía el atentado. Sin embargo, la banda terrorista vasca nunca reivindicó oficialmente este supuesto atentado y la llamada al periódico tampoco fue verificada jamás. Un día después, el Gobierno, el segundo presidido por la UCD de Adolfo Suárez, anunciaba el carácter fortuito del incendio. Punto y final. Además, las familias afectadas no cobraron indemnizaciones porque la justicia eximió al hotel de responsabilidad alguna.

Oficialmente el fuego se inició en una churrería en la planta baja del hotel. Desde que prendió la sartén de los churros (a las 8.15 aproximadamente, según el jefe de barra de la cafetería Formigal, lugar de iniciación del fuego) hasta que las llamas aparecieron en el exterior (8.28 según los testigos) los empleados no pudieron detener el incendio. Trece minutos son la incógnita. ¿Pudo tomar tanta incandescencia la planta del bar Picadilly? Se trata de 40 metros de largo, sin un solo tabique de separación, forrado de moquetas, corcho en el techo, sofás, madera, pigmento fortísimo utilizado para pegar las propias moquetas, y un producto de semejantes características utilizado para limpiarlas.

«A las 8 y 23 minutos —comentó en su día un testigo a la revista *Interviú*— dejaba mi coche en el aparcamiento. La hora es exacta por el tique que me dieron. Dos minutos más tarde estaba en la puerta de mi casa, frente al hotel. Charlaba con el portero cuando vimos que por el cartel de Formigal salía un poco de humo. Minutos después explotaba un cristal del centro del hotel y salían llamas. Fue muy rápido». Los documentos gráficos son esclarecedores, el fuego no sale desde el suelo de la sala Picadilly, proviene del techo de corcho.

Técnicamente el recorrido del fuego fue a través de la chimenea y, además, por el espacio o abertura que media entre la salida de humos y el piso, una vez deformada la chapa metálica que reviste las paredes de la churrería por el calor. Las salidas de humos eran de chapa metálica sin revestir de ningún material resistente al fuego, y, además, pasaban por encima del forjado del piso de Picadilly. Las rejillas de salida contactaban con el cielorraso de corcho que reviste los techos que prendieron a través de aquel.

Los materiales que se encontraban en la planta de Picadilly's desprendían, según afirmaron en su día los técnicos, monóxido de carbono, ácido cianhídrico (espumas) y ácido clorhídrico (P.V.C.). No hay que olvidar que los muebles, armazones de madera y los materiales sintéticos estaban formados por policloruro de vinilo flexible en el revestimiento y espuma de poliuretano que originan humos densos y oscuros.

Las moquetas estaban compuestas por poliamidas, polipropileno, poliesteres saturados y fibras celulósicas o acrílicas. El intensísimo humo, oscuro y denso, copó la fachada del hotel y la rapidez con que se prodigó por el interior, hizo que los inquilinos no pudieran salir por ninguna parte. La escalera principal sirvió de tiro. Un técnico en incendios de la base americana intentó, con trilita, abrir salidas del humo al exterior para que no se adueñase de las distintas plantas, pero no recibió autorización.

La velocidad del fuego y las sustancias halladas son los puntos más controvertidos que esgrimen, insistentemente, aquellas personas que defienden la teoría del atentado. Durante años la autoría de ETA se mantuvo como una verdad semioficial a pesar de que la banda lo negó.

Esta versión la mantuvo el diario *El Alcázar* que inventó una historia alucinante sobre los Franco que, supuestamente, eran el objetivo de algún grupo terrorista. El día del incendio hubo llamadas para todos los gustos, desde el Grapo a la ETA, esta última organización, días antes, había hecho público un comunicado en San Sebastián, mediante el cual advertía «la suspensión temporal de actuaciones» y, posteriormente, desde Navarra descartaba cualquier intervención en el Corona de Aragón.

El miedo de la empresa era la responsabilidad civil. El seguro contratado por la misma cubría hasta diez millones de riesgo y la indemnización por muertos y heridos sobrepasa los 300 millones. La revista *Interviú*, cinco días después de los hechos, advertía de la irregularidad de las escaleras. Efectivamente, además de la principal existían tres escaleras más. Una de ellas era exterior y situada frente a la iglesia de San Ildefonso.

No estaba señalizada y era preciso llegar hasta ella a través de una habitación individual. Era metálica y enlazaba dos pisos para interrumpirse en el tercero y reanudar la conexión de dos en dos. La escalera de servicio ofrecía un rótulo en el que se leía «Salida de Emergencia», pero para llegar hasta allí era preciso entrar en la habitación del propio servicio que solo conocían los empleados del hotel. Había otra escalera de hierro en el *office*, pero en la puerta se leía: «Privado».

Aunque la posición oficial del Gobierno fue que el incendio fue fortuito, siempre se ha mantenido la duda de si se trató de un atentado terrorista. En 1981 la Audiencia Nacional dio carpetazo al asunto. Para algunos investigadores, fue un acto terrorista ajeno a ETA, llegando a especularse con que detrás estuvieran elementos de la ultraderecha para caldear la inestable situación política de la España de la época.

Años después, el 14 de marzo de 2000, el Ministerio del Interior, con Jaime Mayor Oreja al frente, consideraba una indemnización a las familias afectadas como víctimas de terrorismo. El Gobierno solicitó un informe al Consejo de Estado al respecto, aunque no asumía que fuese por un atentado. En febrero de 2009 el Tribunal Supremo reconoció que fue un atentado y que hubo al menos tres personas involucradas. Sin embargo, no se reabrió ninguna investigación para buscar a unos terroristas que pudieron actuar sin el amparo oficial de las bandas armadas que en esos años sembraban el miedo en las calles españolas.

Esta resolución del Alto Tribunal venía a dar la razón a José Cristóbal, que ya apuntó la teoría del atentado en sus memorias en 1983: «A mí, nada ni nadie me quitará la íntima y profunda convicción de que el holocausto fue un atentado en toda regla contra mi familia y contra los altos estamentos del Ejército. [...] Uno de los primeros testimonios que recogí fue el del chófer de mi abuela, que se encontraba aparcado en la acera opuesta a la entrada del hotel».

Según su relato se habían producido avisos sobre que algo se estaba organizando: «La información me había llegado por dos conductos. Según un miembro de la escolta de mi familia, se preparaba un atentado terrorista contra nosotros. Según la segunda sección del Estado Mayor de la Academia había preparada una acción contra un cadete. Debido a mis circunstancias personales, opinaban que la víctima podía ser yo».

LOS GOLPES

Durante su paso por el Ejército, el quinto nieto de Franco tuvo la oportunidad de vivir en pleno Alcázar de Toledo —uno de los grandes símbolos militares del franquismo— el intento de golpe de Estado del 23-F.

Según relató en sus memorias, la jornada fue absolutamente normal y apenas se comentó nada de lo que estaba sucediendo en el Congreso de los Diputados, donde Gobierno, oposición y periodistas estaban secuestrados por el teniente coronel de la Guardia Civil Antonio Tejero Molina.

No dejó pasar la oportunidad en sus memorias de dar su opinión sobre la verdad detrás de aquel lunes de febrero: «No me cabe duda de que el abortado golpe de Estado influyó palpablemente en el curso político. Se consiguió, a pasos acelerados, el ingreso en la OTAN, hubo un nuevo planteamiento del orden autonómico, la moderación era la orden del día, las Fuerzas Armadas fueron tratadas con sumo tacto y respeto y el rey consiguió una base popular que indicaba que la monarquía había echado raíces en el pueblo español».

El rumor de un golpe de Estado fue una constante en los primeros años de la democracia. José Cristóbal tendría contacto indirecto también con uno de los muchos grupúsculos de ultraderecha que jugaban a la conspiración. Fue el caso de un tal Jonás (nombre ficticio que da el nieto de Franco). Un joven que había estudiado con él en el colegio del Pilar, hijo de un matrimonio amigo de los marqueses de Villaverde.

El tal Jonás se encargó de la rama juvenil de la Hermandad de los Caballeros Legionarios. Un día de 1979 lo convocó en su casa y le hizo mostrar su preocupación. Jonás había asistido a una reunión con el presidente de la Hermandad en la que se habló abiertamente de un asalto a La Moncloa y hasta se enseñaron planos de la sede presidencial. La reunión había sido organizada, según el amigo de José Cristóbal, por un infiltrado de los Servicios Secretos, que querían controlar una de las muchas conspiraciones reaccionarias que se gestaban en el Madrid de la época.

Más allá de la política, otro golpe marcaría la primera juventud del quinto nieto de Franco. Un terrible accidente de tráfico que, además, tuvo lugar en una fecha señalada, el 20 de noviembre de 1981, el sexto aniversario de la muerte del dictador. Fue en Las Palmas, donde estaba destinado.

José Cristóbal se dirigía al aeropuerto de la isla para tomar un avión para Madrid y asistir al acto en recuerdo de su abuelo que tendría lugar en el Valle de los Caídos. Con su Volkswagen Golf atropelló a un matrimonio en la avenida Marítima. La mujer murió en el momento y el hombre unos minutos después. La pareja cruzó por un lugar en el que no había paso de peatones.

«Iba en el carril de la izquierda, y adelantaba a un autobús. Vi que una pareja salía delante del autobús. Pegué pisadas al freno y me desvié a la derecha. De quedarse quieta la pareja o de seguir andando, estoy seguro que los habría podido esquivar. También pude haber frenado en seco, pero me exponía a perder el control del coche y alcanzarlos seguro», rememoraba el propio José Cristóbal en 1983. No hubo juicio porque se sobreseyó la causa y ningún familiar de los fallecidos reclamó.

LA MARCHA DEL EJÉRCITO

A principios de 1982 José Cristóbal solicitó la baja del Ejército. Una decisión que tomó después de reflexionar durante meses y llegar a la conclusión de que estaba «harto de tener jefes y pasarme la vida cumpliendo órdenes». Su despedida del Ejército también fue con escándalos.

En abril de 1982 se publicó la citada entrevista suya en *Interviú* firmada por Luis Cantero en la que informaba de su salida de las Fuerzas Armadas. La reacción de sus superiores fue el arresto durante un mes en el Castillo de San Joaquín en Santa Cruz de Tenerife. Se le acusaba de tres supuestas injurias al Ejército. Estas fueron algunas de las declaraciones que más indignaron a los mandos:

> Necesitan dentro del Ejército personales leales al Rey. Entonces hay que buscar siempre personas que sepas que van a tener esa lealtad. Pueden ser los mejores o pueden no serlo. [...] Últimamente, se han hecho verdaderas barbaridades de saltar a unos sobre otros, sencillamente porque se buscaba la lealtad ante cualquier otra cosa.

También molestaron sus opiniones sobre el papel del Ejército en la sociedad española de principios de los años ochenta:

> El militar debería estar bastante más integrado. De hecho, la polarización a que está llegando el Ejército con la sociedad no conviene para nada a España, que es lo que debe interesar a todos, pero por otra parte veo que es perfectamente lógico, dada la educación del militar. Creo que la culpa de esto la tiene la Academia General Militar.

Una vez fuera de las Fuerzas Armadas, José Cristóbal sorprendió a propios y a extraños con la publicación de sus memorias, que fueron todo un éxito de ventas. Durante semanas se convirtió en una figura habitual en todo tipo de medios de comunicación. En conversación con Pilar Eyre para *Interviú* aseguraba que su intención era viajar por el mundo junto a su novia de entonces, Pilar Arias, y vivir a cuenta de los textos y fotografías que enviara a distintas revistas. Sus planes se cumplieron a medias. Sí llegó a trabajar como fotógrafo de moda, pero fue con la llegada a su vida del que ha sido su amor más importante, la modelo y presentadora canaria Jose Toledo, con la que comenzó a salir en los primeros meses de 1984.

EL GALÁN DE LOS FRANCO

Era el más atractivo de los nietos varones de Franco y su éxito entre el género femenino fue evidente durante años. Y también entre el masculino. Al menos en una ocasión tal y como aseguraría en su autobiografía. «La única proposición deshonesta que he recibido en mi vida [de un hombre] me la hizo un oficial del Aire americano que conocí durante una visita a la base de Zaragoza, a la cual habíamos sido convocados los que mejor hablábamos inglés».

En el mismo libro, como se ha recogido más arriba, relató su iniciación en el sexo con una compañera de COU, con la que rompió su idilio adolescente cuando la salud de su abuelo empeoró de manera irreversible.

A la que no cita en sus memorias es a su primera novia, que quedó reflejada en la prensa del corazón. Simplemente la define como «hermana de una actriz que buscaba publicidad para sí misma». Se trataba de Maribel Pattier, hermana de Paula Pattier, pseudoactriz de los años del destape que fue más popular en los años setenta por sus escándalos y exclusivas en la prensa del corazón que por sus méritos cinematográficos. Maribel, tras su romance con José Cristóbal en el verano de 1977, salió durante un tiempo con Jorge Juste y hasta se la vinculó con Francisco Rivera *Paquirri* tras su separación de Carmina Ordóñez.

Tras la Pattier llegó el turno de Marta Navarro Ungría, pero este noviazgo también fue fugaz. Luego llegó la fotógrafa Alicia Matoses y, por último, Pilar Arias. Con prácticamente todas sus relaciones entró en el mercado de las exclusivas. Sobre todo con Arias.

ESTABILIDAD EN EL AMOR Y LOS NEGOCIOS

Sin embargo, el gran amor de su vida ha sido María José Toledo, conocida como Jose Toledo y oriunda de Las Palmas de Gran Canaria. Cuando se enamoraron a principios de 1984 Toledo comenzaba a ser una de las modelos con más tirón de su generación. Por ello se trasladaron a vivir a Nueva York durante tres años.

La ciudad de los rascacielos, en concreto un juzgado de Manhattan, fue el lugar elegido por la pareja para convertirse en matrimonio el 23 de octubre de 1984. Después de tres años en la ciudad estadounidense volvieron a Madrid y se instalaron en una de las fincas míticas de los Franco, Valdefuentes, situada en Arroyomolinos. Tras los intentos frustrados de explotación por parte de Francis,[*] José Cristóbal se encargó de utilizarla como picadero bajo el nombre de Cercano Oeste.

Tras su vuelta a España y coincidiendo con el nacimiento de su primer hijo Daniel, en 1990, decidieron casarse por el rito católico. Fue en octubre de 1990, en la iglesia del Buen Suceso de Madrid. El mismo día celebraron el bautizo de Daniel. El padrino fue Luis Alfonso de Borbón.

Ocho años más tarde tendrían a su segundo hijo, Diego. Llegó en un momento en el que José Cristóbal ya se había quitado de encima la fama de sus años de juventud. Completamente alejado de los medios de comunicación, la cara visible era ahora su mujer, que ya se había convertido en presentadora de televisión. Tras pasar por Canal + al frente de *Los 40 principales*, se convirtió en un rostro habitual de Televisión Española. En la cadena estatal presentaba el programa *Cartelera* dedicado al mundo del cine y *Gente*, donde se encargaba del segmento dedicado a la actualidad del corazón. Compañeros de la cadena púbica dicen que se tomaba con deportividad tener que dar paso a las noticias protagonizadas por la familia de su marido. Sobre todo Carmen Martínez-Bordiú, siem-

---

[*] Véase el capítulo VIII.

pre omnipresente en la crónica de sociedad y con la que siempre le ha unido una gran amistad. De hecho, cuando Jose tenía algún trabajo de modelaje se quedaba en París en la casa de su cuñada.

Coincidiendo con la llegada al mundo de su segundo hijo, Diego, se publicó en *Interviú* un reportaje que no gustó nada a la pareja. Bajo el título «Jose Toledo y Cristóbal Martínez-Bordiú, pasión bajo el agua», la revista del grupo Z publicaba el 2 de agosto de 1998 unas fotografías del matrimonio tomadas en la playa de Sotavento de Jandía (Fuerteventura) en las que aparecían desnudos y teniendo contacto íntimo. Decidieron llevar a la publicación a los tribunales y una década después el Tribunal Supremo condenó a la revista a indemnizarlos con 180.000 euros. Según la sentencia del Alto Tribunal el «supuesto interés informativo» era «de muy difícil justificación».

José Cristóbal vivía ya entonces apartado de las mieles de la fama. Su éxito en la explotación de la finca Valdefuentes no fue su única incursión en el mundo de los negocios.

En la finca radicó también su empresa Joran Producciones, S. L., en la que aparecía como accionista su hijo Daniel. Una sociedad dedicada a la producción de anuncios y campañas publicitarias. Creada en 1997, realmente, se ha dedicado al mundo inmobiliario.

También en la finca familiar de Arroyomolinos constituyó Renval Inversiones, S. L., dedicada a la compraventa de bienes inmobiliarios por cuenta propia. En 2022 tuvo un volumen de ventas de 500.000 euros.

A lo largo de los años no ha descuidado su posición en los negocios familiares como Arroyo de La Moraleja, S. L., en la que ejercía como secretario. En Fiolosa, S. L., una de las sociedades creadas por Carmen Franco Polo para la gestión de su patrimonio inmobiliario en 2002, pasó a ocupar la presidencia en 2018. Fue un año después de la muerte de la matriarca del clan. También figura en Sargo Consulting, S. L. como consejero, al igual que sus hermanos, salvo Carmen, Mariola y Arancha.

DIVORCIO Y VUELTA AL PRIMER PLANO

En los últimos años parecía seguir firme en su decisión de no volver a la primera línea mediática. A pesar de ello, por haber sido protagonista de las revistas del corazón en su juventud, su divorcio de Jose Toledo en el verano de 2017 tampoco pasó desapercibido a los medios, aunque no con la relevancia que se podía esperar de alguien de la saga.

La presentadora canaria y Cristóbal Martínez-Bordiú formaban una de las parejas aparentemente más estables del panorama social. Más de tres décadas juntos, dos hijos y un perfil bajo en todo lo que se refería a la vida privada de ambos. La separación matrimonial no solo sorprendió a la prensa, sino también a las amistades no íntimas, que desconocían la existencia de los desencuentros de la pareja que terminaron en divorcio.

En 2019, cuando se materializó, después de meses de enfrentamientos, la exhumación de los restos de su abuelo del Valle de los Caídos, José Cristóbal volvió al foco público cuando fue el elegido por el Ejecutivo de Pedro Sánchez junto a su hermana Merry para estar presente en el momento de abrir la tumba. Eran los dos únicos familiares que podían estar en ese momento.

La guerra durante meses entre la saga y el Gobierno de España los volvió a poner en el epicentro de la actualidad política. En su juventud, cuando publicó sus memorias en 1983, José Cristóbal dejó clara su equidistancia con algunos asuntos y su rechazo a los postulados de la extrema derecha. Los años cambiaron algunos de sus puntos de vista y se acercó a posturas más radicalizadas. Mantener la fortuna tras la muerte de la matriarca en 2017 y defenderse de lo que consideran agresiones externas son los objetivo de los Franco. José Cristóbal vaticinó en su libro *Cara y cruz. Memorias de un nieto de Franco* (Planeta, 1983) que tras la muerte del abuelo se produciría una separación familiar. Ahora, medio siglo después, ese proyecto común los ha vuelto a unir después de muchos años de dispersión familiar, cuando el propio José Cristóbal diseccionó con una sinceridad sorprendente a los Martínez-Bordiú Franco.

XI

ARANCHA MARTÍNEZ-BORDIÚ. LA DESCONOCIDA

El 27 de julio de 1996 la carretera de Sada (A Coruña) vivió un atasco digno de la M-30 en hora punta. Además, en los arcenes se concentraban los vecinos y curiosos para asistir a un desfile de títulos nobiliarios y personajes del papel cuché. Carmen Martínez-Bordiú y su hijo Luis Alfonso de Borbón fueron los que más llamaron la atención de los congregados. El evento, que reunió a más de 300 invitados, tuvo lugar en el Pazo de Meirás. Casi desde veinte años atrás, con la boda de Merry Martínez-Bordiú y Jimmy Giménez-Arnau, el lugar de veraneo de Franco no era protagonista de un cónclave familiar.

Se casaba la nieta menor, Arancha, y ese día se convertiría en una excepción en su biografía. Por primera y última vez era la protagonista de la noticia. Vestida de blanco acabó ocupando la portada de *¡Hola!* Una rareza en una mujer acostumbrada a no tener protagonismo en los eventos que van a ser noticia inevitable para la prensa del corazón.

Arancha se casaba ese día de julio de 1996 con el coruñés Claudio Quiroga Ferro, hijo de una influyente familia gallega. Su padre, Fernando Quiroga Piñeiro, fue en su momento director general de Unión Fenosa, empresa de los Barrié de la Maza, tan vinculados siempre a la familia Franco.* Además, era presidente del club de golf A Zapateira.

---

* Véase el capítulo III.

Arancha Martínez-Bordiú es la más discreta de la familia junto a su hermana Mariola. En su caso, además, de cara a los medios ha tenido la suerte de ser la última nieta en llegar. Es decir, en su caso no hay tantas imágenes oficiales como las hay de su hermana mayor. Aunque su boda fue portada de la revista más importante del *cuore*, no fue un evento de Estado. Cuando su abuelo murió tenía apenas trece años y por ello la gran mayoría de las imágenes que hay de ella son de su infancia. Sobre todo, en actos familiares, como cuando posaron todos juntos con el benjamín de la familia, Jaime, alrededor de la matriarca doña Carmen.

ALÉRGICA A LA PRENSA

María Aranzazu Martínez-Bordiú Franco, conocida desde pequeña como Arancha, nació en Madrid en 1962 y se crio en Hermanos Bécquer lejos del protocolo cuartelero de El Pardo. Estudió Secretariado Internacional, aunque su pasión ha sido la restauración de muebles. Una afición que comparte con su hermana Merry.

Al igual que Carmen o Mariola también pasó por las expertas manos del doctor Vilar-Sancho. Ella también se apuntó a la moda de la nariz de los Franco. Claro que ella, además, se retocó mentón y pómulos.

Siempre ha estado muy unida a su hermano Jaime y, junto a él, a su sobrino Luis Alfonso, lo que les hizo tener mucha conexión con su hermana mayor Carmen.

Tal vez por esta unión especial con Carmen Martínez-Bordiú se prestó a formar parte de la exclusiva que esta vendió para su tercera boda con José Campos. Tampoco faltó a la boda de su sobrino Luis Alfonso en la República Dominicana con Margarita Vargas, uno de los enlaces que más ríos de tinta hizo correr en la década de los 2000. Estas, como su propia boda, son algunas de las excepciones a la regla de su vida: no aparecer en actos públicos. Algo que ha tenido claro desde los primeros años de su vida. Paloma Barrientos cuenta que cuando iba al instituto solo daba como apellido Martínez para que nadie la identificara con su polémica familia.

Arancha, junto a Jaime, fue una habitual de los saraos capitalinos de los ochenta y los primeros noventa. Del Madrid paralelo a la «movida», el de los niños bien. Archy y Joy Eslava eran sus templos. Y durante años se movieron en el entorno de amistades del entonces príncipe Felipe, así como de su hermana la infanta Cristina.

Los nombres célebres y las conexiones de Arancha con la *jet set* son una constante en su biografía. Por eso ella, aunque parece que no está nunca en los grandes ambientes sociales, jamás ha dejado de estar. Una prueba de ello es que, como contaba María Eugenia Yagüe en *El Mundo*, durante un tiempo jugó al pádel junto a Cristina Villar-Mir, hija del fundador del grupo Villar-Mir, y esposa de Javier López-Madrid, el polémico empresario conocido en su día por la amistad con la reina Letizia, que acabaría saltando a los papeles por una desagradable historia con la dermatóloga Elisa Pinto. Un asunto que todavía colea en los juzgados.

ENAMORADA DE SU PRIMO

En los años ochenta los hermanos Jaime y Arancha mantuvieron sendas relaciones con dos hermanos también con apellidos ilustres. Él con Miriam Ungría, y Arancha con el hermano de esta, Adolfo. Dicen que fue el primer gran amor de juventud de Arancha pero que su gran pasión, antes de conocer a su hoy marido, fue su primo hermano Alejo Martínez-Bordiú, hijo del barón de Gotor y hermano del popular Pocholo.*

En un principio esta historia molestó mucho tanto a los padres de Alejo como al progenitor de Arancha. El marqués de Villaverde se lo tomó como la enésima excentricidad de uno de sus descendientes. Sin embargo, Carmen Franco se mantuvo más comprensiva.

Lo cierto es que se llegaron a plantear un matrimonio, pero finalmente, el amor acabó por desaparecer y no oficializaron su historia. Tiempo después, en la vida de Arancha entró el que hoy es su marido.

LOS NEGOCIOS

La discreción y su obsesión por pasar desapercibida, no la han hecho olvidar el mundo de los negocios. Mientras su marido se ha dedicado a la

---

* Véase el capítulo XV.

importación y exportación a China durante unos años, Arancha no ha descuidado su papel en el emporio empresarial de los Franco. También ha intervenido en ellos el propio Claudio Quiroga, participando en el bufete de abogados que su cuñado Jaime organizó en Hermanos Bécquer y que ha llevado la asesoría legal del *holding* familiar durante años.

Arancha, junto a su hermana Merry, figura como apoderada de la empresa MarletMakai, S. L. dedicada a la «promoción, construcción y arrendamiento de todo tipo de inmuebles». Merry es administradora única y también figura como apoderada la hija de Merry y Jimmy Giménez-Arnau, Leticia. La empresa, cuyo domicilio social está en el número 105 de la calle Doctor Esquerdo, en Madrid, inició sus operaciones el 27 de noviembre de 2006. En el ejercicio de 2018 (último disponible) tuvo unos beneficios de 48.020 euros y un límite de crédito de 200.000 euros y unos fondos propios de 4,12 millones de euros. En 2008 realizaron una ampliación de capital de 1.505.000 euros.

Más allá de los negocios familiares, Arancha figura como administradora única en dos empresas dedicadas a una especialidad de los Franco, la especulación inmobiliaria. Una de ellas es Gold Runinvestments, S. L., cuyo objeto social es «la compraventa de bienes inmobiliarios y la explotación de locales de negocios». Arrancó su actividad el 30 de noviembre de 2023. Su domicilio social estaba en la calle Felipe IV de la capital de España, pero el 29 de abril de 2024 se anunció legalmente el cambio de domicilio trasladándose al número 7 de la calle Ayala, también en Madrid. En agosto de 2024 realizó una ampliación de capital de 238.000 euros. En total tiene un capital social desembolsado de 241.000 euros.

Con anterioridad, el 30 de octubre de 2006, se había lanzado al sector de la promoción inmobiliaria con Borma 27, S. L. Dedicada a la «compraventa, intermediación, arrendamiento, administración, explotación y promoción de bienes inmuebles», está situada en la avenida Pío XII de Madrid y tiene un capital social suscrito de 4,64 millones de euros y un límite de crédito de 200.000 euros.

Lejos de la fama, las polémicas y los recelos que genera su apellido, Arancha Martínez-Bordiú no ha renunciado a la vena financiera del clan.

XII

JAIME MARTÍNEZ-BORDIÚ. COLECCIONANDO ESCÁNDALOS

Cuentan que en una ocasión, en los primeros años de la democracia, Jaime Martínez-Bordiú Franco, apenas un preadolescente en la época, le preguntó a su abuela Carmen Polo que qué era la libertad de expresión. «Que se metan con nosotros», fue la respuesta de la abuela. *Se non è vero, è ben trovato.* El último de los nietos del dictador tendría durante una buena época de su vida una generosa ración de lo que la abuela llamaba libertad de expresión.

Jaime Felipe Martínez-Bordiú Franco nació en Madrid el 9 de julio de 1964. Al igual que su hermana Arancha, era aún un niño (once años) cuando falleció el general, y la familia dejó de ser la primera del país para ser la más escrutada por los medios de comunicación. Precisamente por esa circunstancia, al igual que Arancha, durante los años de mayor apogeo mediático de la dinastía vivió en un segundo plano. Apenas un pie de página en la crónica de los eventos familiares.

En el Madrid de los ochenta, Jaime se movió como pez en el agua entre los niños bien de la capital, que también tuvieron su propia *movida.* Eso sí, en lugares para *pijos.* Eran los tiempos en los que compartía amistad y salidas con el entonces príncipe Felipe y la infanta Cristina, entre otros nombres notables.

Licenciado en Derecho por la Universidad Complutense, Jaime vivió un romance durante años con una de esas chicas de apellido que frecuentaba, Miriam Ungría. Se da la circunstancia de que mientras él salía con Miriam, su hermana Arancha lo hacía con el hermano de esta, Adolfo Ungría.[*]

La historia de Jaime y Miriam, que nunca aceptaron hacer declaraciones, no terminó en boda. La diseñadora de joyas acabó pasando por el altar en 1996 con Kardam de Bulgaria, heredero del último rey búlgaro Simeón, aunque nacido en Madrid donde su padre estaba exiliado y casado con Margarita Gómez-Acebo. Miriam enviudó de Kardam, con el que tuvo dos hijos, en 2017. Siete años más tarde sorprendió repitiendo nupcias con el príncipe jordano Ghazi bin Muhammad con el que se trasladó a Londres.

SU MATRIMONIO CON NURIA MARCH

También Jaime acabó pasando por el altar: fue en 1995 con la modelo Nuria March Amela que, a pesar de su apellido, no tiene nada que ver con la famosa saga banquera de Mallorca, que tan vinculada estuvo a la financiación del golpe de Estado del 18 de julio de 1936.

La boda tuvo lugar en los Jerónimos en Madrid y fue uno de los grandes eventos para la familia Franco y también para la prensa del corazón. El príncipe Felipe y la infanta Cristina de Borbón ejercieron de testigos. El matrimonio, a su vez, acudiría como invitado a la boda de la infanta con Iñaki Urdangarin en octubre de 1997.

Nuria March ya era en ese momento una conocida modelo: su rostro había aparecido en un *spot* televisivo de leche Pascual y luego ejerció durante años como relaciones públicas de Carolina Herrera. Hoy tiene su propia agencia de comunicación, Nuria March Comunicación, especializada en moda, belleza, gastronomía y estilo de vida. Ha trabajado con marcas como Ferrari, El Corte Inglés, Sesderma o NH Hoteles. Además, está al frente de su propio pódcast *En marcha* donde ha entrevistado a personalidades como Carla Royo-Villanova, Rafael Ansón o Konstantin de Bulgaria.

En 2002 el matrimonio llegó a su fin después de haber tenido un hijo, Jaime. Mucho se comentó en su momento sobre el motivo de la ruptura.

---

[*] Véase el capítulo XI.

El menor de los Martínez-Bordiú Franco ya estaba envuelto en sus problemas de adicción que años después confesaría en un plató de televisión. Apoyado por su familia, decidió buscar ayuda y a través de su hermana Mariola recurrió a un centro en Barcelona. No funcionó. Sería en una segunda ocasión cuando Jaime conseguiría superar sus problemas con la cocaína.

Nuria March no ha dejado de ser un personaje interesante para la prensa del corazón. Tras su divorcio se la relacionó con Adolfo Díaz, pero fue con el directivo de la firma de moda británica Hackett, José María Pasquín, con quien reincidió en el matrimonio. La unión duró nueve años. En 2017 conoció al empresario estadounidense George Donald Johnston III en una cita a ciegas organizada por unos amigos en común. El 10 de junio de 2022 se casaron en Londres. Una boda que fue noticia rosa obligada. Los novios celebraron el ágape nupcial en el Museo de Historia Natural de la capital británica. Entre los asistentes, amigos famosos españoles de Nuria como Marta Sánchez, Vicky Martín-Berrocal o José María Cano. También estuvo su hijo Jaime Martínez-Bordiú Jr.

LA VIDA SENTIMENTAL DE JAIME DESPUÉS DEL DIVORCIO

Volviendo a Jaime Martínez-Bordiú Franco, tras su ruptura matrimonial llegó a su vida la amazona Patricia Olmedilla con la que se paseó por las fiestas de la *jet set* capitalina hasta 2005. Su ruptura fue tormentosa, pero ninguno hizo declaraciones comprometidas a los medios de comunicación.

En 2006 vivió un romance con la hoy mediática Marta Flich. La actriz, presentadora y economista valenciana trabajaba entonces para una entidad financiera. Aunque el romance fue breve, con ella acudió a la tercera boda de Carmen Martínez-Bordiú. El enlace en Santander con José Campos en 2006 fue uno de los eventos más seguidos de la prensa del corazón. Había exclusiva de por medio y Marta y Jaime posaron para el reportaje.

La relación duró muy poco. Hoy, Marta Flich triunfa al frente de *Todo es mentira* en Mediaset y está casada desde 2019 con el periodista Edu Galán, director de *Mongolia*. Tras este breve romance llegó a la vida de Jaime Martínez-Bordiú su historia de amor más turbulenta: fue con la presunta cantante Ruth Martínez.

CONDENA POR MALOS TRATOS

La relación entre el nieto de Franco y Ruth fue desde el principio calificada de tormentosa. Con varias rupturas en su historia, en una de sus reconciliaciones Ruth declaraba, en diciembre de 2007, a *Extra Confidencial* lo siguiente: «Jaime ha dado un cambio impresionante en las últimas semanas; nuestro amor está por encima de todo. Nunca me he sentido una mujer maltratada, pues solo hice referencia a dos episodios muy concretos de nuestra vida que ahora no quiero ni siquiera recordar. Pretendo ser feliz y estoy labrando el camino para que así sea. Él es muy importante para mí, de verdad».

En esas fechas ya habían saltado a los medios los problemas con las drogas de Jaime. Una adicción a la cocaína que reconoció en un plató de Antena 3. En esa época convulsa de su biografía también protagonizó un momento televisivo para recordar. Entró por teléfono en *La noria* de Telecinco donde su excuñado Jimmy Giménez-Arnau hablaba mal de la familia Franco. En el enfrentamiento Jaime salió escaldado cuando el periodista le recomendó que se curara de sus adicciones y su condición de condenado por malos tratos a Ruth Martínez.

La condena llegó después de una larga lista de escándalos que fueron puntualmente recogidos por los medios de comunicación. La pareja se había conocido en un mal momento para ambos. Jaime vivía imbuido en su relación con las drogas y Ruth atravesaba un bajón anímico tras perder un hijo por una meningitis. La novia del nieto de Franco había estado casada con Ramsés Albiñana, hijo de un importante productor audiovisual. El padre de Ruth era el dueño de la constructora Martínez Arcas y ella estudió decoración de interiores llegando a diseñar el estudio del bailaor Joaquín Cortés.

La relación estuvo dominada desde el principio por las polémicas. La primera denuncia por malos tratos llegó en junio de 2007 y fue en París. La pareja se encontraba en la capital gala para asistir al bautizo de Eugenia, la hija primogénita de Luis Alfonso de Borbón y Margarita Vargas. Según se publicó, Ruth y Jaime tuvieron una violenta pelea en el hotel en el que se alojaban en la ciudad del Sena. Ruth retiró la denuncia porque enseguida hubo reconciliación.

Sin embargo, el siguiente episodio tuvo lugar en agosto y acabó con una orden de alejamiento y la prohibición de comunicarse con ella para el nieto de Franco. Fue en el conocido hotel Biblos de Marbella. Tras personarse la Policía, ella denunció por malos tratos a Jaime que pasó la noche detenido, y, tras pasar a disposición judicial, se decretó la citada orden de alejamiento. Fue el punto final de su relación sentimental.

Ruth todavía tuvo un cierto recorrido mediático. Negoció su presencia en algún programa del corazón, pero no se materializó. Lo que sí llevó a cabo fue la publicación del disco *Contrato de palabra* bajo el seudónimo de Ruth Lee. No era la primera vez que Ruth se lanzaba al mundo musical. Ya en 2003 publicó un disco bajo el nombre de *50 grados* que pasó totalmente desapercibido. Tres años después, poco antes de conocer a Jaime Martínez-Bordiú, grabó una versión de «Oh, Happy Day» para la final de la Champions League.

En diciembre de 2003, Ruth llegó a actuar en el Nou Camp junto a Manu Guix, conocido por ser profesor en distintas ediciones de *Operación Triunfo*. Guix acabó siendo el productor de su disco como Ruth Lee. Lo cierto es que el disco llegó a tener solo cierto interés mediático por su escándalo con Jaime Martínez-Bordiú, algo que no gustó nada a Ruth Martínez, que se mostraba desagradable con los periodistas que acudían a entrevistarla.

Seis años más tarde reincidía en el mercado musical con el disco *Flores a María*. Volvió a pasar desapercibido totalmente, salvo por ser la ex del nieto de Franco. «No sé si me ha influido lo de Jaime o no, porque la verdad es que después de todo aquello me retiré por completo; supongo que por un lado sí, y por otro no. Lo cierto es que mi trabajo está ahí, está terminado y hay que defenderlo. Es que no sabría responder a eso. Me perjudicó más a nivel personal, eso sí, porque fueron momentos muy difíciles», llegó a declarar en *Vanitatis*.

En abril de 2009 el Juzgado de lo Penal número 20 de Barcelona condenó a Jaime Felipe Martínez-Bordiú Franco a un año de prisión por maltrato y amenazas. La Fiscalía pedía cuatro años y medio. Sin embargo, el juez absolvió a Jaime del delito de coacciones. A pesar de que la sentencia no suponía su entrada en prisión por carecer de antecedentes penales, Jaime decidió presentar un recurso.

En enero de 2010 la Audiencia Provincial de Barcelona desestimó el recurso y confirmó la sentencia anterior. Quedó probado que el hijo de la duquesa de Franco cogió de los brazos a su pareja y la tiró sobre un sillón, mientras la advertía que no se iba a marchar. Además, cuando la mujer empezó a colocar sus cosas en la maleta, el acusado se la arrebató y la tiró al suelo, y le dijo que iba a comprar todos los billetes de avión a Barcelona para que no pudieran venderle ninguno.

Según el relato de hechos probados, Ruth Martínez insistió en hacer su maleta y Jaime le propinó una patada a una silla que provocó que el ordenador que había encima cayera sobre su novia, que salió de la habitación y logró acercarse a la recepción. Cuando Jaime llegó también, Ruth le comunicó que había pedido un taxi y que había llamado a la Guardia Civil, aunque en realidad lo había hecho a la Policía Nacional. Jaime le dijo que si eso era verdad la mataría.

En esa época, no fue el único escándalo que dañó aún más la imagen de Jaime Martínez-Bordiú. En abril de 2010, después de salir de un *after hour* en Las Rozas (Madrid) vivió un esperpéntico suceso. Fue denunciado por un conductor que aseguraba que le golpeó con su coche y que se negó a darle los datos del seguro y que, además, llegó a desenfundar un revólver y efectuar hasta cuatro disparos. Jaime siempre lo negó y afirmó que su actitud se limitó a insultar al denunciante. Lo cierto es que la Policía registró el coche del nieto de Franco y no encontraron ni el arma, ni pólvora o restos de casquillos. Quedó en libertad con cargos. Finalmente, no resultó condenado.

Claro que lo peor sería en mayo de 2010, cuando llegó a ser imputado en un asunto relacionado con el tráfico de drogas. Fue en el Juzgado de Instrucción número 2 de Requena (Valencia). Los hechos se remontaban al 16 de diciembre de 2009 cuando en un control de tráfico agentes de la Guardia Civil dieron el alto a un vehículo en el que viajaban dos hombres colombianos residentes en Madrid. Dentro del vehículo hallaron seis kilos de cocaína y documentos de Jaime Martínez-Bordiú.

Según publicó en su momento *Interviú* lo que encontró la Guardia Civil en el vehículo eran una tarjeta Visa Oro expedida por Deutsche Bank para el nieto de Franco y un carné de patrón de yate, igualmente a nombre de Jaime Felipe Martínez-Bordiú Franco. En un principio, los agentes atribuyeron el hecho de que ambas tarjetas estuvieran en manos de los detenidos a un robo que, por otra parte, nunca había sido denunciado. Si bien los detenidos dijeron que Jaime no tenía nada que ver con la droga, el nieto del dictador tuvo que declarar como imputado en el citado juzgado levantino. No hay testimonio en la hemeroteca de cómo terminó este asunto.

SU SEGUNDO MATRIMONIO

Para entonces ya había entrado en su vida un nuevo amor, parece que esta vez el definitivo en la vida del pequeño de los Martínez-Bordiú Franco. Marta Fernández llegó en su peor época, 2009, y dicen que para Jaime fue un bálsamo y el empujón definitivo para salir de su vida de adicciones.

Marta vivía en Vigo y conoció a Jaime por casualidad. Por él se trasladó a vivir a Madrid. La relación llegó a ser tan estable que en abril de 2021 se casaron en una ceremonia ante notario que solo trascendió a la prensa días después de haber tenido lugar. Fue el 7 de abril en la notaría de Luis Pérez-Escolar, íntimo amigo de Jaime, en la calle Fortuny de Madrid. Entre los cuatro testigos que asistieron estuvo Luis Alfonso de Borbón, siempre unido a su tío. Apenas los separan diez años y durante su adolescencia los vínculos del pretendiente al trono de Francia con el hermano menor de su madre se hicieron inquebrantables.

La despedida de soltera de Marta Fernández, tal y como recogió *¡Hola!*, tuvo lugar en la República Dominicana en la casa que tiene allí su amiga Raquel Bernal, conocida por su breve matrimonio con Álvaro Muñoz Escassi. Fue a ritmo de Juan Magán y junto a ella estuvieron amigos como Beltrán Gómez-Acebo, Abel Matutes Prats o Javier Hidalgo.

Jaime se casó con unos gemelos con el escudo de armas de su abuelo que le había regalado Carmen Polo décadas atrás. El anillo de compromiso que Jaime regaló a Marta fue uno de esmeraldas que había pertenecido al tan comentado joyero de su abuela.

Tras la breve ceremonia civil el matrimonio y sus testigos comieron en el célebre restaurante Jockey de Madrid. Uno de los lugares más frecuentados por la alta sociedad y que ha sido rebautizado como Saddle. La noche de bodas decidieron pasarla en el hotel Four Seasons.

Ese mismo verano de 2021 la nueva señora de Martínez-Bordiú inauguraba en Marbella Truhán, una discoteca para mayores de cuarenta. Precisamente en la Costa del Sol Jaime volvió en el verano de 2019 a la página de los sucesos. La familia estaba de nuevo en el foco por su guerra contra el Gobierno de Pedro Sánchez por la exhumación de los restos de Francisco Franco del Valle de los Caídos. En medio de esa tormenta mediática, Marta Fernández fue la protagonista de un encontronazo en un local marbellí, El Patio. Según recogieron varios periódicos, la pareja acudió allí para disfrutar de una noche junto a nombres habituales de la *jet set* como Carmen Lomana o el matrimonio formado por Gunilla von Bismarck y Luis Ortiz.

Según varios medios, Marta habría tenido un enfrentamiento con una mujer de avanzada edad, en principio por haber ocupado la mujer una mesa que estaba reservaba para la pareja. Marta Fernández lo desmintió de forma inmediata en *Vanitatis*: «A mí no se me ha notificado nada. Es puro oportunismo lo que se ha publicado. Estos hechos son de una fiesta del 9 de agosto. Evidentemente ha salido ahora la noticia falseando todo lo ocurrido, porque en estos días los Franco son noticia por la exhumación del abuelo de Jaime. Atacar a un Franco es como un deporte nacional ahora mismo».

Más allá de los escándalos, Marta Fernández pareció cogerle gusto al sector hostelero y en abril de 2024 inauguró un restaurante en la madrileña calle José Abascal, Las Bridas. Para este negocio se unió a los hermanos Luis y Mónica Torremocha del grupo Tonteo. En su inauguración estuvieron famosos como Hubertus de Hohenlohe, Nicole Kimpel (pareja de Antonio Banderas) o el matrimonio formado por Diego Simeone y Carla Pereyra.

«No tenía ningún antecedente profesional en este sector, pero sí sabía lo que no me gustaba cuando acudía a un sitio de playa. Funcionó muy bien, pero era complicado vivir a seiscientos kilómetros y estar al tanto de todo. Lo dejé y fue cuando decidí que me gustaba ese mundo. Abrí Truhán, que ha sido y es un éxito, y ahora quiero convertir Las Bridas en un lugar para quedar y tomar el aperitivo, comer y cenar», le confesó a la periodista Paloma Barrientos.

También a Barrientos le aseguró que en sus negocios nada tenía que ver su marido Jaime Martínez-Bordiú. «Él tiene sus negocios y sus inversiones, y esto es mío», recalcaba Marta Fernández. Un terreno, el de los negocios, que ni en sus peores épocas ha descuidado el menor de los nietos de Franco.

EL ABOGADO DEL EMPORIO FRANCO

Licenciado en Derecho, Jaime Martínez-Bordiú no descuidó su papel en el emporio empresarial familiar. Su llegada a la edad adulta coincidió con un momento en el que a su padre, el marqués de Villaverde, comenzaba a sustituirle su hermano mayor Francis como cabeza visible de los negocios de la estirpe. Un papel que también tendría durante un tiempo su sobrino Luis Alfonso de Borbón.

Jaime, dada su formación, pasó a ser el abogado de la familia. Montó su propio despacho en el buque insignia de la familia: el número 8 de la calle Hermanos Bécquer. En el mismo también participaba su cuñado Claudio Quiroga, el esposo de su hermana Arancha.*

El nombre de Jaime ha aparecido durante años en el consejo de administración de gran cantidad de las sociedades que han ido constituyendo los Franco a lo largo de los años. Así, por ejemplo, aparece en Francoveda, S. L., Proazca, S. A., Fiolasa, S. L., MGO Consulting, S. L. y Abanco 98, S. L.

Francoveda fue creada en 2003, con domicilio en el municipio madrileño de Villanueva de la Cañada, con el objeto social de «prestación de servicios de asesoramiento e información económica financiera». También en la misma localidad, Jaime tiene radicada una sociedad en la que figura como administrador único: Cronical Businness S. L., que presentaba en 2021 unos activos de 4,3 millones de euros. Nuevamente en Villanueva de la Cañada creó en 2020 la empresa Trimen Almonmardiu S. L., que hoy está inactiva.

Sí está activa la empresa que creó en 2017, también en ese municipio, junto a Marta Fernández: Mardiu Business, S. L., que tiene como objeto la «promoción inmobiliaria, actividades de intermediación en operaciones con valores y otros activos y la compraventa de bienes inmobiliarios por cuenta propia». Un año después de su creación ya presentaba un capital de 1.395.009 euros. No es el único negocio que comparte con Marta Fernández. En 2021, y en Hermanos Bécquer, crearon Trimen Hispania, S. L., donde ambos son administradores solidarios. Dedicada también al mercado inmobiliario.

---

* Véase el capítulo XI.

Dentro de su papel en el organigrama empresarial familiar destaca su actuación en Centro de Agentes Unidos de Calzado Español, empresa que administraban su madre Carmen Franco y su hermano Francis Franco de manera conjunta. A finales de 2016, Jaime se convirtió en el administrador único de la misma. Con sede, como era habitual en ellos, en Hermanos Bécquer, se dedicaba al alquiler de bienes inmuebles y la representación de firmas de calzado. Esta sociedad había recibido una sanción de Hacienda en 2008 de 50.739 euros por el pago del IVA correspondiente a los ejercicios 2002 y 2003. La clave estaba en el IVA correspondiente a unas obras de reparación en uno de los bienes inmuebles que alquilaban. Tras recursos y negaciones, en 2016, un año antes de la muerte de Carmen Franco y Polo, fue Jaime quien asumió el papel de administrador único en una de las muchas sociedades que crearon los Franco para controlar su imperio inmobiliario.

Lo cierto es que a lo largo de su biografía Jaime Martínez-Bordiú ha estado siempre atento al mundo de los negocios. Así llegó a comprar puestos en Mercamadrid para proceder a arrendarlos después. En 1998 llegó a adquirir un piso en la madrileña calle Arzobispo Morcillo por algo más de 40 millones de pesetas (más de 240.000 euros) que también dedicó al alquiler.

MGO Consulting, otra de sus sociedades inmobiliarias, fue creada con sede en la calle Génova de Madrid. En Estacionamientos Urme, S. L. llegó a contar con un nombre de relumbrón en el ámbito financiero madrileño: Miguel Blesa. El que fuera polémico presidente de Caja Madrid e íntimo amigo del expresidente del Gobierno José María Aznar, figuraba como secretario. Fue mucho antes de la caída en desgracia de Blesa, que se convirtió en el protagonista de uno de los mayores escándalos financieros de la España de la crisis. Miguel Blesa se quitó la vida el 19 de julio de 2017.

Según publicó *El País* en 2019 Jaime Felipe Martínez-Bordiú Franco posee en firmas una fortuna de 900.000 euros dentro del emporio empresarial familiar. Una posición en los negocios, tanto en conjunto con miembros de la saga, como en solitario, que el nieto más polémico nunca ha dejado en el olvido.

XIII

LLAMARSE FRANCO EN EL SIGLO XXI. LOS BISNIETOS

La tercera generación de descendientes directos de Francisco Franco está compuesta por 13 hombres y mujeres. Eran 14, pero Francisco, el mayor, falleció en accidente de tráfico en febrero de 1984. Son los hijos de Carmen, Mariola, Francis, Merry, José Cristóbal y Jaime. A diferencia de sus padres y tíos, salvo alguna excepción, no han entrado en el negocio de las exclusivas de la prensa del corazón.

Casi todos se mueven en el ámbito de los negocios y han conseguido evitar ese mantra que dice que ninguna fortuna familiar supera la tercera generación. Se mueven en distintos ámbitos económicos y también, a pesar de la obsesión de la mayoría por la discreción, en los sociales. Se desenvuelven en el círculo de los apellidos del poder e incluso han emparentado con ellos a través de sus matrimonios.

También son la generación de las redes sociales. Sin bien son alérgicos a los medios, algunos de ellos dan cuenta de su vida a los seguidores de sus cuentas en distintas redes. También de sus opiniones políticas. Si la generación de sus padres, con la salvedad de Francis, evitaba el tema, la nueva generación muestra con orgullo descender del dictador.

Siempre ha llamado la atención cómo alguien tan bregada en los medios de comunicación como Carmen Martínez-Bordiú no tenía una respuesta para el tema que, inevitablemente, iba a salir en sus entrevistas. Siempre se mostró incómoda cuando le interrogaron sobre la dictadura periodistas como Jesús Quintero, Mercedes Milá o Ángel Casas.

La nueva generación no tiene problemas en ese aspecto. No hay ambigüedades, ni prudencias. Cuando en 2019 empezó la guerra con el Gobierno por la exhumación de los restos del dictador, la familia, en la que siempre habían estado cada uno por su lado, se unió ante una agresión para proteger el legado (y el patrimonio del general). Muchos bisnietos mostraron sus opiniones en redes, de Cynthia Rossi a Miriam Guisasola. Estuvieron casi todos los días de la exhumación dando imagen de unidad. Eso los puso en el punto de mira de los medios de comunicación.

Los 12 nombres que analizamos a continuación (Luis Alfonso por sus circunstancias tiene capítulo propio) son los Franco del siglo XXI.

CYNTHIA ROSSI

Vino al mundo después de dos tragedias que habían marcado a sus padres: la muerte de Fran, hijo mayor de Carmen Martínez-Bordiú, y de Mathilda, hija de Jean-Marie Rossi. Por ello, su nacimiento fue un punto de inflexión en una familia después de dos grandes tragedias. Vino al mundo el 28 de abril de 1985 y, en homenaje a sus hermanos fallecidos, se la bautizó como María Cynthia Francisca Matilda Rossi Martínez-Bordiú.

En contradicción con lo que sería su vida, las semanas antes de su alumbramiento fueron de gran intensidad informativa para la familia. Cuando sus padres se casaron el 11 de diciembre de 1984 trascendió que Carmen estaba embarazada de cuatro meses. Por ello, en enero y con la excusa de un concierto de Julio Iglesias, Carmen Franco por fin se decidió a visitar a su hija y su nuevo yerno.

Hasta la capital francesa se desplazaron varios fotógrafos españoles. La imagen de la marquesa de Villaverde por fin junto a su yerno y, además, con una Carmen en avanzado estado de gestación, era un *scoop* que se pagaba bien. Por si faltara aderezo, la nieta de Franco compartió butaca preferente con una de las mujeres más ricas del mundo, su amiga Cristina Onassis, que estaba también embarazada de su hija Athina, hoy heredera y única superviviente de la familia griega.

Además, el duque de Cádiz, el exmarido de Carmen, también estaba en la ciudad del Sena para asistir a un evento relacionado con su puesto en el Comité Olímpico Español (COE). El duque daría una sorpresa a su exmujer cuando unas semanas más tarde, cuando Carmen estaba ya de ocho meses, recibió la citación de un juzgado español para acudir como testigo en un juicio por una querella por injurias que Alfonso de Borbón había presentado en 1982 contra José Luis de Vilallonga por un artículo satírico que este había publicado en *Interviú*. Carmen alegó para no asistir al juicio su avanzado estado de gestación. Un impedimento para viajar a España. Se libró de asistir a un juicio en el que saldría escaldado el padre de sus hijos mayores, que tuvo que pagar las costas a Vilallonga. La ausencia de Carmen incrementó los rencores del duque de Cádiz.

Cuando once días después del nacimiento de Cynthia esta iba a ser bautizada Carmen tuvo que centrar sus esfuerzos, a través de su abogada Concha Sierra, para que su hijo Luis Alfonso pudiera viajar a París. Su padre se había ido a Roma para un acto olímpico y sin autorización paterna no podía viajar a Francia. Además, necesitaba el pasaporte; España aún no era miembro de la Comunidad Económica Europea, hoy Unión Europea.

Ante este panorama familiar es fácil entender que la llegada de Cynthia supusiese un golpe de vida para Carmen. Ella misma aclararía que descubrió la maternidad de verdad con el nacimiento de su tercera hija.

Educada desde pequeña en el mundo del arte, muy influida por su padre, a nadie le sorprendió que Cynthia quisiera ser pintora y que llegara a tomar clases en el propio Louvre. Ya con ocho o nueve años vendía cuadros a los amigos de sus padres. El gen comercial también había anidado en ella.

En 2014 llegó a exponer en Madrid su obra pictórica, inspirada en Roy Lichtenstein, su pintor favorito. Sin embargo, decantaría sus estudios por la carrera de Derecho y se especializó en criminología. Eso sí, los pinceles siempre estuvieron por delante de las togas en sus intereses.

Con nueve años asistió de nuevo a la tormenta mediática que supuso la separación de sus padres. Sin embargo, la realidad de Carmen y de la sociedad española era muy distinta en 1994 con respecto a 1979. Esta vez la nieta de Franco no tuvo que elegir alejarse de sus hijos para cambiar de vida. Carmen no dejó París, aunque inició una relación con un italiano y empezó a pasar más tiempo en España, sobre todo en Madrid. Cynthia, a pesar del divorcio, pudo convivir con sus padres, aunque, en la adolescencia, cuando Carmen volvió definitivamente a España, se quedó en París con Jean-Marie Rossi. Lógico, ya que era su ciudad y había empezado sus estudios universitarios y prácticamente estaba independizada.

Cynthia Rossi tenía todas las papeletas para ser una Tamara Falcó. Niña bien y elegante, era un caramelo para la prensa rosa. De hecho, llegó a protagonizar varios reportajes de moda en publicaciones como *Vanity Fair* y *¡Hola!* Estaba claro que no tenía vocación de reina del cuché. Eso sí, su boda fue noticia rosa obligada.

En diciembre de 2015 se casó en París con el urólogo Benjamin Roguet. Una ceremonia civil en la que estuvo rodeada por su familia y que no se perdió una de sus grandes amigas, la actriz y modelo Inés Sastre, que ya entonces llevaba años instalada y triunfando en el país galo. Vestida de Pronovias, Cynthia Rossi rompió el tópico de que es la novia la que llega tarde. Roguet tardó en llegar porque la Policía lo paró y retrasó su llegada al enlace. Semanas más tarde celebraron la boda religiosa en los Alpes.

El 25 de diciembre de 2016 llegó el primer hijo del matrimonio: Joseph. Fue en Burdeos, ciudad en la que viven por motivos laborales de Benjamin Roguet. Casi tres años más tarde dieron la bienvenida a su segundo hijo. De él no ha trascendido ningún dato. De hecho, la noticia del embarazo se conoció en su recta final y por el asunto de la exhumación de los restos de Franco. Cynthia no pudo acudir al acto por lo avanzado de su estado.

Eso sí, ella ya había manifestado claramente la visión que tenía de su bisabuelo. «Creo que fue el que salvó España, le dio modernidad y la abrió al mundo. Ha gobernado España, bien o mal, según quien lo piense, pero lo hizo», declaró en julio de 2016 a *Vanity Fair*.

LOS ARDID

Los hijos de Mariola Martínez-Bordiú y Rafael Ardid —Francisco de Borja, Jaime y Javier— han seguido los pasos discretos de sus progenitores. Aunque no siempre lo tuvieron tan claro. Jaime estuvo a punto de vender la exclusiva de su boda con Carmen Panadero en el Pazo de Meirás. Cuando la noticia de la venta del reportaje se publicó en la prensa, Mariola Martínez-Bordiú intervino y cortó con el asunto de monetizar el evento familiar. Dicen que a Jaime le tentó el dinero fácil y todavía hoy se arrepiente de haber estado a punto de debutar con picadores en el mercado rosa.

El mayor es Francisco de Borja: nació el 20 de diciembre de 1975, un mes después de la muerte de su bisabuelo. Se casó en 2005 con María Ruiz Vega en Ciudad Real y su matrimonio apenas aparece en las notas de sociedad.

Jaime, el mediano, es el que más veces ha aparecido en la prensa y no solo por el conato de venta de la exclusiva de su primer matrimonio. Nació en Madrid el 28 de diciembre de 1976. Su boda, el 17 de julio de 2004 con Carmen Panadero, aunque finalmente no hubo exclusiva, acaparó la actualidad del corazón. Entre los invitados estuvieron amigos del novio como Colate Vallejo-Nájera o el príncipe Maximiliano de Habsburgo, con el que ha creado la Fundación Recal que está dedicada a ayudar a las personas con adicciones.

En enero de 2010, Jaime Ardid vivió uno de los momentos más duros de su vida. En la madrugada del día 22, el bisnieto de Franco sufrió un aparatoso accidente de tráfico conduciendo una moto en la que viajaba en compañía de un amigo. Fue ingresado en la UVI del Hospital Gregorio Marañón de Madrid y se llegó a temer por la posibilidad de tener que apuntarle una pierna.

Finalmente, después de semanas Jaime consiguió salir adelante, aunque el accidente fue un antes y un después en su vida. «Pasé de ser más ambicioso, más capitalista y desarrollador, que aprovecha el céntimo y los espacios al máximo, a intentar hacer proyectos con alma, con sentido, de impacto, que aporten a la sociedad», explicaría en una entrevista en *El Confidencial* en enero de 2025.

Divorciado de Panadero, una separación que pasó absolutamente desapercibida, el 28 de septiembre de 2024 reincidió en el matrimonio con una mujer también perteneciente a una saga importante: Inés Ybarra.

La boda tuvo lugar en la casa familiar de los Ybarra en Segovia, una construcción del siglo XII que restauraron en 2021. Inés, como se pudo ver tanto en las revistas como en las redes sociales, llevó un vestido blanco satén con escote en palabra de honor con una capa atada al cuello que cubría sus hombros. El remate era un collar *choker* de perlas.

Entre los invitados no faltó parte del clan Franco, como los tíos del novio Carmen, Francis y Jaime. También estuvieron Pilar Medina Sidonia, hija de la conocida como «duquesa roja», junto a su hijo Tomás Terry Jr., Maximiliano de Habsburgo o Ana Gamazo Hohenlohe, esposa de Juan Abelló.

Inés Ybarra es hoy interiorista, especialmente dedicada a las mesas. Para estas creaciones fundó la firma Casahari junto a Olivia Sartogo en septiembre de 2022. Sin embargo, sus inicios fueron en el mundo de la fotografía y su vinculación con la moda. Un mundo que le interesa mucho, igual que el del cine, en el que siente especial predilección por las cintas de Pedro Almodóvar.

Inés pertenece a una de las grandes sagas económicas del país vinculadas con el mundo de la comunicación. Su padre es Enrique Ybarra, expresidente de la Fundación Vocento y su madre, la psicóloga Ernestina Pasch, que falleció con solo cincuenta y dos años a causa de un cáncer. Su abuelo paterno era el empresario Javier Ybarra y Bergé. En junio de 1977 fue asesinado por ETA a los sesenta y cuatro años tras varios días de secuestro.

Las hermanas de Inés, Letizia y Gabriela, también han seguido los pasos artísticos de la nuera de Mariola Martínez-Bordiú. La primera es poeta y la segunda, novelista. Sobre el asesinato de su abuelo a manos de la banda terrorista escribió la novela *El comensal*, que sería la base de una película de Ángeles González-Sinde, directora de cine y exministra de Cultura en uno de los gobiernos de José Luis Rodríguez Zapatero.

El último de los hermanos Ardid Martínez-Bordiú es Javier, que nació en 1987. Se casó en enero de 2019 en Oaxaca de Juárez (México) con Fernanda Estévez Hinojosa. El enlace tuvo lugar en el momento en el que las espadas estaban en alto entre los Franco y el Gobierno por la decisión de exhumar a Franco y sobre todo contra el Estado por los pleitos por la propiedad del Pazo de Meirás y la Casa Cornide.

Hasta el país azteca viajaron, aparte de los padres y hermanos del novio, Carmen Martínez-Bordiú y su novio australiano Tim McKeague y su tío José Cristóbal Martínez-Bordiú.

La novia, que lució como vestido una creación de Lorenzo Caprile, es hija de la amazona mexicana Eugenia Hinojosa, unida sentimentalmente al médico dentista Guillermo Huber. Este contaría en una entrevista que en 1993 extrajo una muela a Michael Jackson y descubrió que el rey del pop era adicto al analgésico Demerol, parecido al que habría causado la muerte del artista en 2009.

Fernanda tiene dos hermanos, Pablo y Javier. El primero es empresario y creador de Gus Chat, *start-up* que desarrolla un programa informático con el que se puede mantener una conversación. Javier, por su parte, está al frente de la Galería Mascotas en Ciudad de México, centrada en el arte contemporáneo.

Los hermanos Ardid Martínez-Bordiú tienen un magnífico olfato para los negocios. Un mundo en el que siempre han ido de la mano de sus padres, Rafael Ardid y Mariola Martínez-Bordiú. Nunca han desatendido su participación en el grupo Didra de su padre. Su posición en distintas compañías es constante.

Francisco de Borja es consejero delegado en Mediterranean & Natural Food, S. L., dedicada a la producción de comidas preparadas. En 2018 dejó de presidir la compañía Dulcinea Nutrición S. L., empresa que tiene una red de guarderías y ludotecas en Madrid y en Castilla-La Mancha (Guadalajara y Ciudad Real) y cuyo 20 por ciento controla su madre, Mariola, a través de Domarma 3, S. L.[*] En ella también aparece Borja como apoderado y administrador. Lo mismo que en Eland 3, S. L., que preside su padre.

Jaime, por su parte, tiene más de una decena de empresas dedicadas al sector inmobiliario y hotelero. Así, ejerce como administrador mancomunado en las compañías Frisones 2021, S. L., Nomard Ibiza, S. L., ARD V53, S. L., Armabor Management, S. L., 49 PV, S. L., Key Europe Capital, S. L. y Key Ciutat Vella, S. L. También es apoderado en Domarma 3, S. L., de su madre Mariola.

Javier, el menor de los hermanos, es secretario de la empresa Red Internacional Group y de Key Inernational. Esta última fue fundada por su tío José Ardid Villoslada con sede Miami, ciudad en la que los Ardid Martínez-Bordiú pasaron parte de su adolescencia, debido a los negocios del padre. Es licenciado en Administración y Dirección de Empresas en la Universidad Carlos III de Madrid, realizó un máster en el extranjero y empezó su carrera laboral en el grupo paterno Didra. Junto a sus herma-

---

[*] Véase el capítulo VI.

nos figura en Armabor Management, S. L. (como administrador y mancomunado), Nomard Ibiza S. L., ARD-ID Investment & Development, S. L. y Eland 3, S. L., que preside su padre Rafael Ardid.

Claro que para los negocios las tres empresas más destacadas de los Ardid son ARD-ID Investment & Development, S. L., PV 92 Propiedad, S. L. y CM 16, S. L. Con la primera, llamaron la atención de la prensa económica cuando se hicieron con un edificio en pleno barrio de Salamanca de Madrid. En concreto, en el número 53 de la calle Velázquez. Un inmueble de los años treinta creado por el arquitecto Manuel Sainz de Vicuña, y con una superficie de parcela de 1.460 metros cuadrados, 7.000 construidos. Según se publicó, los Ardid habrían desembolsado 60 millones de euros por él.

Un edificio que han remodelado y puesto a punto para lanzarlo de nuevo al mercado inmobiliario. Está prevista la entrega de llaves a los propietarios en el último trimestre de 2025. Según publicó *El Confidencial* en enero de 2025 ya habrían vendido siete de los 13 pisos y habrían firmado contratos de compraventa por valor de más de 57 millones.

Decorados por Inés Domecq, de otra importante y poderosa saga, los 13 pisos que han creado, dos por planta del edificio, cuentan con superficies de entre 350 y 390 metros cuadrados, salvo el ático que tiene 700 metros cuadrados. Su precio está entre los seis y doce millones de euros. Las zonas comunes cuentan con una piscina con jacuzzi en la azotea, gimnasio y una zona de yoga.

Este tipo de operaciones son habituales en ellos. Lo hicieron, por ejemplo, con el Gran Hotel Velázquez que compraron por 63 millones de euros a la familia Salazar, en su día propietaria de la empresa galletera Cuétara. Los Ardid lo transformaron por 20 millones de euros en un hotel Bless del Grupo Palladium de la familia Matutes. Finalmente, lo vendieron por 115 millones de euros a la compañía mexicana RLH Properties. También se han encargado de la rehabilitación para la venta del edificio más emblemático de los Franco, Hermanos Bécquer, 8.

ARD-ID Investment & Development, S. L., con sede en la calle Príncipe de Vergara, 43, opera desde 1997 y hasta agosto de 2020 el presidente era Rafael Ardid. Su hijo Jaime lo sustituyó. Su hermano Javier es consejero y Borja fue apoderado hasta febrero de 2024. Cerró 2023 con unos activos de 40,68 millones de euros. Jaime Ardid Martínez-Bordiú definió esta empresa en una entrevista para *El Confidencial* en enero de 2025 como «una plataforma de inversión con carácter totalmente familiar».

En la misma entrevista explicaba el *modus operandi* de la familia:

> Invertimos entre el 20 y el 50 por ciento en cada una de las operaciones y el resto corresponde a distintos *family office* que se alinean en los mismos valores y principios con nosotros. Montamos nuevas sociedades para cada una de las inversiones que realizamos y en esas sociedades participan los distintos socios, entre ellos, nosotros, pero no son nuestras al 100 por cien. El hacer diferentes sociedades es porque no tiene por qué ser el mismo socio en todos los activos.

PV 92 Propiedad, S. L., dedicada a la «promoción, construcción, explotación y administración o arrendamiento de hoteles» fue creada en 2019 también con sede en el número 43 de la calle Príncipe de Vergara, y tiene a Jaime Ardid Martínez-Bordiú como administrador único.

Como ya se ha apuntado anteriormente, fue con la empresa CM 16 con la que la familia vivió su mayor escándalo, cuando de un edificio del que eran propietarios en el paseo de las Delicias rescató la Policía Nacional a 23 mujeres que ejercían la prostitución contra su voluntad.[*]

FRANCISCO FRANCO III

Francisco Franco Suelves, hijo de Francis Franco y María Suelves, es el tercer Franco de esta peculiar saga familiar. Nació en 1982, antes de que sus padres arrancaran su aventura en Chile, que acabaría como el rosario de la aurora. A los dos años nació Juan José.

Los dos hermanos Franco Suelves se vieron implicados en el conocido asunto de «los papeles de Panamá». El 1 de junio de 2012 Francisco Franco Suelves y su hermano, Juan José, firmaron como directores de sendas sociedades en la misma dirección de las Islas Vírgenes Británicas: Vamfield Alliance Limited y Malini Investments Limited.

---

[*] Véase el capítulo VI.

Ambos firmaron y entregaron su pasaporte a Mossak Fonseca. Según «los papeles de Panamá», Malini Investments Limited se abrió el 13 de octubre de 1997 y estuvo activa hasta el 26 de septiembre de 2013, aunque el cierre total se produjo en mayo de 2014. El 1 de junio de 2012 Juan José Franco Suelves firmó como director de la compañía. «Franco III» firmó en la misma fecha que él como director de Vamfield Alliance Limited, en la misma dirección de la isla Tórtola. La empresa estuvo activa entre 2007 y enero de 2013.

A principios de 2018 Francisco Franco Suelves defendió la memoria de su bisabuelo en *El diario de las Américas*, editado en Miami. Defendía la idea de que Franco «salvó al país de convertirse en un satélite de la Unión Soviética, que era el plan que Moscú tenía para España bajo el Gobierno republicano». Además, durante años ha formado parte de la Fundación Nacional Francisco Franco.

El 12 de octubre de ese mismo año se casó con Lian Lay Fournier en la finca familiar de Valdefuentes. Fue el primer gran evento familiar desde que se conociera que el Gobierno de Pedro Sánchez quería exhumar los restos del dictador. El enlace, además, llegaba días después de que la Audiencia Provincial de Teruel absolviera al padre del novio por el presunto atropello a un guardia civil.[*]

La esposa de Franco III es una estadounidense de cuarenta años y origen asiático residente en nuestro país, y que ha trabajado como editora para una web internacional de organización de bodas hasta mayo de 2016. De ahí dio el salto a un mundo tan distinto como el de los negocios inmobiliarios donde, al igual que su familia política, parece moverse como pez en el agua. Su herramienta para estos negocios es Spring Valley Investments, S. L., que se constituyó el 26 de abril de 2017 con el objeto social de «la inversión inmobiliaria, compraventa, administración, gestión, cesión, disfrute, tenencia, arrendamiento, explotación y administración de todo tipo de bienes inmuebles, en general tanto por cuenta propia como ajena».

La sociedad es unipersonal, cien por cien de Lian Lay Fournier, no hay ningún otro accionista. Su primer domicilio social fue la calle Ayala, en el lujoso barrio de Salamanca de Madrid. La mercantil se constituyó

---

[*] Véase el capítulo VIII.

por el capital mínimo exigido para una Sociedad Limitada, 3.000 euros, y aunque debería haber depositado en el Registro Mercantil las cuentas del 2017 por los ocho primeros meses de operaciones, lo hizo a finales de 2018. El 5 de septiembre de 2018, un mes antes de su boda con Franco III, la empresa cambió su domicilio social a la calle Monte Esquinza, muy cerca de la plaza de Colón.

La empresa no estuvo libre de polémicas. En mayo de 2018 Spring Valley se convirtió en copropietaria al 50 por ciento, junto al Grupo Rosales, del edificio de la calle Olmo 35, en Lavapiés, inmueble por el que pagaron 580.000 euros. Solo un mes y medio después, y tras varios enfrentamientos de ambas sociedades con la Asamblea de Bloques en Lucha, defensores de los vecinos, Lian Lay Fournier se convirtió en la absoluta propietaria de este inmueble.

Fernando Bardera, miembro de la citada Asamblea de Bloques en Lucha, declaró al periódico *El Mundo* que la nueva integrante de los Franco «sería un testaferro del Grupo Rosales». «Se trata de una evidente operación de especulación. Suponemos que quieren usarlo como viviendas turísticas, porque es la mejor manera de amortizar su coste. Los pisos miden unos 50 metros cuadrados», añadía.

El mismo día en que se inscribió la compra de la totalidad del edificio por Spring Valley Investments, S. L. en el Registro de la Propiedad número 37 de Madrid, uno de los vecinos del edificio recibió en su domicilio un burofax en el que le indicaban que procedían a devolverle la renta de alquiler abonada y que quedaba rescindido su contrato, por lo que debía hacer entrega de las llaves y abandonar la vivienda el 1 de agosto. A partir de ahí, comenzaron a recibir burofaxes todos los vecinos. El caso más escandaloso fue el de Francisco Rodríguez, un hombre de ochenta y tres años, que se vio obligado a abandonar la que había sido su casa durante curenta años. Unas formas de actuar que recuerdan al *modus operandi* seguido por su suegro Francis, tal y como han denunciado en ocasiones varios presuntos damnificados.[*]

Franco III dejó hace años su vivienda en la calle Almagro y se instaló junto a su mujer en Estados Unidos. Allí ha conseguido el anonima-

----

[*] Véase el capítulo VIII.

to. En España solo hubo constancia de que habían tenido una hija llamada Mía en 2021 dos años después, cuando lo confirmó la revista *¡Hola!* en un reportaje sobre su madre María Suelves.

Por supuesto no ha descuidado el negocio inmobiliario que siempre ha sido la marca de la casa. Con su empresa Nuevo Grupo Concesionario Newco, S. L. se dedica a los alquileres, igual que hace con la sociedad Corgradura 05, S. L. Aunque en 2021 sus negocios se canalizan a través del *holding* Covert GR40. Eso sí, no ha descuidado su presencia en empresas familiares como Montecopel.

Claro que la gran compañía familiar sigue siendo Arroyo de La Moraleja, S. L., constituida el 18 de noviembre de 2009. Hasta 2019 Francis Franco fue el consejero delegado. En esta empresa están presentes varios de los miembros de la nueva generación de los Franco. El presidente es Juan José. También es consejero Daniel Martínez-Bordiú, que ejerce de secretario, y Javier Ardid.

JUAN JOSÉ FRANCO

Juan José Franco Suelves, nacido en 1985, se parece más físicamente a su madre, de la que ha heredado cierto atractivo elegante, pero de su padre ha recibido la pasión por el mundo de la caza. No solo como afición.

En 2004 creó la empresa Hunter, que organiza cacerías en España, África y Argentina. Hasta 2008 fue la gestora de un conjunto de cotos que sumaban más de 12.000 hectáreas dedicadas a la caza de especies como la perdiz roja en distintas modalidades. El objetivo de la compañía es «que el cliente siempre cumpla con sus ilusiones y expectativas». El hijo de Francis Franco ha realizado más de 100 cacerías nacionales, así como más de 10 cacerías en África, Argentina y Rumanía.

Su nombre se vio salpicado por su supuesto vínculo con una trama relacionada con la caza ilegal. La historia se repetía de nuevo, al igual que le ocurrió a Francis por cazar sin licencia en los años de la Transición.

Agentes del Seprona de la provincia de Ávila acusaron al bisnieto de Franco y otros 22 cazadores de cazar sin licencia y de formar una red organizada de cazadores furtivos y falsificadores de precintos de caza. Fue en el marco de la Operación Roebuck, y se llegó a inspeccionar una taxidermia en Madrid. En octubre de 2023 el Juzgado de Instrucción número 3 de Móstoles (Madrid) dictó auto de sobreseimiento provisional y archivó causa.

Más allá de la caza, Juanjo Franco aparece vinculado a seis sociedades. Una de ellas, la empresa Anseu, S. L. se dedica a la producción agrícola combinada con la producción ganadera. En ella es administrador único y cerró 2023 con unos activos de 1,23 millones de euros y unos fondos propios de 693.854 euros.

La mayor parte de las demás se dedica al mercado inmobiliario. Al igual que su hermano Francisco. Para ello creó en noviembre de 2021 J. F. S Investment 21, S.L., con sede en el número de 2 de la calle San Pelegrín en Madrid. En abril de 2024 hizo una ampliación de capital de 267.000 euros con un resultante suscrito de 1.421.000 euros.

A través de Arena Inversiones S. L. gestiona patrimonios de terceros. Creada en julio de 2016 y con domicilio social en el Paseo de la Castellana, 140, en 2023 cerró con un capital social de 24.826 euros, unos fondos propios de 305.387 euros y un volumen de ventas de 1,32 millones de euros. Es el administrador solidario junto a Francisco José Narvaiza Lewis.

En septiembre de 2022 se casó en los Emiratos Árabes con Khali El Assir, hija del empresario libanés Abdul Rahman El Assir. El famoso vendedor de armas acudió a la ceremonia, y sus problemas legales en España no impidieron que asistiera al evento un hijo del expresidente del Gobierno José María Aznar, de la misma forma que lo hizo el que fuera jefe del Estado, Juan Carlos.

También asistió Tamara Falcó. Pero sin Íñigo Onieva. Algunas informaciones no contrastadas aseguraron que en el evento sí estuvo Hugo Arévalo, el joven empresario al que se relacionó con la marquesa de Griñón tras la mediática ruptura con Íñigo Onieva a causa de la infidelidad de este. Meses más tarde, en julio de 2023 y reconciliación mediante, Onieva y Tamara se casaron; entre los invitados estuvieron Juanjo y Khali.

La pareja vive en Madrid, donde ella se dedica al sector inmobiliario. En su momento fue muy comentado el papel de Khali en la operación de la venta del famoso hotel Four Seasons de la calle Canalejas de la capital de España. Sin embargo, a pesar de que algunas polémicas les persiguen, han optado por la discreción. La boda de su amiga Tamara Falcó fue una excepción. La complicada situación judicial del padre de Khali le hace recomendable tener un perfil bajo.

Abdul Rahman El Assir llegó a España en los años de la Transición política. Nacido en Beirut (Líbano) su trayectoria vital parece estar creada por el mejor guionista de cine. Hijo del poeta nacional libanés Salah El Assir y de la cantante Sihamn Rifci, tuvo la mejor formación llegando a estudiar en la Universidad Norteamericana de Beirut. En su juventud militó políticamente en Baas, un partido de izquierdas iraquí, y algunos periodistas incluso lo vinculan con el asalto a la embajada de Arabia Saudí en Beirut en 1974. El mundo diplomático parece estar estrechamente vinculado a su vida ya que pronto llegó a trabajar como agregado culturar de la embajada libanesa en El Cairo (Egipto).

En 1976 se casó con una mujer diez años mayor que él, Samira Khashoggi, hermana de Adnan, el famoso traficante de armas. Samira además editaba *Alsharkiah*, una revista femenina editada en El Cairo y que llegó a ser una de las publicaciones dedicadas a la mujer más importantes del mundo árabe. La boda tuvo lugar en Cannes y contaron con la presencia de la mítica actriz Raquel Welch.

Fue con su cuñado con quien llegó a España en pleno periodo del cambio político. Rápidamente entró en contacto con el poder político y económico en nuestro país, haciéndose amigo de Enrique Pichirri Sarasola, el empresario íntimo de Felipe González.

Ya instalado en Madrid, El Assir eligió como residencia un piso en la lujosa zona de El Viso que alquiló a Antonio García, propietario de JOTSA y padre de la actriz Ana Obregón, novia durante un tiempo de Francis Franco.

En 1977 comenzó a trabajar en Alkantara Iberian Exports, empresa vinculada a Manolo Prado y Colón de Carvajal, el gran hombre para todo de Juan Carlos I y nexo entre Khashoggi y el Gobierno español. La sede de la empresa en Madrid estaba en el número 91 del Paseo de la Castellana, donde también estaba la sede del gran buque insignia de Khashoggi, Triad.

Alkantara Iberian Exports estaba domiciliada en Chipre y estaba participada por la española FOCOEX (Fomento de Comercio Exterior) y por el INI (Instituto Nacional de Industria). Esta parte española estaba dominada precisamente por Manolo Prado y Colón de Carvajal.

Arrancaron su actividad empresarial con la venta de todoterrenos a Egipto en 1980 por 1.000 millones de pesetas. La falta de pagos del Banco Central de El Cairo hizo que finalmente se embolsaran la mitad, 500 millones de pesetas.

Su vida dio un nuevo giro cuando en 1985 se divorció de Samira tras conocer a María Fernández de Longoria, telefonista de Triad. María era hija de Carlos Fernández de Longoria un exdiplomático español en Francia que llegó a ser embajador en Egipto. Su hermana Beba estuvo casada con José Luis Alcócer y fue también secretaria, en este caso de Enrique Sarasola. Recientemente, Beba se unió sentimentalmente con Carlos Perreau, el que fuera yerno de José María Ruiz Mateos, al que acompañó en su aventura política en 1989 llegando a ser diputado en el Parlamente Europeo.

Unos años después de su separación, Samira Khashoggi se suicidó en El Cairo mientras su hermano caía en desgracia dentro del círculo del poder en España tras su implicación en el Irangate, el escándalo de venta de armas de Estados Unidos a Irán. En ese momento El Assir, a través de la empresa Exel, comenzó a hacer negocios por su cuenta, como la venta en 1987 al Marruecos de Hassan II en un momento de tensiones con el Frente Polisario de vehículos blindados por más de 40.000 millones de pesetas.

Tras la llegada en 1996 de José María Aznar a La Moncloa la estrella de El Assir no se eclipsó. De hecho, fue unos de los polémicos invitados a la boda de Ana Aznar y Alejandro Agag en septiembre de 2002. Años después, en 2016, en la boda de su hija Alia María El Assir Fernández de Longoria con Hugo Linares Espinós no faltó la propia Ana Aznar en una lista de invitados que tambíen contó con Tamara Falcó.

Abdul Rahman El Assir no se presentó a sus citaciones en la Audiencia Provincial en Madrid para enfrentarse a dos delitos contra la Hacienda Pública por ocultar su patrimonio cuando residía en la capital española. Hoy, la Interpol lo busca; él vive en Abu Dabi, donde reside su gran amigo el rey emérito Juan Carlos I, con el que compartió buenos momentos en los años ochenta y noventa. El Assir, como los Franco, nunca ha dejado de estar conectado con el poder social y económico. El propio Juan José Franco aseguraba en *Vanity Fair* que su apellido «te puede abrir algunas puertas, pero también te cierra otras».

LOS FRANCO GUISASOLA

A principios de los noventa el matrimonio entre Francis Franco y María Suelves llegó a su fin en términos poco amistosos, aunque el tiempo limó asperezas. Luego llegó a su vida Miriam Guisasola, con la que se casó en 2001. Fruto de esta unión nacieron dos hijos: Álvaro y Miriam.

Álvaro, nacido en 1995, llamó la atención de los medios de comunicación el día de la exhumación de los restos de su bisabuelo. Conocido sobre todo por su estética muy diferente a la de sus primos, no es un chico más de la *jet set*. Es el cerebrito de los Franco.

En agosto de 2013 participó en XX Edición de la Olimpiada Matemática Universitaria (International Mathematics Competition, IMC) celebrada Blagoevgrad (Bulgaria). Competían más de 300 estudiantes de 70 universidades de todo el mundo. Cuatro eran españolas. Entre ellas la Universidad Pontificia de Comillas, en la que el bisnieto del dictador estudió Ingeniería Electromagnética. Un mundo completamente alejado de los estudios de Derecho y Económicas que suelen ser habituales en sus primos.

En la misma universidad cursó un máster, y su TFM, que defendió en julio de 2018, llevaba por título «Diseño y programación de un software para prevenir el riesgo de contaminación de una población por gases contaminantes». Una de sus grandes preocupaciones es el medio ambiente y cómo explicar el universo a través de la electrónica y la robótica. No se conoce nada de su vida privada.

Su hermana, Miriam Franco Guisasola, dos años menor, sí ha seguido la tradición especulativa familiar. Estudió en el CEU y en la escuela de diseño Dmad. De hecho, sus inicios en la vida laboral fueron como interiorista en la inmobiliaria Deza Control, S. L., de Rodrigo de la Quadra Salcedo, hijo del aventurero televisivo.

En los negocios su instrumento en Blue Sky Coverage, un *holding* desde el que controla sus inversiones inmobiliarias, en especial en Madrid y Málaga. Su especialidad son los apartamentos turísticos. La compañía fue creada en febrero de 2022 por Luis Miguel Triguero Gómez, un viejo conocido de la prensa económica por aparecer su nombre en distintas empresas y sociedades vinculadas a nombres como Mario Conde o distintos miembros de la familia Franco. Dos meses después de su creación, Miriam pasó a ser la administradora.

El éxito está más que contrastado. Al cierre del ejercicio de 2023 la empresa tenía una serie de inmuebles por el valor de 3,5 millones de euros. Sin embargo, declaraba pérdidas por el valor de 50.000 euros. En 2024 amplió capital con una cantidad importante (1.742.850 euros). Con menos de treinta años, Miriam Franco Guisasola puede presumir de triunfar en el sector inmobiliario donde se mira de tú a tú con sus hermanos mayores y sus primos Ardid.

LETICIA GIMÉNEZ-ARNAU

La hija de Merry Martínez-Bordiú y Jimmy Giménez-Arnau nació en enero de 1979. Como todo en aquella época en la vida de sus famosos padres, su venida al mundo fue portada de la prensa del corazón. El matrimonio fue pionero en la venta de exclusivas. Sin embargo, su vida de adulta, siguiendo los pasos de su madre, ha sido todo lo contrario, y no ha querido figurar nunca en los medios.

Si hay un tema con repercusión pública en su biografía es la no relación con su padre. Jimmy Giménez-Arnau siempre recordó que vio a su hija por última vez en 1992, cuando ella tenía doce años.

En febrero de 1986 Jimmy había presentado una demanda en Canarias por la desaparición de Leticia. Fue a mediados de 1992 cuando Jimmy localizó a su hija en la isla de Saint Croix después de años de búsqueda.

Fue más de un lustro de batalla judicial. En España, el escritor estaba asistido legalmente por la abogada matrimonialista Trinidad García del Nero, que animó a Giménez-Arnau a no desfallecer y buscar un abogado en Estados Unidos. Aunque ganó la batalla judicial, Jimmy no volvió a ver a su hija.

«La quise mucho y la estuve viendo hasta los doce años. Después ya no más», le explicaría Jimmy a Bertín Osborne en marzo de 2022 en Telecinco. «María del Mar fue una tramposa en los juzgados, en Europa y en América», aseguraba sobre las malas artes de la madre de su hija. En dicha entrevista daba por cerrada la relación con su hija de manera definitiva, responsabilizando a Leticia: «Ella no quiere. Yo respeto la libertad que ella tiene para elegir con quién estar. Ella ha elegido no verme, pues yo respeto mucho eso».

No pudo evitar en dicha charla televisiva lanzar un reproche a su hija: «Ha tenido veintinueve años. Han muerto mi padre y mi madre y no ha ido a ninguno de los entierros. No tengo tiempo para esas imbecilidades. No sé dónde vive ni me importa. Espero que le vaya bien y, chao, no tengo nada más que comentar», se sinceró.

Aunque siempre dijo que su lucha por su hija terminó en 1992, todavía hubo un último intento y así lo relató en sus memorias *La vida jugada*. Fue a través de su excuñada Carmen Martínez-Bordiú. A cambio de presentarle a productores televisivos para trabajar como colaboradora en una época de necesidad de efectivo, la nietísima se comprometía a facilitar un encuentro entre padre e hija. «Yo cumplí mi parte, presentándole a un gran director —otra cosa es que mi excuñada finalmente no sirviera—, pero ella no cumplió su parte y me dejó tirado, igual que había hecho mi hija», explicaba Giménez-Arnau en su libro.

En este segundo texto autobiográfico se mostraba más distante que en su famoso *Yo, Jimmy. Mi vida entre los Franco* (Planeta, 1981). Además, habló con pelos y señales de las artimañas usadas por Merry en su lucha por la custodia:

> Hizo cuanto pudo para apartarme de Leticia, prácticamente desde nuestra separación. Si yo le enviaba un regalo, ella se encargaba de que no lo recibiera o de retirárselo inmediatamente. Y si para alejarme de su vida tenía que faltar a la verdad, nunca dudó en hacerlo. En cierta ocasión, cegada por su afán de vengarse de mí, calumnió sin importarle el daño que causaba; la evidencia de una de esas mentiras especialmente de niña quedaría patente gracias a un careo en el que, derrotada, tuvo que reconocer ante el juez que había inventado un turbio asunto que involucraba a mi pareja de entonces. Recuerdo que cuando firmábamos los papeles del divorcio en la notaría, ante una alusión de la abogada de mi ex, algo así como… «la hija que usted ha tenido con mi clienta…», la interrumpí airado para preguntarle: «¿Y quién le dice a usted que es hija mía?». Merry se puso lívida. Con el tiempo se ha demostrado que no lo era. Leticia no me quiere a mí y yo tampoco la quiero.

Obviamente, Jimmy tampoco estuvo el día en que su hija se casó, en agosto de 2008. Para disgusto de Leticia esto hizo que la boda fuera tema de conversación en los medios rosas. Además, se casaba en el mismo lugar donde lo hicieron sus padres treita y un años antes: el Pazo de Meirás.

Por si le faltaba poco interés mediático a su enlace con el salvadoreño Marcos Sagrera, el lugar escogido generó críticas porque en ese momento comenzaba el movimiento que reclamaba que la propiedad de Meirás volviera al pueblo gallego.

Leticia ha seguido los pasos de su madre en su obsesión por la privacidad y, al contrario que ella, no ha tenido la tentación de ser una reina del papel cuché. Y eso a pesar de que en su momento, al llegar a la mayoría de edad, le ofrecieron un reportaje con trajes de novia junto a otras chicas de la alta sociedad. No dudó.

Solo hemos oído de su vida privada cuando se ha cruzado algún evento familiar. Por ejemplo, se supo que estaba en estado avanzado de gestación porque fue el motivo por el cual no pudo acudir al Valle de los Caídos para la exhumación de los restos de Franco. Finalmente, dio a luz una hija.

LOS MARTÍNEZ-BORDIÚ TOLEDO

Daniel y Diego Martínez-Bordiú son los hijos del matrimonio formado por José Cristóbal Martínez-Bordiú y la modelo y presentadora Jose Toledo. Ambos han heredado la belleza de sus padres y son considerados los más atractivos de la nueva generación de los Franco. Tal vez por eso no han podido evitar ser puntualmente protagonistas de la prensa del corazón. Un mundo que sus padres conocen bien. De hecho, su padre coqueteó durante años con el mundo de las exclusivas con gran repercusión en los años setenta y ochenta.

Daniel Martínez-Bordiú Toledo, el primogénito, llegó al mundo en 1990, seis años después de que comenzara la historia de amor entre sus progenitores. Fue en 1984 cuando el quinto nieto de Franco comenzó a salir con la presentadora y modelo, integrante de una modesta familia de Las Palmas de Gran Canaria, donde se conocieron.

La pareja se casó por lo civil el 23 de octubre de 1984 en un juzgado de Manhattan, en Nueva York, ciudad en la que vivieron los tres primeros años del matrimonio. Más tarde, en octubre de 1990 se casarían por la Iglesia, y ese mismo día bautizaron a su primer hijo, Daniel, que tuvo como padrino al duque de Anjou, Luis Alfonso de Borbón. Ambas ceremonias se celebraron en la iglesia del Buen Suceso de Madrid.

Daniel estudió Marketing & Advertising Management, en la Canterbury Christ Church, entre 2010 y 2012 y también en la IE Business School donde cursó tres años de Administración y Dirección de empresas. En su época universitaria decidió dejar el hogar familiar para vivir junto a su abuela paterna, Carmen Franco, en su casa de Hermanos Bécquer. La conexión entre abuela y nieto duró hasta la muerte de esta a los noventa y un años en 2017.

Hoy trabaja como agente inmobiliario en la empresa aProperties. Antes, entre 2018 y 2022, estuvo al frente de la empresa Atocha Foods, S. L. como administrador único. Con domicilio social en la finca familiar de Valdefuentes en Arroyomolinos (Madrid), en 2022 tenía unos fondos propios en negativo de 209.031 euros. Hoy sigue oficialmente activa, aunque no presenta actividad.

En 2009 acaparó muchos titulares por un suceso trágico. El joven, entonces de dieciocho años, estaba practicando trial en una finca, propiedad familiar, cerca de Móstoles cuando chocó con un alambre, apenas visible, que le produjo una gravísima herida en el cuello. Sufrió una luxación grave de la tráquea y fue intervenido quirúrgicamente en el Hospital Doce de Octubre. El accidente fue grave ya que llegó a perder parte de la facultad para hablar, y para la dura rehabilitación necesitó ayuda de un logopeda.

El accidente inevitablemente recordó al que protagonizó su padre en el pasado, el 20 de noviembre de 1981, cuando se dirigía al aeropuerto de Las Palmas para llegar a Madrid y dirigirse al funeral en el Valle de los Caídos, con motivo del sexto aniversario del fallecimiento de su abuelo.[*]

En el año 2017 se lo relacionó sentimentalmente con Silvia Aguaded, la heredera de la marca de zapatos andaluza Marypaz. Sin embargo, fue con una joven llamada Alejandra con la que se casó el 22 de septiembre de 2023. El enlace tuvo lugar en la finca familiar de Valdefuentes. En

---

[*] Véase el capítulo X.

la puerta se apostaron los fotógrafos para retratar a los miembros de la familia que acudieron al evento, como su tío Jaime o su primo Luis Alfonso junto a su mujer Margarita Vargas. Claro que para la prensa del corazón el personaje más esperado era Carmen Martínez-Bordiú por sus cada vez más escasas apariciones públicas.

Por suerte para Daniel, que prefiere la discreción, la actualidad rosa ese día tenía otro foco en Ciudad Real, donde se estaba casando Ignacio del Pino, hijo de Rafael del Pino, el amo de Ferrovial.

Por su parte, Diego, el hijo pequeño de José Cristóbal y Jose Toledo, nacido en 1998, es el deportista de la familia. Estudió en el Eurocolegio Casvi, en Villaviciosa de Odón, y Derecho en la IE University. Hoy trabaja en un bufete especializado en derecho inmobiliario, un tema que tanto interesa a la familia.

Al contrario que su hermano, Diego sí que habla de política. Un tema que le interesa tanto que, al cumplir los veinte años, estudió un curso de Política Comparada en la American University de París. Muy activo en Facebook hace años, no dudó en criticar en diciembre de 2015 a la entonces alcaldesa de Madrid Manuela Carmena por su intención de eliminar del callejero de la capital los nombres con referencias franquistas:

¿Quieren quitar el nombre de las calles franquistas? Adelante, quítenlas, su adoctrinamiento masivo ya no me causa sorpresa. Solo les pido que de hacerlo sean fieles a su innoble causa, y si quieren lapidar el franquismo por puro revanchismo, háganlo de manera absoluta, no solo retirando calles y monumentos, sino también pantanos, la salud pública, las autovías e infraestructuras, las centrales nucleares, las ampliaciones de derechos al trabajador, las pagas extras, los subsidios de vejez, la asistencia farmacéutica, los sindicatos…

También hacía una defensa de su bisabuelo como demócrata:

Ah, y ¡cómo no!, la democracia, pues en su afán de «defenderla» se les olvida que fue posible gracias a la voluntad del mismo caudillo que tratan de desacreditar incesantemente. Así que señora Carmena, representantes de Ahora Madrid, Podemos, PSOE y Ciudadanos, les pido que ya que son unos admiradores de las divisiones ideológicas que usan la historia con fines políticos, al menos eviten ser unos hipócritas. Si quieren borrar el franquismo, no eliminen solo lo que les convenga, y de lo contrario, cesen en sus esfuerzos de reescribir la historia.

JAIME MARTÍNEZ-BORDIÚ MARCH

Es el hijo de Jaime Martínez-Bordiú y Nuria March. Nació el 13 de noviembre de 1999. Antes de que cumpliera los tres años, sus padres se habían separado. Los problemas de su padre con las drogas, que este hizo públicos en televisión cuando él era un adolescente, le afectaron y le ayudaron a ser un chico que maduró deprisa.

En su momento, Nuria March no aprobó que su exmarido hiciera públicas sus adicciones en una edad tan complicada para su hijo, pero el adolescente se convirtió en uno de los grandes apoyos de su padre, con el que siempre ha tenido una buena relación. Igual que con su madre, con la que dicen quienes los conocen que tiene una «conexión total».

Aficionado a la pintura desde pequeño, tanto que incluso llegó a pintar al óleo, Jaime estudió en el Runnymede College en Madrid, un colegio británico frecuentado por la élite capitalina y que se hizo popular porque fue el escogido por el matrimonio Beckham para que sus hijos estudiaran durante su estancia española. Siguieron el ejemplo de la mediática pareja, por ejemplo, Cayetano Martínez de Irujo y Genoveva Casanova, mandando allí a sus hijos Luis y Amina.

Estudió luego en la Escuela de Economía y Ciencias Políticas de Londres, donde se graduó en 2022. El mismo año en el que fue el padrino de la nueva boda de su madre con el empresario George Donald Johnston III.

Empezó su trayectoria laboral haciendo prácticas en la capital británica en Bruswick Group. Luego, en España estuvo en el departamento de asesoramiento en fusiones y adquisiciones de KPMG. Hoy trabaja para Accuracy como analista financiero en París.

Ha conseguido el equilibrio perfecto entre ser noticia cuando sucede algún acontecimiento reseñable y llevar una vida lo más discreta posible. Una persona que estudió con Jaime contaba al autor de este libro lo siguiente sobre su personalidad:

Es una persona muy alegre. Es raro no verlo sonreír. Tiene un sentido del humor muy marcado y consigue siempre hacer reír a los que están con él. Lleva con mucha filosofía lo de despertar interés por sus apellidos. Entiende que es inevitable. Cuando en algún lado tiene que darlos, enseguida lo miran como preguntando si es de la familia que parece, y él se lo toma con humor. Está acostumbrado y sabe lo que hay.

La misma fuente comenta cómo es el bisnieto de Franco en las lides amorosas:

Un chico todavía más atractivo en persona de lo que parece en las fotos. Por su personalidad, además, se le da bien ligar con chicas. Además, algunas chicas que han estado con él han sido un poco indiscretas y han comentado lo bien que se le da quedar bien con ellas en todos los sentidos. Esa es su fama al menos.

En diciembre de 2024 trascendió a los medios que mantenía una relación con la rica heredera Alexia de Poligny. Juntos acudieron al Baile de Debutantes de París en el que una de las chicas que se presentaban en sociedad era la hermana de Alexia, Isabel. Entre las 19 chicas que ese día se presentaban en sociedad también estaban la nieta de Sofía Loren, Apple, la hija de Gwyneth Paltrow y Chris Martin y Eugenia de Borbón, hija del primo de Jaime, Luis Alfonso de Borbón.

Alexia es argentina de origen francés, y su padre es el empresario Alexis Thompson. De veinticinco años y licenciada en Filosofía y Filología Francesa por la Universidad de Bristol, se presentó en el baile de debutantes de 2019 junto a Cristina y Victoria, las hijas gemelas de Julio Iglesias.

También estudió diseño de moda en el Instituto Marangoni de París. En la capital gala, donde vive con Jaime, trabaja para Christian Dior en el área de joyería y relojería.

XIV

LUIS ALFONSO DE BORBÓN.
UN REY PARA LOS FRANQUISTAS

El 20 de noviembre de 1990 fue una fecha especial para los seguido-res de Francisco Franco. Se cumplían quince años de la muerte del dictador y los actos en el Valle de los Caídos atrajeron por primera vez desde los años de la Transición el interés de los medios de comunicación.

Además, para la familia Franco era un momento especial. Sería la primera exhibición pública de los miembros más señeros de la dinastía tras la trágica muerte de Alfonso de Borbón y Dampierre el 30 de enero. Sin embargo, lo que más llamó la atención de los medios congregados fue un grupo de jóvenes franceses de ultraderecha con pasquines reclamando a Luis II como verdadero rey de España. Dos semanas después, el 2 de diciembre, en un curioso intercambio cultural, jóvenes ultras, esta vez españoles, se manifestaban en París frente al jardín de las Tullerías. También repartían pasquines esta vez reclamando el trono francés para Luis XX. Luis II de España y XX de Francia era (es) Luis Alfonso de Borbón y Martínez-Bordiú.

Según recogió el diario *El Mundo*, los jóvenes españoles de extrema derecha que se encontraban en Francia reclamando el trono para el bisnieto de Franco se mostraban contarios al Estado autonómico, al aborto y al divorcio.

En ese momento Luis Alfonso era menor de edad (dieciséis años) y no se había pronunciado públicamente sobre el asunto del legitimismo —corriente que reclama el trono de Francia para los descendientes de los Borbones— y sobre la figura de su bisabuelo en España.

En el 20-N de 2018 era la primera vez que acudía al Valle de los Caídos como presidente de honor de la Fundación Nacional Francisco Franco. Sustituía en el cargo a su abuela Carmen Franco y Polo, que había fallecido el 31 de diciembre de 2017. Ya se sabía entonces de la intención del Gobierno de Pedro Sánchez de exhumar los restos del dictador. Luis Alfonso tomaba la bandera de la defensa de la memoria de su bisabuelo y culminaba un proceso de vinculación política que había empezado casi veinte años atrás y que también tiene relación con sus pretensiones dinásticas en Francia. Fue recibido al grito de «Tú eres nuestro rey».

MARCADO POR LA TRAGEDIA

Bisnieto al mismo tiempo de Alfonso XIII y de Francisco Franco, los dos apellidos que han marcado el siglo XX español, Luis Alfonso Gonzalo Víctor Manuel Marco de Borbón y Martínez-Bordiú nació el 25 de abril de 1974 en Madrid. Fue el segundo hijo de Alfonso de Borbón y Dampierre y Carmen Martínez-Bordiú. Sus padrinos fueron su bisabuela, Carmen Polo, y su abuelo, Jaime de Borbón. Este no asistió y fue representado por su hijo Gonzalo, hermano del duque de Cádiz. Las relaciones entre el infante Jaime y su hijo mayor no pasaban por el mejor momento. De hecho, los hermanos Borbón y Dampierre habían intentado inhabilitar a su padre en los tribunales. El 20 de marzo de 1975 murió tras una discusión con su segunda esposa, la cantante Carlota Tiedemann. Una muerte cuyas causas nunca se llegaron a aclarar del todo.

La infancia de Luis Alfonso estuvo marcada por varios acontecimientos traumáticos. El primero, la decisión de su madre de irse a París con Jean-Marie Rossi en 1979. Tenía cinco años. A partir de ahí su infancia transcurrió bajo los enfrentamientos entre sus padres. Eso lo acostumbró a esconder sus frustraciones. Carmen Martínez-Bordiú contaba en una entrevista que cuando era niño y lloraba por algo y le preguntaban el motivo, él contestaba que le dolía la tripa.

Como ya se ha narrado con anterioridad, el 5 de febrero de 1984 el duque de Cádiz regresaba con sus hijos Fran y Luis Alfonso y la niñera de una competición de esquí en Astún, en el Pirineo de Huesca, cuando tuvieron un grave accidente de circulación. Todos resultaron heridos, especialmente Fran, de once años, que fallecería 48 horas después.

Cuando Carmen Martínez-Bordiú recibió la terrible noticia en París viajó rápidamente a Navarra para despedirse de su hijo mayor, al que mantuvieron vivo artificialmente hasta su llegada. Carmen no solo tuvo que hacer frente a la muerte de su hijo, sino que tuvo que comunicarle a Luis Alfonso, de nueve años, la terrible noticia. Tal y como recogió *¡Hola!* en un principio le dijeron que su hermano estaba dormido. «Eso lo está haciendo aposta, verás cuando yo esté con él», fue la respuesta del pequeño. Su madre le confirmó que su hermano ya no se despertaría.

En mitad de una dolorosa recuperación, el pequeño se enfrentó a un duelo. Además, hubo batalla entre sus padres. Carmen quiso la custodia temporal de Luis Alfonso mientras su padre se recuperaba, pero el duque interpretó que quería quitarle a su hijo aprovechando su situación de indefensión. Animado por la gente de su entorno concedió una emocionante entrevista para *Informe Semanal*. La abogada de Carmen, Concha Sierra, respondió en el programa *Buenas noches* de Mercedes Milá.

En esos años se cimentaron los lazos irrompibles de Luis Alfonso con su tío Jaime y con sus primos Ardid, los hijos de Mariola Martínez-Bordiú. Ese mismo verano de 1984 Luis Alfonso se fue con su madre, Jean-Marie Rossi y los hijos de este a Bahamas. Allí, Mathilda, una de las hijas gemelas de Rossi, cayó al mar desde una lancha motora en la que viajaba junto a su hermana Mirelle y Luis Alfonso, según se ha contado con anterioridad. Mathilda murió atrapada por las hélices de la embarcación.

Los años siguientes estuvieron marcados por las tensiones entre sus padres, aunque se normalizaron las visitas a París. Sin embargo, hubo problemas cuando llegó el bautizo de su hermana Cynthia, fruto del matrimonio entre Carmen y Rossi, en mayo de 1985. El duque de Cádiz se había ido a Italia a un compromiso con el Comité Olímpico Español (COE) y había dejado el pasaporte de su hijo bajo llave. Hubo de nuevo intervención de abogados.

Todavía quedaba un nuevo hecho traumático por llegar a la vida de Luis Alfonso: la muerte de su padre. Fue esquiando en el Beaver Creek Resort en Colorado. El propio rey Juan Carlos llamó a París a Carmen Martínez-Bordiú para darle la noticia. Fue de madrugada y esta se puso manos a la obra. Dio instrucciones: pidió a la «seño» (Manuela Sánchez Prat) que retrasase todos los relojes de la casa para que, cuando su hijo se despertase, no pensara que algo raro había ocurrido y que no lo habían despertado para ir al instituto.

También pidió a su hermana Mariola que fuera a buscarla al aeropuerto. No consiguió hueco en el primer vuelo de la mañana y tuvo que irse en el de las ocho. Al llegar le comunicó a su hijo la terrible noticia.

LA MUERTE DEL DUQUE DE CÁDIZ

Todo sucedió el 30 de enero de 1989; faltaban 24 horas para que arrancara el Campeonato Mundial de Esquí Alpino. Tony Sailer, el austriaco campeón mundial de esquí, descendió la pendiente sin ningún problema. Le seguiría el propio Alfonso de Borbón y Dampierre. Sailer, al llegar a la meta, se daría cuenta de que un empleado de la pista de esquí, Daniel Conway, personaje que acabaría desapareciendo, tensaba un cable de acero. Luego se sabría que estaba a 1,75 metros de altura y que tenía un grosor de 5 milímetros.

Aunque Sailer gritó en alemán, idioma que el duque de Cádiz dominaba, no consiguió que su amigo se percatara del peligro. El cable de acero cercenó la carótida y el cuello en 180 grados. Cuando Sailer alcanzó el cuerpo de su amigo su corazón aún seguía latiendo. La pista solitaria comenzó a llenarse de gente y se avisó a los servicios de emergencia, que tardaron 45 minutos en llegar. Un periodo que fue crucial.

Antes de que los médicos llegaran a la escena mortal, unos fotógrafos tomaron unas fotos que se habrían cotizado muy bien en la prensa europea. Esfuerzo que fue vano, ya que la Policía estadounidense les requisó las cámaras y destruyó los negativos. Solo sobrevivió una foto que publicaría *¡Hola!* semanas después: la nieve de la pista teñida con la sangre de Alfonso de Borbón.

La noticia de la muerte del duque de Cádiz consternó a la sociedad española. El evento deportivo al que asistía iba a ser retransmitido por Televisión Española y el equipo de periodistas que viajaba junto a Alfonso de Borbón comunicó la mala noticia. Fue Matías Prats quien, junto a al campeón olímpico de esquí Paco Fernández-Ochoa, anunció en televisión la muerte del aristócrata. Fernández-Ochoa resumiría lo ocurrido de manera castiza: «Lo han desconejado».

Por si faltaran elementos novelescos a esta historia, cuando el cuerpo del duque aterrizaba en Barajas, llegaba también a Madrid la que fue su último gran amor, la actriz Mirta Miller. La argentina se enteraba por un trabajador del aeropuerto de la noticia.

El funeral, seguido por las cámaras de la televisión estatal, tuvo lugar en las Descalzas Reales y ocuparon un lugar relevante los reyes de España, que acudieron a despedir a su primo. También estuvieron sus exsuegros, los marqueses de Villaverde, además de Emanuela Dampierre y Gonzalo de Borbón. Todas las miradas estuvieron en Luis Alfonso, que acudía con catorce años a despedir a su padre.

Otra protagonista de la jornada fue Carmen Martínez-Bordiú que asistió para acompañar a su hijo, pero su presencia generaba incomodidad en algunos asistentes. Para la posteridad televisiva quedó una imagen. Nadie la saluda en el momento del pésame y su suegra le retiró la cara. Carmen se quedó contrariada y algo desorientada hasta que la duquesa de Alba la sacó de escena dándole un abrazo.

La ausencia más sonada fue la de Mirta Miller. Todo el mundo sabía que era la pareja del fallecido, pero su madre, Emanuela, no soportaba su pasado como actriz del destape. En su lugar acudió, completamente enlutada, la princesa Constanza de Habsburgo, con la que había aparecido esquiando en Suiza en *¡Hola!* unas semanas antes. Según se publicó entonces, el duque de Anjou iba a casarse con ella en junio. Muchos vieron en este paso un elemento dentro de la campaña legitimista en Francia, en la que estaba volcado con fuerza desde cuatro años antes. De hecho, una semana antes de morir había acudido a un acto legitimista en Francia.

Constanza, junto a Emanuela y Gonzalo de Borbón, también asistiría a la misa funeral en París por Alfonso de Borbón. Estaba claro que la madre y el hermano del fallecido querían hacer ver como que nunca había existido Mirta Miller en la vida de Alfonso. Así lo afirmó solo una semana después del entierro el propio Gonzalo de Borbón ante las cámaras del programa *La luna*, de Julia Otero. La actriz respondió en el programa de *La Palmera*, de Jordi González, también en Televisión Española, donde se mostraba apenada porque «los que tantas veces estuvieron con nosotros ahora me niegan».

LOS ENIGMAS DE LA MUERTE DEL DUQUE

Más de treinta y cinco años después, la muerte de Alfonso de Borbón sigue generando muchos comentarios al presentar una serie de aspectos poco claros. El autor de este libro, en el treinta aniversario del suceso, repasó los puntos más oscuros del final del duque de Cádiz en un artículo para *El Cierre Digital:*

> Más de treinta y cinco años después persisten algunas dudas sobre la muerte de Alfonso de Borbón y Dampierre. Por un lado, está la desaparición del supuesto trabajador de la pista de esquí llamado Daniel Conway, del que nunca más se supo. Además, muchos señalan la extrañeza de que la ambulancia tardase 45 minutos en llegar, sobre todo cuando al día siguiente empezaba el Mundial de Esquí. Además, Toni Sailer se quejó públicamente de que su declaración ante la Policía no fue respetada. La Policía también tomó la decisión de contradecir su informe inicial, en el que se apuntaba como causa de la muerte un homicidio.
>
> También la política apareció en el asunto. En marzo de 1991 una estudiante portuguesa denunció ante la Interpol una conversación captada a través del teléfono. Un hombre en francés y otro en español hablaban sobre la muerte del duque y auguraban el mismo final para el hijo que pretendía seguir los pasos de su padre en el legitimismo francés. Esta era la obsesión de Alfonso, un hombre que soñó con vivir como rey de España o de Francia y solo consiguió morir como un monarca, es decir, como algunos Borbones franceses: decapitado.
>
> Los organizadores del campeonato mundial de esquí admitieron el descuido y pagaron una cifra secreta y millonaria a los herederos de Alfonso de Borbón. Según algunos medios, más de 150 millones de pesetas de la época. La madre del duque, Emanuela de Dampierre, reconoció en sus memorias que «se especuló mucho sobre el asunto y, en mi opinión, fueron muy peregrinas algunas de las ideas que se lanzaron. (…) Con sinceridad, creo que se trató de un trágico accidente».

LUIS ALFONSO NUEVO DUQUE DE ANJOU

Con catorce años Luis Alfonso recibió sobre sus hombros la carga de continuar con el legado de su padre. Lo cierto es que durante años Alfonso de Borbón se centró en sus aspiraciones políticas en España, pero a partir de los años ochenta puso sus miras en Francia. Desde 1946 su padre, el infante Jaime de Borbón, reivindicaba su papel de líder de los legitimistas franceses como el mayor de los Borbones, pero su actitud no era tomada muy en serio por los habitantes de la república gala. En el imaginario monárquico francés durante años fueron los Orleans quienes eran considerados como representantes históricos de los últimos reyes de Francia. A lo largo del siglo XIX, además de los Borbones, reinaron los Orleans y los Bonaparte. Con Napoleón III, en 1870, se acabó la monarquía en Francia.

Alfonso de Borbón tomó esa bandera con fuerza a partir de los ochenta cuando empezó a participar en actos legitimistas y a rodearse de un grupo de colaboradores que se contaban entre los más conservadores dentro del escenario político francés.

Al tener catorce años Luis Alfonso en el momento de la muerte de su padre, el papel lo asumió su tío Gonzalo y, siempre a su lado, la abuela Emanuela. A Carmen Martínez-Bordiú no le hacía ninguna gracia que su hijo adolescente se lanzara a campañas políticas que, por lo demás, podían ser estériles. «No es serio querer ser rey de Francia» o «Lo que tiene que hacer Luis Alfonso es estudiar y cuando sea mayor que decida», son algunas de las opiniones que la nieta de Franco emitió sobre el papel de su hijo como aspirante al trono francés.

Luis Alfonso asumió las responsabilidades como nuevo duque de Anjou, y el 25 de julio de 1992 asistió a un acto legitimista junto a su abuela, Emanuela Dampierre, en Aigues-Mortes, ciudad mediterránea desde la que partió Luis IX a las Cruzadas. También estuvo allí, para sorpresa de muchos, Constanza de Habsburgo la supuesta prometida de su padre. Dos años después, Constanza se casó y desapareció del entorno legitimista para siempre.

Mientras Luis Alfonso se iba implicando cada vez más en el movimiento legitimista, siguió su formación en España. Al morir su padre, Luis Alfonso no quiso dejar Madrid ni su entorno. Una decisión con la que estuvo de acuerdo su madre. El joven se instaló en Hermanos Bécquer junto a su abuela Carmen Franco, a la que siempre consideró una segunda madre.

Estudió en el Liceo Francés de Madrid y luego se licenció en Ciencias Empresariales en CUNEF, también en la capital de España. Su trayectoria profesional empezaría en 1997 como asesor de inversiones en Banif del Banco Santander. Mientras se desarrollaba profesionalmente en la banca privada fue tomando posiciones en las empresas familiares. Se convirtió junto a tu tío Francis en el ideólogo del *holding* familiar. Así llegó a consejero delegado de Sargo Consulting, S. L. y en Fiolasa, S. L. en 2002. Las dos sociedades matrices de los Franco.

Luis Alfonso creció bajo el interés público que despertaba ser miembro de los Borbón y de los Franco. Aunque su aspecto es igual de circunspecto que el de su difunto padre, dicen que su carácter es mucho más alegre que el del duque de Cádiz. Que tiene un sentido del humor muy marcado y que, en sus años de juventud, como su padre, también fue un conquistador.

Más atractivo que su progenitor, Luis Alfonso de Borbón, para su disgusto, siempre estuvo en el punto de mira de la prensa del corazón. En algún verano en Mallorca, donde hacía pandilla entre otros con el hijo del ganadero Samuel Flores, llegó a pedir a los fotógrafos que lo dejaran tranquilo. Aunque luego se pasease por el pantalán con un bañador alguna talla menor de lo que debería.

En 1993 vivió un romance con Cristina Figueroa, hija de Agustín Figueroa y sobrina de Natalia Figueroa y Raphael. Fue una historia juvenil que duró solo unos meses. Desde ese momento enlazaría relaciones sentimentales con guapas oficiales como Inés Sastre, que tenía muy buena relación con su madre y con su hermana Cynthia, o Paula Vázquez.

Su primera relación importante sería con María José Suárez, Miss España 1996, luego actriz y presentadora de televisión, y todavía hoy habitual en la prensa del corazón. Recientemente, por su polémica ruptura con Álvaro Muñoz Escassi. La relación entre el duque de Anjou y la modelo sevillana duró un año y medio.

Su siguiente relación fue la más importante hasta su mujer. Fue con la canaria Tania Paessler Morgan, con la que salió hasta mediados del año 2000. En 1999 *¡Hola!* publicó las imágenes de la primera comunión de

Tania en la catedral de la Almudena; la canaria no entró en la fe católica hasta la edad adulta. En un acto tan trascendental para ella estuvo Luis Alfonso, lo que hizo creer en la posibilidad de que se anunciara un compromiso. Luego Tania fue pareja durante unos años de José María Aznar Botella, hijo del expresidente del Gobierno español.

Meses después de su ruptura, Luis Alfonso acudió invitado a la boda de uno de sus mejores amigos, Francisco Javier D'Agostino, donde conoció a la que sería su futura esposa, María Margarita Vargas Santaella, nacida en 1983 en el distrito de Candelaria, próximo a Caracas.

UNA DE LAS GRANDES FORTUNAS DE VENEZUELA

Después de algo más de dos años de relación, en diciembre de 2003 *¡Hola!* publicó un sorprendente comunicado para anunciar el compromiso de la pareja que incluía el siguiente perfil de la joven:

> María Margarita, de gran belleza, de extraordinaria sencillez y naturalidad, cursa segundo de Pedagogía en la Universidad Metropolitana de Caracas. Deportista, aficionada a la equitación de salto y al esquí, tanto en nieve como acuático. Cursó enseñanza media en el Colegio Merici de las Madres Ursulinas, en Caracas. Habla perfectamente inglés y algo de francés.
>
> Es católica practicante, pertenece a una familia tradicional y discreta, siendo sus padres el abogado y financiero Don Víctor José de Vargas e Irausquin, notable jinete y jugador de polo y también conocido aficionado a la caza mayor, por cuyo motivo ha visitado varias veces nuestro país, y Doña Carmen Leonor Santaella Tellería de Vargas, dedicada a la fundación benéfica familiar [la Fundación Enclave]. Tuvo un hermano, Víctor José, fallecido a los dieciocho años. Pertenecen a la buena sociedad de Caracas y descienden de los primeros pobladores de Venezuela.

Se hicieron comentarios de todo tipo ante el tono utilizado, y el calificativo de nuevo rico fue de los más usados para definir al exhibicionismo del que hacían gala la familia Vargas. La prensa empezó a preguntarse quién era la familia con la que iba a emparentar Luis Alfonso de Borbón Martínez-Bordiú.

El padre de Margarita, Víctor José de Vargas e Irausquin, se licenció en Derecho en la Universidad Católica Andrés Bello y toda su trayectoria ha estado cercano al poder político en Venezuela. En su momento fue considerado un hombre cercano al presidente socialista Carlos Andrés Pérez. Durante los años de Hugo Chávez al frente de la nación se le consideraba uno de los banqueros de confianza del presidente a través del Banco Occidental de Descuento (BOD). Esta entidad se benefició a principios de este siglo de la liquidación de bonos argentinos mediante la compra de la deuda por parte del Gobierno venezolano. Una operación que se tasó en 2.300 millones de dólares y que supuso un importante beneficio para Vargas de Irausquin.

El banco solo es uno de los negocios del suegro de Luis Alfonso de Borbón. A través del *holding* Compañía de Inversión de Venezuela (CIV) tiene intereses en diversos sectores económicos, del petróleo a las inmobiliarias o las explotaciones ganaderas y agrícolas a lo largo de toda América.

El suegro de Luis Alfonso reside en una de las zonas más exclusivas de Caracas (Country Club), pero tiene residencias en diversos lugares del mundo: Maracaibo (Venezuela); Miami, Nueva York, Suiza, Francia y también en Madrid. Dicen que su propiedad favorita es la que tiene en La Romana, en República Dominicana.

El 9 de agosto de 2004 tuvo lugar la petición de mano en el gran buque insignia del poderío de los Franco, el Pazo de Meirás. Un acto con sesenta invitados entre los que estaban gran parte de ambas familias, pero también importantes representantes del poder económico local, como el presidente de la Cámara de Comercio de A Coruña, José Antonio Quiroga y Piñeyro. Luis Alfonso entregó como regalo de petición a su prometida una pulsera que había pertenecido a la reina Victoria Eugenia. Unos días más tarde, Luis Alfonso y María Margarita visitaron a los reyes Juan Carlos y Sofía en el Palacio de Marivent, en Mallorca. Un encuentro regio que se produjo poco antes de que se enfriaran la relaciones entre ambas ramas de los Borbones.

BODA REAL EN EL CARIBE

Hasta la ceremonia, que tuvo lugar el 4 de noviembre de 2004, todo lo que rodeaba a Luis Alfonso y su familia política se convirtió en objetivo preferente de la prensa del corazón. Carmen Martínez-Bordiú se encargó de acompañar a su futura nuera en la preparación del vestido para el enlace que corrió a cargo de Victorio & Lucchino, íntimos amigos de la nieta de Franco.

Para el enlace los Vargas Santaella echaron la casa por la ventana. La boda se celebró en Santo Domingo, la capital de la República Dominicana. En concreto en la iglesia de San Estanislao de Cracovia, en Los Altos del Chavón en Casa de Campo, en la lujosa urbanización de La Romana.

Mucho se comentó sobre el gasto que generó el enlace y en especial sobre el despliegue de seguridad. Entre las anécdotas que trascendieron destacó cuando un agente le pidió identificarse a la propia Carmen Martínez-Bordiú con su traje de madrina, diseño de John Galliano para Dior, una elección que, por cierto, no gustó nada a su consuegra. La propia Martínez-Bordiú tuvo que aclarar al miembro del equipo de seguridad que si iba así vestida era en referencia a la tradicional peineta con mantilla negra. También se comentó que una de las parejas invitadas, la compuesta por el torero Enrique Ponce y Paloma Cuevas, tuvo algún problema con la seguridad para identificarse.

Aunque la madre del novio lució espectacular, todos los ojos se centraron en conocer la creación que Victorio & Lucchino confeccionaron para María Margarita Vargas Santaella. Fue un vestido de chantilly de encaje con manga larga y cuello alto y una cola de cuatro metros.

Luis Alfonso, por su parte, vistió el uniforme de Bailío de la Gran Cruz de la Orden de Malta, un privilegio que se reserva solo para príncipes y miembros de casas reales. También llevó la insignia del Espíritu Santo, símbolo de los reyes de Francia.

Entre los 1.500 invitados, toda la familia Vargas y parte de los Franco. Allí estuvo, además de la madre del novio, su abuela materna, Carmen Franco, con un espectacular collar de diamantes que, tras su muerte, subastarían sus herederos en 2022. La abuela paterna, Emanuela Dampierre, no viajó debido a su avanzada edad. También estuvieron José Cristóbal Martínez-Bordiú, su mujer e hijo, además de Arancha y Jaime Martínez-Bordiú. La nómina familiar la completaron los barones de Gotor, José María Martínez-Bordiú y Clotilde Bassó.

Mucho se comentó la ausencia del tío del novio, Francis Franco. Una de las versiones que circularon es que se había enfadado porque su hermana Carmen no había contado con él para ir en el avión privado que los Vargas habían dispuesto para que ella viajara desde Madrid con sus amigas. Al parecer no estaba dispuesto a costearse el gasto que suponía trasladarse durante varios días a la República Dominicana.

Entre los amigos de la pareja, todo un *who is who* de la *jet set* española: Pepe Barroso (Don Algodón), los citados Enrique Ponce y Paloma Cuevas, Paloma Segrelles hija, Francisco de Borbón-Escasany (duque de Sevilla) o Ángela María de Solís-Beaumont y Téllez-Girón (duquesa de Arcos).

También hubo dos invitados sorpresa. Por un lado, el novio de Carmen Martínez-Bordiú, Roberto Federici, que acudió en medio de rumores sobre una ruptura. Efectivamente, la relación ya estaba rota, pero decidieron no comunicarlo hasta semanas más tarde para evitar que la noticia planease sobre la ceremonia.

La otra presencia que llamó la atención fue la de Constanza de Habsburgo, la que había sido presunta prometida del padre del novio, el duque de Cádiz. Acudió junto a su marido, el príncipe austriaco Franz Josef von Auersperg-Trautson.

La ceremonia estuvo oficiada por tres curas: Jaime Garza, Francisco Bueno y Víctor García. Uno de ellos pertenecía a los Legionarios de Cristo, organización a la que está muy vinculada Leonor Santaella. Justo en esos años surgieron los escándalos que llevaron al fundador, el mexicano Marcial Maciel, a estar en el punto de mira por las denuncias por abusos sexuales.

El banquete se celebró en Punto Águila, servido por el restaurante Le Cirque de Nueva York. Posteriormente hubo una fiesta que contó con las actuaciones de Juan Luis Guerra, Los del Río (íntimos de Carmen Martínez-Bordiú) y David Bisbal, el cantante favorito de la novia.

Por si algo le faltara a la boda, también hubo tiempo para la presunta conspiración política. Unos días después del enlace, el fiscal general de Venezuela, Danilo Anderson, denunció que varios empresarios venezolanos aprovecharon el encuentro con motivo de la boda para planear un golpe contra Hugo Chávez. Uno de los invitados era Manuel Rosales, candidato presidencial de la oposición. También se encontraba presente el presidente de la República Dominicana.

A la vuelta de la boda, Víctor Vargas hubo de declarar ante el fiscal general, y el asunto se quedó en nada. Sin embargo, el 18 de noviembre de 2004, apenas unos días después del enlace, Danilo Anderson falleció víctima de un atentado con un coche bomba. Un final que desató todo tipo de rumores.

También hubo polémica con la Casa Real española, familia del novio. Ninguno acudió como invitado, a pesar de que se les invitó. Mucho se habló de que el motivo de la ausencia fue que en las invitaciones de boda que se cursaron Luis Alfonso utilizaba el tratamiento de Alteza Real. También había molestado y mucho en la Zarzuela la cercanía del duque de Anjou con Leandro Ruiz Moragas, hijo bastardo de Alfonso XIII y la actriz Carmen Ruiz Moragas.

Este hombre tuvo relación con toda la familia, hasta que se decidió a acudir a la justicia para que reconociese su filiación y se cerraron para siempre las puertas de la Zarzuela. Luis Alfonso de Borbón, bisnieto de Alfonso XIII y nieto del infante Jaime, hermanastro de Leandro, dio a este su apoyo tanto en privado como en público. Algo que no gustó en la institución.

DOS REYES PARA UNA REPÚBLICA

Tras la boda, Luis Alfonso y Margarita Vargas viajaron a Europa. Fueron recibidos por el papa Benedicto XVI. Aprovecharon el viaje a Roma para encontrarse con la abuela paterna de Luis Alfonso, Emanuela Dampierre.

La actualidad de la boda volvió a poner el foco en los rencores familiares. En esa época Emanuela concedió una entrevista para *DEC* en Antena 3 y acabó llamando «ninfómana» a Carmen Martínez-Bordiú. Luis Alfonso tardó poco en coger el teléfono para exigir a su abuela una rectificación y que pidiera perdón públicamente a su madre. Lo hizo, pero a su manera y, además, a través de una exclusiva en *¡Hola!*

Tras las visitas en Italia, tocó el momento de presentar a Margarita Vargas ante los legitimistas franceses. No en vano era su «reina». El enlace llegó en un momento importante para los intereses políticos de Luis Alfonso en Francia. La V República gala siempre ha tenido dos candidatos a su hipotético trono: los Orleans, descendientes del rey Luis Felipe, y los Borbones.[*]

---

[*] Hay una tercera rama, los bonapartistas, ya que la última vez que rigió el régimen monárquico en Francia fue en el II Imperio, bajo Napoleón III, hasta 1870.

Durante años, Enrique de Orleans, el conde de París, fue la gran referencia de la historia monárquica en Francia, y así lo trataban las autoridades republicanas, empezando por el presidente Charles de Gaulle. El conde de París representaba un enlace con el pasado, pero estaba perfectamente instalado ideológicamente en la democracia liberal y fue un destacado europeísta. Así las cosas, era invitado como símbolo histórico a los grandes actos de Estado. Paralelamente, los legitimistas iban viendo reducido su ámbito de actuación política a grupos de ultraderecha en los márgenes del sistema.

Cuando Luis Alfonso, a la muerte de su padre, tomó la bandera del legitimismo, el hijo del conde de París decidió llevar a los tribunales a Luis Alfonso. Durante años, los Borbones han usado la sentencia del Tribunal de Apelaciones de París como reconocimiento como verdaderos reyes de la hipotética monarquía francesa. Sin embargo, lo que decía la sentencia es que la justicia republicana no tenía potestad ni interés para determinar eso. Vamos, que, si ambos querían autodenominarse reyes, a la V República le importaba un pito.

A la muerte en 1999 del conde de París le siguió un tiempo de turbulencia política en Francia. Con el avance de ideas más conservadoras, Luis Alfonso fue aumentando su influencia en Francia. Incluso de cara a las autoridades francesas. Para esto ha sido fundamental el papel de Jacques de Bauffremont-Courtenay, como asesor de Luis Alfonso.

En el año 2000 participó en el acto de presentación del corazón del llamado Luis XVII, una de las grandes leyendas de Francia. Hijo de Luis XVI y María Antonieta, tras la ejecución de estos, estuvo en manos de las autoridades revolucionarias y murió en la Torre del Temple en 1795. Falleció con diez años y durante un tiempo fue la bandera de los contrarrevolucionarios. Tanto que, cuando se reinstauró la monarquía, el nuevo monarca lo hizo con el título de Luis XVIII en homenaje al pequeño rey muerto.

Durante años hubo leyendas sobre que el pequeño había huido de la cárcel y habría sobrevivido. De hecho, un tal Carlos Guillermo Naundorff llegó a decir que él era Luis XVII y llegó incluso a tener seguidores. En 1975 apareció el supuesto corazón del niño, que quedó enterrado en Saint-Denis en París. En abril de 2000, después de cuatro meses de investigación en la Universidad de Lovaina, cotejando con el ADN de Ana de Rumanía y Andrés de Borbón-Parma, se confirmó que el corazón era de Luis XVII y que había muerto en la Torre del Temple. Luis Alfonso estuvo, en sitio preferente, en la presentación de los resultados.

A partir de ahí desplegó una gran actividad propagandística. En ese mismo año fue invitado como «representante de la historia de Francia» en San Luis (Misuri) para celebrar el día de Luis IX, el santo que da nombre a la ciudad. Todas las autoridades de la ciudad, en plan *Bienvenido, Mr. Marshall*, recibieron a un «rey» europeo. El colmo del exotismo para ellos. Hasta en el estadio de béisbol de Los Cardinals se le recibió con un letrero luminoso: «Los Cardinals de San Luis dan la bienvenida al príncipe de Borbón».

También el presidente francés Nicolás Sarkozy recibió a Luis Alfonso en el Elíseo como heredero de la dinastía histórica y lo invitó a algunos actos institucionales. Muy escorado hacia la derecha en Francia, Luis Alfonso ha utilizado los medios para opinar sobre la marcha política del país. Sus opiniones contra el aborto o el matrimonio igualitario tuvieron más repercusión en España que en Francia. Un país donde solo muy pocos se plantean la monarquía, curiosamente vinculados a determinadas tendencias políticas. La mayoría se toma con cierto humor sus pretensiones dinásticas y hasta en redes sociales se le conoce como *Pépito*, por su acento español al hablar en francés, que le hace ser fuente de memes.

NEGOCIOS A LA SOMBRA DE SU SUEGRO

Antes de casarse con Margarita Vargas la experiencia en los negocios de Luis Alfonso estaba vinculada a la familia Franco. Se convirtió en el gran apoyo de su abuela Carmen Franco en el *holding* familiar. Además, el 7 de julio de 2000 creó Borcorel, S. L., dedicada al negocio inmobiliario y que domicilió en la casa de su abuela en Hermanos Bécquer, número 8.

Pocas semanas después de su boda dejó sus puestos en las empresas de los Franco para convertirse en asesor en relaciones externas en el Banco Occidental de Descuento. En esos primeros años de matrimonio se instalaron en Miami donde nació en 2007 su hija mayor, Eugenia.

Finalmente, acabarían recalando en Madrid, y para ello se hicieron con un lujoso piso en la calle Españoleto. Un regalo de su abuela Carmen Franco. Más tarde, en 2012, se instalarían cn un chalé de tres plantas en la lujosa urbanización La Finca, en concreto en el Paseo de los Lagos, a las fueras de Madrid. Fue una auténtica ganga ya que desembolsaron 4,5 millones de euros por 3.000 metros cuadrados repartidos en ocho habitaciones y siete baños. Diez años después estaba valorada en más de 10 millones de euros. Incrementarían la familia con el nacimiento de los gemelos Luis y Alfonso en Nueva York en 2010, y Enrique, nacido en 2019 también en la ciudad de los rascacielos.

Más allá de su suegro Víctor Vargas, Luis Alfonso ha volado solo. En 2012 creó junto a su mujer Margarita Vargas la empresa Borvar Inversiones, S. L., con domicilio en su chalet familiar de La Finca y a través de la que ha canalizado sus inversiones más curiosas. En 2015 pasó a formar parte del *holding* Mella Limited, radicado en territorio británico y que disolvió en 2019.

En 2017 fundó Spanish Influencers, S. L., una empresa dedicada a la formación en redes sociales, diseño de páginas web y el desarrollo de campañas publicitarias. La empresa se domició en la madrileña calle Hermosilla en su número 64.

Con Mella, S. A., sociedad radicada en Luxemburgo y creada en 2006, pasó a controlar tanto Spanish Influencers como Borvar Inversiones, S. L. También Reto 48, un centro deportivo creado junto a Jorge Facha y Sara Álvarez, además de Borcorel, S. L. para negocios inmobiliarios y Lys Recycling, S. L. para el mundo del reciclaje.

En 2020 se extinguió Internacional Transaction System, S. L., dedicada a la informática, que había creado ocho años antes. Más breve fue la existencia de Servicio Integral del Taxi, que fundó en 2015 y también se extinguió ese año.

También participaba a través de Mella en Villalar 2001, S. L., que en 2017 pasó a tener como administrador único a Iván Félix González Coello de Portugal, hermano del que fuera diputado de VOX Víctor González Coello de Portugal y amigo de Luis Alfonso de Borbón desde su infancia.

Mella, S. A. fue disuelta por Luis Alfonso en diciembre de 2020 y tuvo como gestor al suizo Mario Rao, quien apareció en la prensa española cuando una investigación de la Guardia Civil lo vinculó con una presunta trama de blanqueo del exbanquero Mario Conde. La Audiencia Nacional en 2019 lo desvinculó de estos posibles delitos.

PROBLEMAS EN LOS NEGOCIOS

Desde 2019 las empresas de Luis Alfonso de Borbón empezaron a generarle bastantes dolores de cabeza. Así Reto 48 cerró ese año con pérdidas. Dos años antes, Spanish Infuencers arrojaba pérdidas por valor de 84.000 euros. Borvar, S. L. cerraba en 2023 con pérdidas de 116.000 euros. Entre los curiosos negocios que lanzó bajo esta sociedad que administra junto a su esposa, destacan los juegos de cartas que comercializó bajo la marca de Juega España.

Lanzaron 12 barajas a 25 euros con distintas temáticas: *Héroes del deporte*, *Juega el refranero*, *Salta al ruedo* (de temática taurina), *Juega Merengue* (sobre el Real Madrid), *Juega Colchonero* (sobre el Atlético de Madrid) o *Conoce España* (sobre la historia de nuestro país).

No solo sus negocios particulares le han generado problemas. También su suegro ha vivido momentos complicados. La quiebra del Banco del Orinoco (BDO), situado en las Antillas Holandesas, puso en serios aprietos a Víctor Vargas. BDO era filial del Banco Occidental de Descuento (BOD), que preside Vargas y a cuya vicepresidencia acabó ascendiendo Luis Alfonso de Borbón.

En 2015 la cadena de televisión estadounidense Univisión informó de que entre 2006 y 2007 sus empresas depositaron 132 millones de dólares en 29 cuentas del banco HSBC situadas en Suiza. Cuando estalló el escándalo del Banco del Orinoco en 2019 estas informaciones indignaron a los afectados. Algunos medios hablaron de más de 19.000 afectados y un agujero de 750 millones de dólares en depósitos.

El Banco Central de Curazao intervino el Banco del Orinoco (BDO) alegando que «no ha sido capaz de ubicar ningún activo sustancial del Banco del Orinoco. Esto significa que actualmente los fondos son insuficientes para satisfacer a los acreedores del Banco del Orinoco ni para pagar las nóminas o ningún otro beneficio laboral».

Víctor Vargas tachó estas decisiones de «medidas irracionales y discriminatorias», asegurando que en el momento de producirse la intervención, la entidad tenía 55 millones de dólares disponibles que, denunciaba, habían desaparecido.

En 2022 más de 200 afectados se unieron para presentar una demanda exigiendo la devolución de 25 millones de dólares que habían depositado en sucursales del banco y, además, los intereses que había generado ese dinero. Llegaron a solicitar la creación de un fideicomiso y que se embargaran las acciones de Cartera de Inversiones Venezolanas.

Ese mismo año *Infolibre* publicaba que en la macroinvestigación conocida como Suisse Secrets se descubrió que Luis Alfonso y Margarita Vargas habían abierto una cuenta en Credit Suisse en 2007 con 1,2 millones de euros a nombre de una sociedad radicada en Panamá llamada Layla Assets Corp. Luis Alfonso aseguró en los medios que la sociedad era propiedad únicamente de su mujer y había sido creada por su suegro.

No sería el último escándalo financiero en la vida de Luis Alfonso de Borbón. También en 2019, en septiembre, las autoridades panameñas intervinieron el banco AllBank Corporation, donde Luis Alfonso de Borbón ejercía como director suplente. El Gobierno de Panamá alegó que se tomaba esa decisión para salvaguardar los intereses de los clientes y evitar que los fondos del banco fueran utilizados de forma indebida por el Gobierno venezolano de Nicolás Maduro. AllBank Corporation formaba parte del grupo BOD de Víctor Vargas.

Todos estos escándalos pusieron en un momento comprometido al conocido como «banquero del chavismo», el suegro y jefe de Luis Alfonso de Borbón. Unos problemas financieros que estallaron cuando el duque de Anjou se convertía en España en la gran cara visible y bandera de la familia Franco.

UN REY PARA LOS FRANQUISTAS

En marzo de 2018 Luis Alfonso de Borbón sucedió a su abuela Carmen Franco y Polo, fallecida el 31 de diciembre de 2017, como presidente de honor de la Fundación Nacional Francisco Franco. Creada en mayo de 1976 por varios exdirigentes franquistas, la viuda y la hija del dictador se convirtieron entonces en las presidentas de honor. En marzo de 2018 el duque de Anjou tomaba el legado coincidiendo con la llegada a la presidencia ejecutiva de la fundación de Juan Chinarro, general de división de Infantería de Marina en la reserva.

Tras la llegada al Gobierno de Pedro Sánchez, este anunció su intención de sacar del Valle de los Caídos los restos de Franco. Desde ese momento la guerra entre el Ejecutivo y los Franco fue total. No era el único frente para la saga. La lucha judicial por el mantenimiento de algunas de sus propiedades como la Casa Cornide en Coruña o el Pazo de Meirás también les preocupaba. Tanto como el hecho de que, tras la muerte de la matriarca, los medios comenzaran de nuevo a indagar sobre la fortuna de la familia. Luis Alfonso se convirtió en la cara visible, la bandera de los Franco.

El domingo 15 de julio de 2018 interrumpió sus vacaciones en Sotogrande junto a su familia para asistir en el Valle de los Caídos a una concentración tras oír misa convocada por el grupo Movimiento por España. Unas 1.500 personas acudieron tras moverse la convocatoria durante días por WhatsApp y otras redes sociales. Para los presentes fue una sorpresa la presencia del bisnieto más mediático de Francisco Franco. También para los medios, a los que se dirigió el propio Luis Alfonso: «Hoy asistí junto a mi mujer y mis hijos a la misa de las 11.00 del Valle de los Caídos; nos encontramos con muchas familias y gente venida de toda España y del extranjero para rezar por el futuro de España».

A su llegada a Cuelgamuros los nostálgicos franquistas lo recibieron entre gritos como «¡Ojalá fueras nuestro rey, te queremos!» o «¡Eres nuestro rey, don Alfonso!». Dos días después, el 17 de julio de 2018, en sus páginas de Facebook, en español y francés, dejaba un mensaje clarificador:

> Esa inmensa Cruz representa la reconciliación de las dos Españas. Solo había una España. Solo había una España que progresaba alegre, orgullosa de su pasado y esperanzada en su futuro. Pero el rencor nos lleva otra vez a despertar rancios odios cainitas. La Historia castigará a quien profane este Templo grandioso, no por el tamaño de la Cruz, sino por el fraternal abrazo que representa, acogiendo bajo sus brazos a un solo pueblo reconciliado. No hay otro camino y nuestros padres lo sabían.

A finales de ese mismo año, cuando se acercaba la fecha del aniversario de la muerte de su bisabuelo, el 20-N, volvió a mostrarse como el defensor de la memoria de Franco y de los intereses familiares. Lo hizo esta vez a través de Instagram y en forma de carta dirigida a su bisabuelo:

Te fuiste hace 43 años, pero estás más presente que nunca. Tus enemigos y unos traidores a la Patria no te olvidan, ni cesan de mencionarte. Otros muchos te seguimos recordando y rezamos por ti. Pero tu insuperable obra (la clase media, la Seguridad Social, las viviendas protegidas, las carreteras, las universidades, los hospitales, las industrias, los pueblos, los pantanos, los bosques…) permanecerá para siempre. #ElVallenosetoca.

La Fundación Nacional Francisco Franco siempre ha estado muy vinculada a la familia del dictador; de hecho, su sede está en el número 11 de la avenida de Concha Espina, en un edificio propiedad de Sargo, S. L., una de las sociedades instrumentales de la familia del dictador. La Fundación vive momentos positivos ya que en sus últimos años ha aumentado el número de socios en un 80 por ciento.

Luis Alfonso de Borbón siempre ha estado vinculado a partidos y asociaciones ultraconservadoras. Tanto en Francia como en España, estas opciones políticas cada vez gozan de más implantación, y Luis Alfonso lo utiliza para afirmar su imagen como valedor de unas esencias que pretende defender como Luis XX de Francia. Pero como una cosa es la política y otra los negocios, el duque de Anjou combina su vínculo con formaciones como VOX con el hecho de que su suegro Víctor Vargas sea uno de los banqueros favoritos de la Venezuela de Hugo Chávez y Nicolás Maduro.

Como ya se ha apuntado, Luis Alfonso es íntimo de Víctor González Coello de Portugal, quien fuera vicepresidente del partido político. Con toda la familia González Coello de Portugal hay gran relación. De hecho, el duque de Anjou creó la asociación Cura Infirmorum en Natura-Seminare para «la difusión del Evangelio», junto al hermano y la madre del exdiputado de VOX. La cúpula del partido dio un gran apoyo a esta organización ultrarreligiosa, alineada con CitizenGo (uno de los grupos ultraconservadores más conocidos a nivel internacional).

También tiene una gran cercanía con Santiago Abascal, el presidente de VOX. Su amistad se hizo pública el 12 de mayo de 2018 cuando participaron juntos en la XXI edición de los 101 Kilómetros de la Legión. Una marcha de 101 kilómetros en las localidades malagueñas de Ronda, Arriate, Alcalá del Valle, Setenil de las Bodegas, Benaoján y Montejaque organizada por el Tercio Alejandro Farnesio y el Grupo de Caballería Ligero Acorazado Reyes Católicos.

Santiago Abascal es una de las amistades que frecuentan Luis Alfonso de Borbón y Margarita Vargas. Otra es Paloma Cuevas, íntima de la pareja desde antes de la boda y que lo fue durante sus años de matrimonio con el torero Enrique Ponce. Al grupo de amistades se ha sumado el nuevo amor de Paloma, el cantante Luis Miguel.

Entre las amigas de Margarita Vargas también está la amiga del «sol de México» Michelle Salas, además de Gema Ruiz (exmujer de Francisco Álvarez Cascos, que fuera vicepresidente del Gobierno con José María Aznar), la actriz Paula Echevarría o Patricia Rato, exmujer del torero Juan Antonio Ruiz Espartaco y sobrina del exministro de Economía y expresidente del Fondo Monetario Internacional Rodrigo Rato.

Una pujanza social y política que contrasta con los últimos problemas empresariales de Luis Alfonso de Borbón que, a sus cincuenta y un años, ha tomado la bandera de la representación familiar de los descendientes del dictador y al mismo tiempo sigue los pasos de su padre como candidato legitimista al inexistente trono de Francia.

XV

PILAR FRANCO.
LA *INFLUENCER* DEL FRANQUISMO

En septiembre de 1975 Pilar Franco concedía una entrevista a la periodista María Mérida y algunos se sorprendían con lo que la hermana del dictador soltaba por la boca. No tanto por lo que decía, sino por la forma. Descarnada y con una socarronería importante.

No tenía el aura mítica del fallecido Ramón Franco ni había ocupado puestos durante el régimen como su hermano Nicolás, pero iba a convertirse en la hermana más famosa de Franco. A la muerte del dictador, para cabreo de los Martínez-Bordiú y los Polo, se iba a convertir en la portavoz oficiosa de la familia y la guardiana de la memoria de su hermano.

Para los medios de comunicación una figura así fue un regalo: lenguaraz, faltona, irónica y siempre dispuesta a rajar, si había dinero mejor, para la prensa general, también la de sociedad, Pilar Franco Bahamonde era una bicoca. Además, bajaba al barro y si tenía que pelearse con el periodista más izquierdista de turno, lo hacía. Con más de ochenta años, demostró una vitalidad sorprendente y un instinto para entender los *mass media* más que llamativo. De haber vivido en la actualidad habría sido *influencer* y tertuliana. Fue algo así como la Dulceida del franquismo.

En noviembre de 1976, el primer aniversario de la muerte de su hermano, doña Pilar no faltó en los actos en la plaza de Oriente y en el Valle de los Caídos. Y a partir de ahí era fácil encontrarse en la prensa con sus declaraciones, a cada cual más llamativa. Como cuando aseguró en una visita en Lisboa que estaba organizando una peregrinación a Roma para pedir la canonización de su hermano. Obviamente, no se realizó.

«Vivo sola. Una muchachita viene tres horas al día para ayudarme: vivo modestamente, de la pensión de mi marido. Para que luego hablen del dinero de los Franco», confesaba en *El País*. Era octubre de 1980 y Pilar se había lanzado a presentar sus memorias, *Nosotros, los Franco*. No pertenecía a la camarilla de El Pardo, pero hizo un retrato particularísimo de la familia.

Editadas por Planeta, las confesiones de Pilar Franco tuvieron una gran repercusión. A lo largo de 240 páginas ilustradas con fotografías, la hermanísima hacía un repaso por su familia y los años de la dictadura de su hermano. Caracterizada por un peculiar sentido del humor y ser directa en sus declaraciones, Pila, como la llamaba su hermano, se despachaba a gusto en el libro. Hablaba de su hermano Paco y de cómo la unión familiar se rompe en parte cuando llegan al poder y hay un cambio en la actitud de Carmen Polo, su cuñada.

En 1981 publicó en la misma editorial *Cinco años después*, donde analizaba el primer lustro sin su hermano bajo su particularísimo punto de vista. Con opiniones favorables sobre Antonio Tejero, el libro se publicó meses después de la intentona golpista del 23-F. El libro, como el anterior, fue un éxito. Llegó incluso a visitar Chile para entregar una copia firmada de uno de sus libros al dictador Augusto Pinochet y también estuvo en la Argentina de Videla.

Eran los años en los que la vida social de la hermana de Franco parecía no tener fin. Lo mismo acudía a un acontecimiento de la ultraderecha, que a una entrega de premios en una discoteca y se dejaba fotografiar con una escotadísima Esperanza Roy, o asistía al bautizo de Sofía Cristo, la hija de Bárbara Rey y Ángel Cristo.

El cronista del momento, Francisco Umbral, como no podía ser de otro modo convirtió a la hermana del dictador en personaje habitual de sus crónicas. Una muestra es este texto publicado en *El País* en octubre de 1979:

Con la movida democrática, doña Pilar, llega uno a olvidarse de que es un cuarentón con cuarenta años de dictadura en el calendario de cocina, hasta que una revista alegre e inclemente me saca al lado de usted, doña, de novio coyuntural, y su rostro de gárgola/gorgona es todo el franquismo sin rostro, aparición última e interior de quienes contra Franco (y lo siento por la pintada progre/reaccionaria) vivíamos peor. Mucho peor.

Entre las amistades de Pilar estaba el periodista Emilio Romero, el que fuera el más importante director de periódicos durante el franquismo, o Isabel Perón, la viuda del expresidente argentino que vivía exiliada en Madrid. En 1973, cuando el matrimonio Perón volvió durante un tiempo al país sudamericano, Pilar fue recibida por el político en Buenos Aires, y para la posteridad quedó su visita al Partido Justicialista.

También hacía vida social con el futurólogo Rappel. En sus recientes memorias, este cuenta como juntos eran aficionados a visitar el mítico Bocaccio, durante años uno de los locales fundamentales de la noche madrileña. También recuerda Rappel que en una ocasión ella se encargó de entregarle el Culo de Oro, un premio que otorgaba el Dima's, uno de los locales pioneros del ambiente gay en la capital de España. Un lugar donde la hermana de Franco se codeó con transformistas y pioneros del desnudo integral.

En los setenta y los ochenta Pilar Franco pasó a formar parte del universo de las celebridades patrias, pero durante los años de la dictadura de su hermano se fue construyendo de manera silenciosa una fortuna al amparo del apellido.

CRÓNICA DE UNA VIUDA RICA

Pilar nació en 1895 en la localidad gallega de Ferrol. Allí vieron la luz todos los Franco. Ella lo hizo tres años después que su hermano Paquito. La vida de los Franco Bahamonde estuvo marcada durante finales del siglo XIX y principios del XX por el carácter iracundo de su padre, Nicolás Franco y Salgado-Araujo, miembro de la Marina que participó en la guerra de Cuba y, posteriormente, en la de Filipinas, donde según algunos biógrafos tuvo un hijo fuera del matrimonio.

Tras quince años de matrimonio, Nicolás abandonó a su mujer y sus hijos para trasladarse a vivir en 1907 a Madrid. En la capital se casó con una joven llamada Agustina en una ceremonia informal civil, no religiosa, y vivió con ella en la calle Fuencarral hasta su muerte. Allí fallecería en 1942, aunque a las pocas horas trasladaron el cuerpo a El Pardo, enviando al olvido para siempre a Agustina. Un pasado, el de los Franco Bahamonde, que intentó maquillar en su primer libro.

Según el propio relato de Pilar Franco, con su padre y Agustina vivía una sobrina de ella que algunas fuentes citan como hija de la pareja. Pilar se encargaría de que la mujer que compartió los últimos años de su padre estuviera en una habitación para que no la viera nadie mientras se organizaba el traslado del cuerpo.

Pilar Franco se casó en 1914 con Alfonso Jaraiz, un ingeniero de Caminos hijo de un magistrado del Tribunal Supremo. Los Jaraiz eran una familia tradicionalista, seguidora de los reyes carlistas. En un principio la familia del novio no quería a Pilar. Consideraban a la Franco poco para Alfonso. Una historia que se repetiría después con su hermano. La familia de Carmen Polo tampoco consideraba a Francisco Franco, «el comandantín», un buen partido para su hija.[*]

El matrimonio tuvo diez hijos; cuando el menor tenía dos años, Pilar Franco se quedó viuda. Se quedó con una pensión de viudedad de 190 pesetas. Sin embargo, se buscaría la vida de forma perfecta para sobrevivir. El apellido Franco era como un cheque en blanco. Eso, a pesar de no tener especial contacto con la corte de El Pardo.

Una distancia que aumentó cuando su sobrina Carmen se casó con el marqués de Villaverde. «Siempre que íbamos de visita, había algún Martínez-Bordiú o algún Polo allí. Te hacían sentir que no hacía falta tu presencia», comentó en su momento Pilar.

A pesar de esto, el ascendente de Pilar Franco sobre su hermano era importante. Aunque no tuvo cargos en el organigrama franquista como su hermano Nicolás, el dictador se fiaba de su criterio. Un ejemplo de ello fue que convenciera a su hermano para dar un indulto al constructor Jesús Gil y Gil. Fue una petición de la madre del que luego fuera presidente del Atlético de Madrid y alcalde de Marbella, Guadalupe. Jesús Gil y Gil fue condenado por el derrumbe del comedor de la urbanización Los Ángeles de San Rafael, en el que murieron 58 personas, a cinco años de prisión por imprudencia temeraria y homicidio involuntario. La influencia de Pilar Franco sobre su hermano facilitó el indulto para el empresario soriano.

---

[*] Véase el capítulo III.

Entre ellos nunca dejaron de ser Paquito y Pila. Tal vez por esa confianza quiso Carmen Polo tenerla lejos. Esto se mantuvo hasta el final de los días del dictador, cuando fue totalmente olvidada. Una situación de la que acusaba en sus memorias a la familia de su hermano:

> Nos fue prohibida la entrada en La Paz a Nicolás y a mí. Solamente dejaron entrar, de la familia, a la mujer, a la hija y a los nietos. Me dijeron que podía verlo dormido, pero yo me negué. Quería verlo con todos los sentidos. Todavía no sé por qué nos hicieron eso. Fue una crueldad terrible, algo inhumano. El marqués de Villaverde no dijo nada, pero no fue él quien lo prohibió. Después, cuando murió el generalísimo, ya no quise verle muerto. Cuando lo pienso, se me ocurre que hubiera sido mucho mejor para todos nosotros que Franco hubiera sido un fontanero, o un albañil, o un vendedor de periódicos... No sé. Quiero decir que, si hubiera sido una persona humilde, no nos habría pasado eso. [*]

A pesar de esto, a Pilar Franco no le fue mal económicamente durante el régimen de su hermano. Entre su patrimonio al final del régimen se encontraba, según relata Mariano Sánchez Soler en *Los Franco, S. A.* «una residencia valorada en doce millones de pesetas; un piso para cada uno de sus diez hijos, una "finquita" en Coruña y "algunos títulos" en acciones bursátiles».

Sin embargo, en todas sus entrevistas siempre intentó vender la historia de que era una pobre viuda sin apenas recursos económicos, que tuvo que mantener diez hijos. «Siempre he tenido buenos amigos. Unos montaron una empresa de tornillos y yo me hice su representante», explicaba en 1976.

Su hermano siempre cuidó de ella. Por eso pidió a la tía materna de ambos, Gilda, que murió soltera, que legara toda su herencia a Pilar. Así se quedó con lo que ella denominaba en sus memorias «unos pisitos», y que eran unas cuantas propiedades en la provincia de A Coruña.

Además, tal y como desveló el diario *Nuevatribuna.com*, desde 1942 Pilar Franco cobraba una pensión extraordinaria de RENFE, la empresa estatal de ferrocarriles, que en aquel momento era de 62.400 pesetas al año. La pensión llevaba el número 3203387. Evidentemente, la hermana del dictador nunca trabajó en la compañía nacional de ferrocarriles.

---

[*] P. Franco, 1980.

Según pudo descubrir *Nuevatribuna.com*, la hermana de Franco envió una carta al jefe de la Contabilidad General de la compañía pidiendo su carné de identidad de pensionista el 7 de abril de 1947 y, curenta y siete años después, el 13 de abril de 1984, dirigía otra carta a la dirección de Acción Social pidiendo un cambio en el banco donde cobraba su pensión e informaba de su cambio de domicilio. «Los documentos que respaldan esta información se encontraban en archivos de la estación madrileña de Príncipe Pío, donde estaba la Jefatura de Normas Laborales, una dependencia que tenía en su archivo los casos de los represaliados por el franquismo», explicaba en el citado medio.

LA FINCA FANTASMA, EL GRAN PELOTAZO

El gran negocio de Pilar Franco fue una finca que nunca existió. En 1963 el abogado Jaime Sánchez-Blanco presentó un completo informe a Luis Carrero Blanco, ministro de la Presidencia y número dos del régimen, sobre un asunto más que turbio.

«O este tío está loco o tiene razón, pero además tiene un par de cojones», fue la respuesta de Carrero al descubrir el informe que le presentó Sánchez-Blanco.

La historia empezó cuando, en 1957, junto a su amiga María Queipo de Llano, Pilar adquirió una finca que no existía. Mejor dicho, se hizo con una serie de parcelas que tenían propietario y las juntó para construir una finca en base a un plano de 1868. El problema es que los terrenos tenían dueño: el Banco Central que presidía Alfonso Escámez (considerado el banquero del régimen), Dragados y Construcciones, varios propietarios individuales y una fundación benéfica. Consiguieron una finca de 202.000 metros cuadrados. El abogado Alfredo Gómez de la Serna inscribió la finca en el Registro de la Propiedad de Madrid. Un notario certificó la venta á la hermana de Franco y María Queipo de Llano.

La hermanísima tenía a Manuel Bruguera Sánchez —que desde 1924 había recibido varias condenas por delitos como falsificación, robo, estafa o suplantación de identidad— como colaborador para esta curiosa forma de realizar negocios. Iban a la caza de parcelas pertenecientes a fallecidos en la guerra que no habían sido reclamadas por herederos. Buscaban estas fincas en el Registro Civil y las inscribían a su nombre. Para algunas de estas fincas, doña Pilar recibía puntuales chivatazos desde las esferas del poder. Le interesaban, sobre todo, aquellas que en el futuro fueran expropiadas por el Estado para construir carreteras; así ella era la beneficiaria de la indemnización correspondiente.

Pero en la finca en concreto que destapó el escándalo, en la calle Antonio Tapia de Madrid, se topó con varios propietarios que protestaron y se pusieron en manos del abogado José María Gil Robles, el que fuera líder de la CEDA (Confederación Española de Derechas Autónomas) durante los años de la Segunda República. En el despacho trabajaba el citado Jaime Sánchez-Blanco.

El nombre de la hermana de Franco llegaba así a los tribunales. Mientras, el entonces alcalde de Madrid, José Finat y Escrivá de Romaní, conde de Mayalde[*] anunció la expropiación de una parte de la finca por una cantidad de tres millones de pesetas.

Sin embargo, el asunto siguió su camino en los tribunales. La muerte de Bruguera hizo que se diera por cerrado en la Audiencia Provincial de Madrid. Pero los afectados individuales siguieron adelante con recursos hasta que el Tribunal Supremo, el 19 de junio de 1962, dio la razón a la hermana del dictador. Once años más tarde, en 1973, el ministro de Obras Públicas Gonzalo Fernández de la Mora llegó a ordenar el pago de 134 millones por una parte de una parcela fantasma.

Aunque judicialmente el asunto quedó solucionado, fue un tema feo para el Gobierno. Carrero Blanco llegó a decir que «la voracidad de esta señora es inmensa» y decidieron abrir una investigación interna.

Sin embargo, nadie investigó, ni siquiera llegada la democracia, salvo la prensa, la vida económica de la hermana del dictador. Pilar falleció en la madrugada del día 6 de enero de 1989 de una parada cardiorrespiratoria en la Policlínica de la Armada de Madrid a los noventa y tres años. Era la última superviviente de los hermanos Franco Bahamonde. Fue enterrada en el cementerio de la Almudena en Madrid junto a su hermano Nicolás.

---

[*] Fue embajador de España ante la Alemania nazi entre 1941 y 1942. Ocupó la alcaldía de la capital de España entre 1952 y 1965. Durante los primeros meses de la dictadura también fue gobernador civil de Madrid.

XVI

PILAR JARAIZ FRANCO.
LA SOBRINA «ROJA»

En marzo de 1979 la actualidad política no daba respiro a los españoles. Tras unas elecciones generales el día 1, las primeras tras la aprobación de la Constitución, la campaña seguía porque el día 3 de abril se elegían más de 67.000 concejales. Por primera vez desde los años treinta había elecciones para elegir quién regía los destinos de los ayuntamientos.

En la barriada barcelonesa de Sarriá una sobrina de Franco repartía propaganda del Partido Socialista Obrero Español. La ciudadanía ya se había acostumbrado a que la familia del dictador protagonizara de forma constante la prensa desde el 20 de noviembre de 1975, pero lo de que le saliera una sobrina «roja» parecía demasiado para ser real. Pero lo era.

Pilar Jaraiz Franco llevaba militando en el PSOE desde 1976, la culminación de una biografía en la que se había producido un lento peregrinar ideológico de, como ella se definió, «niña de derechas» a «marxista no ortodoxa».

Pilar era la mayor de los diez hijos de Pilar Franco Bahamonde. Las diferencias entre madre e hija eran notables. Tanto en el fondo ideológico como en las formas. También había cosas en las que se parecían. Ambas desbordaban vitalidad y desplegaban una actividad que a gente más joven habría dejado exhausta. Además, ambas eran muy habituales en los medios de comunicación.

Entre Pilar madre y Pilar hija hubo ciertas tensiones cuando la Jaraiz Franco decidió publicar en 1981 *Historia de una disidencia* con la editorial

Planeta. «Deberías haber esperado a que me muriera», fue la reacción de Pilar madre, que parecía olvidar que para entonces ya había publicado con notable éxito dos libros y no había parado de hacer intervenciones en medios y actos públicos, muchas veces previo pago. «Si nos vas a enterrar a todos», respondió Pilar hija.

En su libro de memorias, Pilar Jaraiz Franco no solo cuenta su evolución ideológica, sino que hace un repaso a la historia de la familia. Algo que no gustó a su prima Carmen Franco y sus hijos. Otra cosa en común con su madre, cuyos escritos tampoco hicieron mucha gracia a los exhabitantes de El Pardo.

Pilar Jaraiz Franco puso especial énfasis en desmentir la leyenda negra de su abuelo paterno Nicolás Franco, negando que fuera alcohólico y violento. Lo retrataba como un antifascista que despreciaba intelectualmente a su hijo Francisco Franco.

También reflejó un gran cariño por su abuela materna Pilar Bahamonde, fallecida en 1934, y la especial relación que tuvo con sus tíos Nicolás y Ramón Franco. Llegó a ser su confidente en su tormentosa relación con Cecilia Albéniz, la nieta del famoso compositor. El hermano mayor del dictador mantenía una relación paralela a su matrimonio con Isabel Pascual de Pobil. La obsesión de Nicolás por esta joven llegó a tal punto que se pasaba las noches rastreando los cabarets de Madrid para encontrarla, llegando a montar brutales escenas de celos cuando descubría andanzas de su amante con otros hombres. Su sobrina Pilar lo acompañaba en muchas de estas excursiones en busca de su amada e intentaba tranquilizarlo. Finalmente, la joven murió en un accidente de tráfico.

La joven Cecilia Albéniz y Ramón Franco tuvieron muertes que muchos calificaron de fortuitas para Francisco Franco. La propia Pilar Jaraiz Franco se pronunciaba así en su entrevista más completa, concedida a Pilar Eyre para su libro *Mujeres, veinte años después* (Plaza y Janés, 1996):

Ramón Franco fue republicano, masón y le dio a mi tío Paco muchos disgustos. Desde el punto de vista de mi tío fue una suerte que Ramón muriera; vivo le habría traído muchos problemas. Es curioso que todos los que podrían traerle problemas a Franco murieran violentamente, como si tuviera un hado maléfico o benéfico, según se mire. Sanjurjo y Mola murieron en accidentes aéreos, a Goded lo fusilaron los republicanos. Los tres eran generales de prestigio que podían haberle hecho sombra después de la guerra. A José Antonio Primo de Rivera lo ajusticiaron en la cárcel de Alicante, y mi tío Ramón desapareció en el mar con su avioneta.

MARCADA POR LA GUERRA CIVIL

Pilar Jaraiz Franco nació el 31 de mayo de 1916 en Ferrol. En 1931 se trasladó a Madrid para estudiar Derecho. Cuatro años más tarde se casaba con el teniente del Ejército y oficial de Estado Mayor, Antonio Lago García. El padrino de boda fue su tío Francisco Franco. La ceremonia tuvo lugar el 23 de noviembre de 1935 en San Jerónimo el Real. Doce años antes ella había sido dama de honor en la boda de su tío con Carmen Polo.

Su vida se vio afectada por el golpe de Estado y la posterior Guerra Civil. Embarazada de su primer hijo, se había quedado en Madrid en el verano de 1936 mientras sus padres habían ido a Galicia. A finales de agosto su marido fue hecho preso por los republicanos y sería trasladado a una prisión improvisada en un colegio en la calle Hortaleza. Durante dos meses vivió en distintas casas de familiares temiendo que sería detenida por su parentesco con Francisco Franco.

Dio a luz a su hijo en septiembre en unas circunstancias más que complicadas, después de esperar ayuda durante varias horas en plena calle, de madrugada. Finalmente, sus pronósticos se cumplieron y fue detenida en octubre de 1936. En un principio se la acusó de espía, pero el verdadero motivo era su parentesco con Franco. Era una pieza importante a la hora de hacer un canje.

Cuando fue trasladada junto a su bebé Antonio a una cárcel de mujeres comprobó que también habían detenido a tías, primas y cuñadas de las distintas ramas de la familia Franco. A principios de 1937 fue trasladada a Valencia. El miedo a que fuera un «paseo» y fuera fusilada se apoderó de ella, pero cuenta en sus memorias que se presentó en la cárcel el embajador de Noruega para vigilar el traslado. El diplomático les había invitado a ocultarse en su embajada al inicio de la contienda, pero ella lo había desechado.

Tan solo dos meses antes de morir, en su charla con Eyre mantenía vivos los recuerdos de lo experimentado en los años de la Guerra Civil:

Primero encarcelaron a mi marido, que era militar. Después tuve a mi niño, sola, en la Maternidad de Madrid, con las bombas cayendo a mi alrededor. Nadie me quería dar cobijo porque era la sobrina de Franco. Un día vinieron unos milicianos a casa y se me llevaron con Toñuco, el pobrecito tenía tres meses. Estuve en la cárcel de Madrid y luego en la de Valencia. Apenas tenía leche para alimentar a mi hijo y no sabía nada de los míos, si estaban vivos o muertos. Yo solo tenía veinte años.[*]

En la prisión de Valencia coincidió con otras detenidas VIP como Carmen Primo de Rivera o Pilar Millán-Astray, de la que siempre guardó un buen recuerdo. En su libro de memorias revela que su tío Paco no hizo nada por sacarla de esa situación e incluso había descubierto que su tío Nicolás sí había ayudado a salir de Madrid a 14 miembros de la familia Polo. En 1996 contaría que fue su madre quien acabó por tomar la decisión de hablar con Francisco Franco:

Por fin mi madre se plantó ante él y le dijo que, si no nos canjeaba, ella iba a Valencia y se entregaba a cambio de nosotros. Primero liberaron a mi hijo y después a mí. Cuando llegué a mi casa de Ferrol me abracé a él, se desprendió de mí gritándome: «Tú no eres mi mamá, tú eres una señora, mi mamá es esta», y me enseñaba una foto en la pared en la que estaba yo. ¡Y solo habíamos estado separados dos meses![**]

LA EVOLUCIÓN IDEOLÓGICA

Tras la Guerra Civil ejerció como abogada en Zaragoza y luego consiguió la cátedra de Derecho Mercantil y Economía Política en Barcelona. Conforme se iba alejando de su tío Francisco Franco su ideología fue mutando hacia posiciones de izquierda. Los viajes al extranjero le hicieron asumir que en el régimen de su tío se carecía de libertades. También

---

[*] P. Eyre, 1996.
[**] *Ibid.*

fue crítica con la corrupción que rodeaba a la dictadura, como le explicaría a Pilar Eyre.

> Mi marido y yo empezamos a ver cosas que no nos gustaban nada. Los privilegios, por ejemplo. Entonces decidimos que nunca nos íbamos a aprovechar del parentesco. Yo había estudiado Derecho durante la guerra, y después gané mi cátedra a base de codos, estudiando mucho, lo mismo que mi marido, que dejó el Ejército para hacerse agente de cambio y bolsa. No les gustaba en El Pardo que nos dedicáramos a unas profesiones tan corrientes, y nos lo hicieron ver, sobre todo mi tía, con una frialdad en el trato que nos demostraba lo pesados que les parecíamos. La tía Carmen tenía la virtud de desprenderse de todo lo que le podía molestar.

A pesar de no tener una evolución similar, su marido le pidió que no se afiliara al PSOE. Cumplió su palabra hasta la muerte de este.

SIN LUGAR EN EL PARDO

En sus memorias Pilar Jaraiz Franco muestra sin aditamentos la realidad del entorno de El Pardo. Cuenta cómo su tío Francisco Franco fue permeable a las influencias de su círculo familiar y este fue evolucionando. Los Polo sustituyeron en influencia a los Franco y, finalmente, los Martínez-Bordiú hicieron lo propio con los Polo.

Durante la dictadura, al igual que su madre, no tuvo un papel relevante en la camarilla de El Pardo. En su libro de memorias retrata la distancia con su tío. Según su relato, la cercanía se rompió después de la Guerra Civil y fue su tía Carmen Polo y después el marido de su prima, Cristóbal Martínez-Bordiú, quienes no quisieron tenerlos cerca. Una lejanía que no se daba antes de la toma del poder, ya que incluso llegó a ejercer como dama de honor en la boda de sus tíos Francisco Franco y Carmen Polo en 1923.

Sin embargo, de la muerte de su tío tuvo que enterarse por televisión y en el gran evento de la familia Franco, la boda de la nietísima Carmen Martínez-Bordiú con Alfonso de Borbón y Dampierre, estuvo entre los invitados «de segunda».

UNA FRANCO EN EL PSOE

Cuando murió su tío el 20 de noviembre de 1975, Pilar lo siguió por los medios de comunicación. La lejanía familiar era total. Además, ella estaba centrada en los problemas de salud de su marido, que falleció el 29 de marzo de 1976.

Sus hijos se habían ido de casa para formar sus propias familias y al verse sola cumplió su intención de afiliarse al PSOE. «Con lo patriota que eres, cómo se te ha ocurrido hacerte socialista», fue la reacción de su madre.

No solo se convirtió en una militante más. De hecho, cedió el despacho de su difunto marido para ser la sede electoral del PSOE de Barcelona durante las elecciones del 15 de junio de 1977, las primeras después de la dictadura. Esto le generó problemas con los vecinos del inmueble que no querían tener a un partido de izquierdas en el edificio. Jaraiz Franco no se arredró.

En 1981 publicó su citado libro y comenzó a ser una habitual en los medios de comunicación. Su libro se lo presentó Manuel Vázquez Montalbán. Labores que ella por su parte ejerció para José Cristóbal Martínez-Bordiú, cuando presentó en Barcelona su libro de memorias *Cara y cruz. Memorias de un nieto de Franco* (Planeta, 1983).

En esos años se declaraba fan de Felipe González y hasta se dejó fotografiar con Santiago Carrillo, secretario general del Partido Comunista de España y auténtica bestia negra de la dictadura de su tío.

En los ochenta publicó libros de ficción: *La casa roja* (1983), en la que relataba el mundo de la clandestinidad política en los años cincuenta y *La hermosa tierra* (1984). De forma póstuma se editó la novela *Un mundo feliz* (1998).

UNA HIJA EN UNA SECTA

Pilar Jaraiz Franco y Antonio Lago tuvieron cuatro hijos, dos chicos y dos chicas. Una de ellas, Paloma Lago Jaraiz, también tuvo su momento de protagonismo mediático. Fue en las crónicas de sucesos.

En 1983 el diario *El País* informaba de que el Juzgado de Instrucción número 1 de Tarrasa (Barcelona) dictaba la captura y el ingreso en prisión de la nieta de Pilar Franco por su vinculación a la secta Raschi-mura. Esta organización, entre lo religioso y la defensa de la alimentación vegana, había empezado sus actividades en 1974 fundando el Instituto Médico de Acupuntura, Yoga y Alimentación Naturista (IMAYAN), al que sería asidua durante un tiempo Merry Martínez-Bordiú.

Paloma Lago Jaraiz inició una relación con el líder de la secta, Pedro Vivancos, tras quedarse viuda y tuvo dos hijos con él. Se acusaba a los lí-deres de la secta de usurpación de funciones, imprudencia con resultado de muerte, estafa continuada y homicidio.

Muy seguido en la prensa fue el caso de Monserrat Farrás, clienta del instituto que falleció; su hijo demandó a la secta, empezando así un proceso judicial en el que se vio involucrada Paloma. Según un informe forense «el régimen alimenticio vegetariano que duró 60 días pudo agra-var y facilitar su más rápida muerte».

Otro delito del que se les acusaba era la falsificación de una partida de nacimiento de una niña que nunca nació para que un miembro de la secta se librara del servicio militar al ser padre.

Cinco años después, en 1988, el caso de la secta Raschimura llegó a los tribunales, pero a Paloma Lago Jaraiz y Pedro Vivancos se les juzgó en rebeldía, puesto que se habían fugado de España junto a sus hijos. En 1993, en una entrevista en La 2 de Televisión Española, Pilar Jaraiz Fran-co aseguró que no tenía relación con su hija, pero que tenía constancia por una tercera persona de que vivía en Canadá.

Pilar Jaraiz Franco casi nunca habló en público de este asunto y de la pertenencia de su hija a una secta. La hija de Pilar Franco falleció el 8 de junio de 1996 a los ochenta años.

XVII
LOS OTROS MARTÍNEZ-BORDIÚ

Cuando el 10 de abril de 1950 Cristóbal Martínez-Bordiú se casó con Carmen Franco y Polo, su familia pasó a convertirse en una de las más importantes del país. Su vínculo con los Franco los ayudaría en su ascensión social. José María Martínez y Ortega y su mujer Esperanza Bordiú y Bascarán, condes de Argillo, vieron cómo su hijo unía sus dos apellidos y los convertía en compuesto, algo que también harían los otros tres hijos del matrimonio.

Andrés, José María y Tomás, los hermanos del yerno de Franco pasarían a formar parte de la vida social y económica del régimen con total naturalidad para enfado de otras ramas del clan que rodeaba al dictador. «Si la familia Franco y Polo no aparecen mucho por allí, los Martínez lo invaden todo, llenando los salones: cuñados, primos, sobrinos, etc.», explicaba Franco Salgado-Araujo.

Pilar Franco, con más inquina, se preguntaba: «Los Argillo, ¿qué hacían todo el día revoloteando en torno a la minoría de El Pardo?». La hermanísima sentenciaba: «Lo cierto es que los hijos de los Argillo [...] se situaron pero que muy bien».

No solo los hermanos. El propio padre fundaba en 1954 el Banco de Madrid. Andrés Martínez-Bordiú, conde de Morata de Jalón, ocupó cargos durante años en numerosísimos consejos de administración. Tomás, barón de Illueca, llegó a hacer negocios con la familia Franco a través de Comercial Flores, S. A., y junto a Gonzalo de Borbón fue consejero de CEFAS. José María, barón de Gotor, fue vicepresidente del Banco de Madrid que fundara su padre, además de ser consejero del Banco Catalán de Descuento.

Algunos descendientes de los hermanos Martínez-Bordiú han optado por la discreción; otros, sin embargo, han sido tan populares como sus primos y han ocupado muchos titulares en la prensa.

El XVII barón de Gotor, José María Martínez-Bordiú se casó con Clotilde Bassó y Roviralta y tuvieron cinco hijos: Alfonso, Alejo, Clotilde, Esperanza (conocida como Kucca) y José María, *Pocholo*.

El más discreto es Alfonso. Alejo tuvo un momento de interés mediático cuando se supo de su relación con su prima Arancha Martínez-Bordiú.* Clotilde, en su momento, fue relacionada con el empresario Alberto Cortina. Ocurrió en los años en los que salió a la luz el romance de Cortina con Marta Chávarri y los medios buscaron otros nombres populares entre las presuntas examantes del banquero.

Con todo, la vez que el nombre de Clotilde saltó de verdad a la actualidad fue por un motivo profesional muy desagradable. En 2024 *El Diario de Segovia* publicó que la hermana de Pocholo estaba acusada de «haber empleado irregularmente y haber explotado laboralmente a cuatro trabajadores en una finca de su propiedad en Muñopedro [Segovia]».

Clotilde, informaba el diario, «admitió los hechos en un juicio celebrado el pasado 4 de junio en la Audiencia Provincial de Segovia. Asimismo, durante el proceso judicial también se sentó en el banquillo de los acusados el alcalde de Muñopedro, José Antonio Velasco Bravo».

Para el edil del municipio la Fiscalía Provincial de Segovia pidió una pena de 21 meses de prisión «por considerar que ejercía como encargado de la finca y de los trabajadores que prestaban servicios en ella».

Fue entre los años 2019 y 2021 cuando Clotilde Martínez-Bordiú tuvo trabajando a dos matrimonios extranjeros en su finca Monte Acedos, una espectacular parcela que cuenta con unas 180 hectáreas, tierras de cultivo y un coto de caza.

Para la Fiscalía, «Clotilde Martínez-Bordiú era conocedora de que los trabajadores se encontraban en situación irregular en España, ya que

---

* Véase el capítulo XI.

carecían de permiso de trabajo y de residencia» y por ello el Ministerio Público consideró que la empresaria «se aprovechó de sus circunstancias y de la necesidad imperiosa que tenían de trabajar para poder sobrevivir».

Los empleados testificaron que aceptaron las condiciones porque «necesitábamos el empleo. Estaba nuestro hijo y no teníamos otro sustento». Además, aseguraron que «si se ponían enfermos se lo descontaban del sueldo y que ella fue despedida por enfermar, precisamente».

Finalmente, la Fiscalía llegó a un acuerdo con la sobrina de Carmen Franco después de reconocer los hechos y se la condenó a dos años de prisión. Una pena que no tendrá que cumplir si no vuelve a ser imputada. También fue condenada a pagar una multa a cada uno de los miembros de los matrimonios empleados irregularmente, a la Seguridad Social y a las víctimas, por daños morales.

Este asunto llegaba a los medios, justo cuando su hijo Bosco, como veremos más adelante, se convertía en el nuevo referente mediático de esta rama familiar siguiendo los pasos de sus tíos Kucca y Pocholo.

Clotilde, casada con Pedro Juan Blanch Cervera, y madre de tres hijos con él, siempre ha intentado que la prensa no se fijara en ella. Su marido es presidente y consejero de Hydrogen Engine Center. En 2022 trascendió que Clotilde y su marido fueron acusados de alzamiento de bienes porque él habría traspasado una finca a su mujer para impedir que una empresa a la que adeudaba 610.984 euros pudiera quedarse con la propiedad, tal y como había dictaminado un juzgado de Madrid. Por ello, la Fiscalía les pidió hasta tres años de prisión para cada uno de los dos acusados y una multa de 12.000 euros.

Más allá de su marido, desde 2011 Clotilde ejerce como administradora única de la empresa Monte de Acedos, S. L., una compañía que tiene su domicilio social en Madrid, y trabaja en el sector de «la adquisición, enajenación y gravamen, por cualquier título, y el arrendamiento, traspaso, subarriendo y cesión de toda clase de bienes inmuebles, rústicos o urbanos, afectos o no a explotaciones forestales, agropecuarias, cinegéticas, urbanísticas, comerciales o de recreo».

También es consejera de Sesuardasi, S. L., compañía dedicada al sector inmobiliario, y Borneda, S. L., centrada en las actividades de apoyo a las empresas «no comprendidas en otras partes».

KUCCA GOTOR, DE LA MOVIDA A LA LOTERÍA

Esperanza Martínez-Bordiú, nacida en septiembre de 1964, se convirtió en una de las diseñadoras de las «señoras bien» en el Madrid de los años ochenta y noventa. Eligió como nombre artístico el de Kucca Gotor, el primero por el nombre familiar por el que siempre fue conocida, y el apellido haciendo referencia al título de su padre, José María Martínez-Bordiú, entonces titular de la baronía de Gotor, que hoy ostenta su hermano Pocholo.

Con dieciocho años ingresó en la Cámara de la Alta Costura de París, ocupando el hueco que había dejado Estefanía de Mónaco tras el accidente de tráfico que le costó la vida a su madre, Grace Kelly. En esta institución «pescaban» las grandes firmas de alta costura francesas a sus nuevas incorporaciones. En su caso empezó por Ungaro y luego fichó por Óscar de la Renta.

En sus años parisinos tuvo el gran apoyo de su prima Carmen Martínez-Bordiú, que vivía en la capital francesa con Jean-Marie Rossi. La amistad de los Gotor con sus primos Villaverde siempre fue muy estrecha. Hasta tal punto que cuando se lanzó a crear su propia firma de moda hizo su primer desfile en Hermanos Bécquer, el buque insignia de los Franco. Allí estuvo incluso la siempre discreta Mariola.

Kucca Gotor inauguró su tienda en la calle Serrano, en plena milla de oro de Madrid, y durante años vistió a las infantas Elena y Cristina. Esa fue su mejor propaganda. Durante años llevaron sus prendas mujeres de la *jet set* como Cary Lapique, Margarita Hernández (esposa de Alberto Cortina) o Aline Griffith, la famosa condesa de Romanones con pasado de espía.

También la familia confío en Kucca para momentos importantes. Así se encargó del traje de novia de Sonsoles Suárez, cuando se casó con su hermano Pocholo en 1992, y del de Nuria March, cuando hizo lo propio con su primo Jaime Martínez-Bordiú en 1995.[*]

La diseñadora se casó con José Villaseñor en 2003, con el que ha tenido dos hijas. Durante el embarazo de la segunda, Kucca decidió dejar

---

[*] Véase el capítulo XII.

el mundo de la moda. Además, tuvo que hacer frente a un tumor maligno. «En 2013, me diagnosticaron un cáncer y me dieron tres meses de vida. Le dije al oncólogo: "Ahora me viene fatal morirme". Tenía dos niñas, de seis y nueve años», contaba la propia Gotor a la revista *¡Hola!*

Allí también descubriría su nueva dedicación profesional: vender lotería. Como ella misma aseguró para el BOE del corazón, ha pasado de vestir a mujeres de la alta sociedad a «repartir ilusiones». Se trata de la administración Los 4 del Gordo, situada en el castizo barrio de Hortaleza. La sobrina del marqués de Villaverde se encarga del día a día del despacho de loterías y así lo explicaba en la citada entrevista para *¡Hola!*:

Me la entregó Loterías y Apuestas del Estado hace más de dos años, el 19 de septiembre de 2022. Me ocupo de llamar a empresas que me encargan números, y construyo webs para los números compartidos. Así, cada persona mete su tarjeta y paga lo suyo sin que nadie se tenga que hacer responsable del dinero, como antiguamente. Además, estoy en ventanilla.

En el nuevo proyecto ha puesto la misma ilusión y ganas que cuando se lanzó al mundo de la moda:

Tenía un dinero ahorrado y pensaba: «Qué tontería dejarlo en un banco, que no da nada». Por azares de la vida, nos encontramos a una prima de mi marido que tiene otra lotería. Ahí me dije: «Pues esto sí me gustaría hacerlo». ¡Pero es que yo no había comprado un décimo en mi vida! —Ríe—. Luego, lo hablé con una de las socias de Doña Manolita, que es como una tía para mí.

En la citada entrevista para la revista del saludo afirma que en la adquisición de la administración puede que la estafaran:

Me desapareció un número entero. Fue brutal. Me entregaron la administración en septiembre y cuando fui a pedir la Lotería de Navidad de ese año descubrí que ya se había comprado hacía meses. Hasta que no se celebró el sorteo, el 22 de diciembre, y no devolví los décimos que no se habían vendido, no vi que me faltaba un número completo. Ahí estuvimos investigando…

Así, el arranque en este negocio fue complicado para la diseñadora, que tuvo que asumir el coste de la desaparición del número: 36.000 euros en total. Está perfectamente integrada en el barrio donde se ubica la administración, muy cerca de la comisaría de Canillas, donde la conocen como «la Pochola», por su hermano.

También ha recibido el apoyo de su prima Carmen Martínez-Bordiú, que en sus visitas a Madrid aprovecha para encontrarse con ella. La unión entre los primos Gotor con los hijos de los Villaverde los ha llevado incluso a apoyarlos en sus distintos frentes abiertos contra el Estado.

Por ejemplo, en 2020 *El Cierre Digital* informó de que los Franco alegaron que Kucca y su hermana Clotilde usaban la Casa Cornide de A Coruña.* Fue cuando Unidas Podemos registró una proposición no de ley en el Congreso de los Diputados para expropiar el edificio a la familia Franco.

La vinculación con la moda sigue a través de su hija Jimena, que ha decidido usar el nombre de Jimena Gotor para incursionar en el modelaje. Con dieciocho años ha desfilado en la Madrid Fashion Week para diseñadores como María Lafuente o Pilar Dalbat. Gran aficionada a la hípica, la joven asegura que quiere compaginar la moda con el estudio, en un futuro próximo, de la carrera de Psicología.

POCHOLO, EL EXCÉNTRICO BARÓN DE GOTOR

José María Martínez-Bordiú y Bassó es el mayor de los cinco hijos de José María Martínez-Bordiú y Clotilde Bassó y Roviralta. Nació en Madrid el 2 de octubre de 1962. El mote por el que sería conocido, *Pocholo* (de «pocho»), se debe a lo precario de su salud durante su infancia, que pasó en Marbella en la casa que años más tarde compraría la periodista Encarna Sánchez.

Desde pequeño tuvo mucha relación con las personalidades de la época. De hecho, su primer diagnóstico de salud se debió a la clarividencia de la tonadillera Conchita Márquez Piquer, que intuyó que algo no iba bien en la salud del pequeño. Su padrino fue Luis Miguel Dominguín.

---

* Véase el capítulo III.

En su juventud estudió marketing y finanzas en Suiza y Estados Unidos, y todo apuntaba a que su camino iba a ser el de un trabajador de banca más. Empezó su trayectoria en el Banco de Miami, pero a mediados de los ochenta su personalidad bohemia se despertó: a los veintisiete años decidió dar un cambio a su vida y abandonar el trabajo en la banca para dedicarse a vivir la noche intensamente. Ibiza se convirtió en su reino.

Hizo trabajos como modelo e incluso también actuó como actor en la película *La grieta* (1990) una cinta de terror de serie B de uno de los grandes cultivadores del género, Juan Piquer Serrano, junto a actores como Tony Isbert o Luis Lorenzo. En esos años también vivió un romance con la actriz Giannina Facio, que saltó a la fama por sus romances con Philippe Junot y Julio Iglesias. Hoy está casada con el director de cine Ridley Scott.

El verdadero salto a la popularidad de Pocholo se produjo cuando se anunció su compromiso con Sonsoles Suárez Illana, hija del expresidente Adolfo Suárez. Una unión que no gustaba nada ni al político ni a parte de la familia Martínez-Bordiú. Por supuesto, su tío, el marqués de Villaverde, se negó a acudir al enlace. El rencor que sentía hacia la figura de Suárez no se había mitigado desde que este frenara en seco su incipiente carrera política.[*]

Él tenía treinta años y ella veinticuatro. La intervención de Suárez abortó la posible venta de una exclusiva y el expresidente dio la orden de repartir las mismas fotos a todos los medios de comunicación. La boda tuvo lugar el 12 de septiembre de 1992 en el monasterio de Piedra en Zaragoza. A la boda asistieron 650 invitados.

«Había presión, mi madre estaba que explotaba; la verdad es que había presión política. Adolfo conmigo fue una persona muy correcta, honrado y muy cercano, tanto él como su mujer, Amparo. Me consta que les caía bien, vio que era un alma libre. Nos casamos, una boda un poco estrepitosa, había muchísima gente. Políticos de un bando, del otro», recordaría el propio Pocholo en una entrevista con Bertín Osborne en 2023.

En el momento de la boda, debido al interés mediático, salieron a la luz los entonces recientes problemas de Pocholo con las drogas. El aris-

---

[*] Véase el capítulo V.

tócrata había probado suerte en Uruguay en 1991 regentando una discoteca de lujo en Punta del Este. Pocholo fue detenido por posesión de drogas y encarcelado durante cuatro meses. En esa época tenía como novia a Verónica Shaw, una bella uruguaya que lo visitó en ocasiones en prisión. Una joven a la que olvidó rápidamente cuando se cruzó en su vida la hija del expresidente Suárez.

La pareja, como pronosticaba casi todo el mundo, no duró mucho y acabaron firmando el divorcio en 1994. Sonsoles decidió dar un cambio radical a su vida y viajó como voluntaria a Mozambique para ayudar a los refugiados. Fue en el país africano donde conoció al músico Paulo Wilson, su pareja, con quien contrajo matrimonio en 2012, hasta noviembre de 2017, cuando decidieron poner fin a su matrimonio. El año 2004 la periodista anunció que padecía cáncer de mama, lo que le obligó a hacer un parón en su trabajo como presentadora de Antena 3.

Pocholo siguió en el punto de mira de la prensa del corazón durante años. Incluso apareció desnudo en algún reportaje sobre el que planeó la duda de si se trataba de un acuerdo entre el primo de Carmen Martínez-Bordiú y un fotógrafo.

En esos años, Pocholo se convirtió casi en un símbolo de la noche ibicenca, sobre todo de la discoteca Pachá. También se hizo habitual del programa *Tómbola*, donde llegó a protagonizar un momento tenso cuando lanzó un vaso de agua a la periodista Karmele Marchante después de que esta recordara su pasado con las drogas. Como era habitual en ese plató se pasó de la tensión al humor, y otra de las invitadas, Massiel, acabó tirándose agua encima para relajar el ambiente, mientras Jesús Mariñas le exigía a otro entrevistado, Paco Clavel, que le ayudase a recoger el desaguisado.

Tal vez por esta capacidad de revolucionar un plató fue fichado por la productora Gestmusic para uno de los programas de telerrealidad más polémicos y exitosos de la histórica catódica: *Hotel Glam*. Los españoles ya habíamos deglutido unas cuantas horas de *reality shows*, pero esto fue el culmen del género. Como un *Gran Hermano* dirigido por John Waters.

El programa era conducido por Jesús Vázquez y se basaba en juntar a varios famosos más o menos *trash* en un hotel. Entre los concursantes había nombres como Dinio (un cubano bien dotado por la naturaleza que debía su fama a haber alegrado la madurez de Marujita Díaz), Yola

Berrocal (género televisivo en sí misma, pero que debió su fama pretérita a un presunto romance con el polémico sacerdote José Apeles), la vidente Aramis Fuster o la vedette Malena Gracia.

En el programa Pocholo llegó a coquetear con una de las concursantes estrella, Tamara (hoy Yurena), pero con quien tuvo una relación fue con Estíbaliz Sanz. La relación acabaría cuando ella acusó al aristócrata de comportamientos violentos.

Si hubo un tema del que se habló hasta el cansancio fue de la mochila de Pocholo. El aristócrata no se separaba de ella, pero alguien se la rompió. Las miradas se dirigieron a Yola Berrocal, pero nunca se aclaró.

Finalmente, el programa tocó a su fin el 12 de junio de 2003 en una reñida final entre Yola Berrocal y Pocholo Martínez-Bordiú. Ganó Yola, que se embolsó 50.000 euros, mientras los demás concursantes gritaban indignados.

Desde ese momento, Pocholo sería un habitual de los programas de entretenimiento y encontró una manera de sacar partido a su popularidad. Participó en 2005 en *La isla de los famosos*, presentado por Nuria Roca y Paula Vázquez. Compartió aventuras con famosos como el boxeador Javier Castillejo, la cantante Rebeca o la presentadora televisiva María Abradelo. El ganador fue el torero Víctor Janeiro, hermano de Jesulín de Ubrique.

Luego fichó por La Sexta con el programa *Pocholo Ibiza 06*. En 2007 tuvo una breve relación con la ex miss Playboy Arancha Bonete, con la que protagonizó *Pocholo 007 SDF (Sin Domicilio Fijo)*, un nuevo programa para La Sexta en el que ambos debían recorrer España en una caravana sin dinero y consiguiendo favores o buscando trabajo a lo largo de su camino.

En ese momento de máxima exposición televisiva, Ángel Antonio Herrara en su libro *Alta Suciedad* (Ediciones B, 2005) trazó un perfil de Pocholo:

Es un Conan del disparate, un Tarzán del exceso, un atleta del «viva la vida», que no necesita soltarse la melena para demostrar que lo suyo es el desmelene. […] No me extrañó pues, que un día, en la tele, se pusiera al borde de un ataque de nervios porque quien te quita la mochila o quien te rompe la mochila, te quita o te rompe, sobre todo, el corazón pasajero y libre, que es el suyo. Vive acampando en los amigos, organiza fiestas en el desierto, lidia a pares macizas de Playboy y va a las teles a pillar un pico para luego largarse a la India, porque cuando más cerca está de sí mismo es cuando está muy lejos. No hay quien lo entienda, pero divierte. No hay quien sepa muy bien qué dice, ni en qué idioma habla, incluso, pero solo cuando está callado, que es muy pocas veces, nos parece un extranjero, algo así como un sueco vestido con sayas de oficiante y botas de punta.

[…] Cuenta la leyenda de Ibiza que entraba en moto hasta el centro de las discotecas de moda, metiendo humazo bajo las faldas de las guapas. Al plató de *Hotel Glam* no llevó la moto, pero todo se andará. De momento, no quita la quinta marcha a su revuelto corazón Kawasaki. Que se lo pregunten a Jesús Vázquez o a los porteros del Madrid más canalla, que lo temen más que a la Policía.

Luego se alejó de la televisión y adaptó un camión Pegaso de 30 toneladas como vivienda móvil, en el que vive ocasionalmente en su propiedad ubicada en Sant Francesc de S'Estany (Ibiza).

Pocholo también tiene una importante faceta empresarial. En su momento de mayor explosión mediática, lanzó una colección de mochilas conocidas como «Pochilas», fabricadas artesanalmente en Ubrique (Cádiz). Además, es administrador único de la empresa Puerto de Brisas, S. L., dedicada a la gestión de bares, restaurantes, discotecas y eventos en Ibiza.

Como otros miembros de la saga familiar también tiene intereses en el sector inmobiliario, además de ser la imagen de un ron y ser socio de Scoobic, una empresa que explota vehículos eléctricos para reparto urbano: «Queremos trabajar en España y en todo el mundo. En el futuro habrá cantidad de vehículos de estos por las ciudades, repartiendo comida y paquetes. Yo vivo en Ibiza y allí no dejan entrar a coches con gasolina, es todo eléctrico», explicaba en una entrevista en 2018.

A la muerte de su padre y tras heredar la baronía de Gotor, Pocholo Martínez-Bordiú pareció entrar en una etapa más tranquila. En 2022 aseguró en *El hormiguero* que había dejado el alcohol y las drogas, y que solo volvería a la televisión con un formato que le gustara. También aprovechó para recriminar a Cayetano Martínez de Irujo que en sus memorias hablara de sus presuntas adicciones compartidas.

En 2023 visitó a su sobrino Bosco en *Supervivientes*, y un año después volvió a la telerrealidad como participante de la novena edición de *MasterChef Celebrity* en Televisión Española, junto a otros famosos como la expresidenta de la Comunidad de Madrid Cristina Cifuentes o la actriz Hiba Abouk. A pesar de esta vuelta a la televisión hoy en día la prensa no se fija mucho en él y no tiene pareja conocida.

BOSCO, SAVIA NUEVA EN LOS *REALITIES*

Si alguien ha tomado el cetro mediático de su tío Pocholo Martínez-Bordiú ese es su sobrino Bosco. Sus abuelos eran José María Martínez-Bordiú y Clotilde Bassó y Roviralta. Es hijo del matrimonio formado por Clotilde Martínez-Bordiú y Pedro Juan Blanch y tiene dos hermanos, Pablo y Lucas.

Nacido en 2003, estudió en la American School of Madrid y en la Drexel University de Filadelfia. Desde su adolescencia mostraba su vida diaria y sus grandes aficiones en Instagram: el motociclismo y viajar. Su presencia en redes (acumula más de 85.000 seguidores en Instagram), hizo que la productora Cuarzo pensara en él para participar en la edición de *Supervivientes* de 2023.

El fichaje pilló por sorpresa a su entorno. Jaime Martínez-Bordiú, nieto de Franco y primo hermano de Clotilde, la madre de Bosco, se mostró encantado ante los medios. «Ojo los competidores, es un *crack* el Bosquito. Es un chico joven, muy simpático, os caerá muy bien. Es duro, es muy aventurero», afirmó.

También recibió el apoyo público de su tío Pocholo, cuyos pasos seguía en la telerrealidad. El paso de Bosco por Honduras supuso un éxito personal para él. Su forma de hablar, aunque con un deje mucho más pijo, recordaba a la de su tío, y se convirtió desde el principio en uno de los concursantes que menos conflictos tuvo con sus compañeros.

En su edición también participaron Raquel Mosquera o Asraf Beno (marido de Isa Pantoja). Hizo especial dupla con el *influencer* y activista LGTBI Jonan Wiergo. Con él protagonizó momentos que divirtieron a los espectadores como la conversación en la que Wiergo le preguntó a Bosco si en la familia Franco había algún gay y él respondía que tenía una familia tan larga que «puede que haya alguno».

También ocupó parte del contenido del programa los dones con los que la naturaleza había favorecido a Bosco. Fue cuando decidió bañarse junto a algunos compañeros en unos calzoncillos que no dejaban nada a la imaginación. «Yo se la había visto, pero con el slip parece más. Sorprende. Es que yo no la tengo tan grande», soltó su amigo Jonan. «Cada vez que lo veo parece más grande. Le va a quitar el puesto a Nacho Vidal», afirmó otra de sus compañeras del concurso, Adara Molinero.

Con ella protagonizó Bosco un giro de guion. El mismo día de la final ambos dieron a entender que entre ellos había algo más que una amistad. Bosco se alzó con el primer puesto ganando con el 67 por ciento de los votos. Adara obtuvo el segundo puesto.

Molinero, diez años mayor que Bosco, es una de las protagonistas de los programas de telerrealidad desde que participó en 2016 en *Gran Hermano 17*. Desde ese momento ha participado en otros programas como *Secret Story*, *GH VIP* o el citado *Supervivientes*. También han ocupado muchas horas de televisión sus relaciones sentimentales, como por ejemplo con Hugo Sierra, otro exconcursante de la casa de Guadalix con el que tuvo un hijo.

En julio de 2023 tras la final de *Supervivientes* inició su relación con Bosco Martínez-Bordiú. A los pocos días de volver de Honduras, Bosco acudió invitado al magazine vespertino *Así es la vida* que presentaba Sandra Barneda en Telecinco. Al ser preguntado por la posibilidad de que todo fuera un montaje lo negó tajantemente: «No creo que eso se pueda planear. Ella tenía una perspectiva de mí que ha ido cambiando con el tiempo. Ahí nos conocimos mucho porque es una situación muy extrema y al final ha acabado surgiendo algo».

La relación duró poco. En octubre de 2023 Adara confirmó en sus redes sociales su ruptura. «Estoy soltera. Hay anécdotas que no lo superan. Lo bueno marca, es normal», escribía en Instagram. Deseando lo mejor a su ex, hacía balance en positivo: «Me quedo con el cariño que nos tenemos después de estos cuatro meses».

Unas semanas después, Bosco volvía a Telecinco para participar en el programa *Desnudos por el mundo*. Producido por Secuoya y presentado por Jesús Vázquez, un grupo de famosos y otro de famosas recibían clases de *striptease* para hacer una actuación final y donar el dinero a una buena causa. En el grupo masculino, además de Bosco había nombres como

Nicolás Coronado o Cristóbal Soria. En el femenino estaban, entre otras, Anabel Pantoja, Samantha Villar o Jenny Llada. En el concurso, el sobrino de Pocholo mostró de forma más generosa los atributos de los que tanto se habló en *Supervivientes*.

En julio de 2024, Bosco volvió a las playas de Honduras para participar durante un mes y medio en un *Supervivientes All Star*. El programa era un compendio de concursantes que a lo largo de los años habían sido ganadores o finalistas del programa de supervivencia, como Sofía Suescun o Jorge Pérez. La ganadora fue Marta Peñate. Para Bosco fue un reencuentro en la isla con su ex, Adara Molinero, que fue la primera expulsada. Él fue el cuarto.

Durante una de sus galas pudimos conocer más información sobre su breve relación. Jonan Wierto, amigo de ambos y defensor de Adara, afirmó que «era un rollito, no tenían una relación formal». «Yo fui un poco Celestino, pero nunca fueron novios. A la gente le encanta poner la etiqueta de novio a todo el mundo», explicó el *influencer*.

El defensor en plató de Bosco no estuvo de acuerdo con el amigo de Adara:

> Estuvieron juntos durante cuatro meses como pareja, y él no estuvo durante ese tiempo con ninguna otra chica. Bosco es muy educado, es un señor, un galán y jamás haría eso. […] Es un caballero que se viste por los pies.

Durante este último *reality* también protagonizó un momento que impactó a los espectadores. Fue durante la prueba de la noria infernal. El mecanismo alcanzó una velocidad preocupante y Bosco salió disparado. Entre los alaridos de dolor de Bosco, varios miembros del equipo acudieron a su rescate. Durante el tiempo que duró esa gala en directo hubo dudas sobre si se encontraba bien.

Finalmente, el propio Bosco daba el parte médico: «Me he cambiado de posición arriba y me he pegado un golpe serio en las costillas. Pero estamos bien». El incidente no le impidió seguir concursando, pero quitó importancia al que iba a ser el tema de esa noche: el supuesto tonteo de Bosco con una compañera, Sofía Suescun, conocida también como la «reina de los *realities*» de Mediaset.

Y es que, tras su ruptura con Adara Molinero, la vida sentimental de Bosco Martínez-Bordiú siguió ocupando titulares. Cuando, tal y como se mostraba en redes sociales, parecía estar intentando reconquistar a Molinero, los fotógrafos de la agencia Europa Press sorprendieron en el Retiro a Bosco junto a Olympia Beracasa.

Venezolana radicada en Madrid, Olympia es hija del empresario Alfredo Beracasa. Para la familia aparecer en la prensa del corazón no era nuevo. En 2013, la hermana mayor de Olympia, Alegría, fue la primera acompañante de Colate Vallejo-Nájera tras conocerse la separación de este de Paulina Rubio.

La relación entre Bosco y Olympia duró muy poco tiempo y hoy la venezolana es la novia de Miguel Urdangarin, tercer hijo de la infanta Cristina e Iñaki Urdangarin. Una portada de *¡Hola!* confirmó la relación de la ex de Bosco con el nieto de Juan Carlos I.

Antes de su salto al mundo de la televisión, Bosco ya había tenido un romance con Andrea *Andy* Duato, sobrina de la actriz Ana Duato. Unos meses más tarde de romper con ella su vida de anonimato cambiaría. Hoy forma parte del batallón de nuevos famosos que se encuadran bajo la categoría de *influencers* y hasta hace publicidades como las de la marca de capas Seseña, prenda con la que pasea su cuerpo de veinteañero famoso por las calles de la capital. También aprovechó la fama para crear su propio negocio: un local para la venta de bocadillos llamados «boscolitos» y que definen como «bocadillos para pijos».

UN RUMOR PRINCIPESCO

A principios de 2003 Felipe de Borbón llevaba casi un año sin novia oficial desde su abrupta ruptura con Eva Sannum. Aunque la prensa lo vinculó con nombres como Flor Valero, hija de un expresidente de Venezuela, o la estrella de Hollywood Gwyneth Paltrow con quien coincidió en Mallorca, no había nada que hiciese pensar que el príncipe tuviera novia.

Todo cambió el 16 de abril de 2003 cuando la revista *Diez Minutos* llevaba a su portada la noticia de que el heredero al trono español tenía una nueva novia. Se trataba de una joven de veintiún años llamada Diana Martínez-Bordiú, conocida en su entorno como *Didi.*

El príncipe y Diana se habían conocido a mediados de 2002 cuando ella salía oficialmente con José Luis Calleja, relaciones públicas de la discoteca Fortuny, local donde, según se publicó, el príncipe de Asturias había conocido a la joven.

La prensa del corazón se frotó las manos con la presunta novia. Hubo quien recordó el enlace entre Carmen Martínez-Bordiú y Alfonso de Borbón. Para muchos Diana era la candidata ideal. Miembro de una de las sagas aristocráticas más relevantes de nuestro país, con una educación y cultura exquisitas. Al igual que Felipe VI, es políglota, ya que habla inglés, francés y alemán, y comparte con el monarca la afición por deportes como el pádel. Durante un año vivió en la capital gala y en Bruselas, donde estudió con una beca Erasmus. Fue allí, según reveló su entorno íntimo, donde mantuvo la que ha sido su relación más seria, con un eurodiputado del Partido Popular.

El acoso de la prensa del corazón fue intenso para ella. Las cámaras la captaban y seguían en lugares públicos, como un concierto de Shakira en la capital o la Feria de Abril de Sevilla. La joven estudiaba Traducción e Interpretación en la Universidad Pontificia de Comillas de Madrid. Hasta allí fue seguida por la prensa y sus compañeras afirmaban que entre su amiga y Felipe de Borbón solo había una amistad, como recogió *Lecturas*. Tras una primavera intensa, la joven huyó a la República Dominicana.

La Casa del Rey acabó emitiendo un desmentido del romance, que de manera extraña la revista *¡Hola!* solo recogió en un pie de foto. Ahora sabemos que en ese tiempo, el hoy monarca ya estaba saliendo con Letizia Ortiz. El compromiso entre el príncipe de Asturias y la presentadora de Televisión Española se hizo público el 1 de noviembre de 2003. Con el paso del tiempo, y sabiendo lo que se protegió el romance de los hoy monarcas, hay quien se pregunta si el presunto amor con *Didi* Martínez-Bordiú no fue sino un señuelo, una distracción para despistar a la prensa del corazón del verdadero nombre de la mujer que salía con el heredero.

Diana Martínez-Bordiú Aznar nació en Madrid en 1982 y es una de las hijas de José María Martínez-Bordiú de Cubas, hijo de Andrés Martínez-Bordiú e Isabel Cubas, condes de Morata de Jalón. La madre de *Didi* es la empresaria Rocío Aznar Sainz, de la familia que domina la naviera Ibaizabal, uno de los principales grupos españoles dedicados a los servicios portuarios, que dirige su hermano Alejandro Aznar Sainz. El abuelo materno era el financiero y naviero bilbaíno Eduardo Aznar Coste, que se casó con María Dolores Sáinz Piñera.

Diana trabajó en 2014 como directora de producción en la compañía TEN Agency, y en 2017, junto a su amiga Paula Gutiérrez Abarrio, fundó Mr. Pérez Management, una agencia de representación, producción y organización de eventos con sede en la calle Valderribas. En su agencia trabajan nombres como el fotógrafo Valero Rioja o la maquilladora Natalia Belda. Esta última forma parte del equipo de la reina Letizia, junto a la peluquera Luz Valero y la estilista Eva Fernández. Un lazo que vuelve a unir a la consorte con Diana Martínez-Bordiú, la mujer que centró todas las miradas de la prensa por su presunta relación con Felipe de Borbón y evitó que los focos se fijaran en la hoy reina.

Otros clientes de la agencia de *Didi* son revistas como *S Moda*, *Harper's Bazaar* o *Vanity Fair*, actores como Miguel Ángel Silvestre, Candela Peña o Macarena García o el exfutbolista Luis Figo.

Diana tiene dos hermanos: Mónica y Jaime. Mónica Martínez-Bordiú es coordinadora del proyecto La Naturaleza del Paisaje así como gestora de la sala de exposiciones independiente La Madame y profesora en el área de Escultura en la Facultad de Artes y Humanidades en el Campus de Aranjuez de la Universidad rey Juan Carlos.

Por su parte, Jaime Martínez-Bordiú fundó la compañía Imperium Servicios Globales, que constituyó nada más licenciarse y que está orientada al mantenimiento de fincas. En marzo de 2025 el hermano de *Didi* anunciaba su boda con Andrea García Charcos.

La boda tendrá lugar el 26 de septiembre de 2025 y se celebrará en la finca El Gasco en Torrelodones (Madrid), lugar con más de cien años de antigüedad, una casona palaciega del siglo XIX, varios jardines y un huerto. En este lugar se rodaron escenas de *La casa de papel*. Se cree que el vestido de la novia será realizado por Claudia Llagostera, una joven diseñadora madrileña con estudio en Chamberí que vio incrementada su clientela tras la repercusión que obtuvo en redes el vestido que hizo para Bea Gimeno en su boda con Nacho Aragón, hijo de Emilio Aragón.

El enlace no solo será un lugar de encuentro de los Martínez-Bordiú, sino que también podrán darse cita en él algunos de los *influencers* más conocidos con los que Jaime tiene amistad y comparte horas en Ibiza y Mallorca y aficiones como el surf o el esquí. Son nombres como Pablo Castellano y su mujer María Pombo o Marco Juncadella Hohenlohe, fundador de la tienda de fotografía Timewalls, e hijo de la princesa Cristina de Hohenlohe.

Andrea García Charcos es graduada en Dirección y Administración de Empresas por la Universidad de Alicante. Ha trabajado para empresas como la firma alicantina de joyería Deplata, Abercrombie&Fitch, Deloitte y la inmobiliaria Savills.

Por su parte, Jaime Martínez-Bordiú ha orientado su trayectoria profesional al ámbito empresarial. Cursó sus estudios en el colegio Everest. En 2005 continuó sus estudios en Bristol, en el Clifton College. Cuando volvió a España ingresó en CUNEF (Colegio Universitario de Estudios Financieros), en el que obtuvo la licenciatura en Administración y Dirección de Empresas.

Ha trabajado como contable en el Grupo Seguriber, como consultor financiero en Intervalor Consulting Group, S. A. y como asesor financiero en BBVA. Después de trabajar por cuenta ajena decidió lanzarse a ser empresario y en 2014 fundó la compañía Imperium Servicios Globales, S. L., dedicada a la prestación de servicios para empresas y urbanizaciones. Uno de los primeros negocios que puso en marcha como emprendedor fue Jokershoy Liquors, S. L., orientada al sector de la destilería.

En 2024 empezó a trabajar como asesor financiero independiente en Grecco Asesoria Financiera, S. L. y exploró un nuevo sector económico creando Timewalls, una galería de fotografía para vender instantáneas enmarcadas.

DE FRANCO A JOHNNY DEPP

El apellido Martínez-Bordiú es una constante en la vida social y en los medios de comunicación desde que, a través de Cristóbal Martínez-Bordiú, emparentaran con Francisco Franco.

Las ramas de la familia son muchas y cada cierto tiempo uno de sus miembros se convierte en noticia. Así ocurrió en los últimos meses de 2024 cuando el apellido apareció vinculado al actor estadounidense

Johnny Depp. Tras su escandaloso divorcio de Amber Heard, con un juicio mediático de por medio que en su país casi se convirtió en un asunto de Estado, el protagonista de *Los piratas del Caribe* era relacionado sentimentalmente con Jess Martínez-Bordiú.

Los rumores se lanzaron cuando el actor acudió al Festival de San Sebastián para promocionar *Modi*, su segundo largometraje como director. Una cinta que promocionó con especial ahínco en España, ya que antes la había presentado en Sevilla. Curiosamente el mismo país al que se ha mudado su ex Amber Heard, después de su escaramuza judicial.

Fue el diario británico *Daily Mail* el que publicó la supuesta relación entre Jess Martínez-Bordiú y Johnny Depp. Ambos tienen en común el trabajo para la casa Dior. Él es la imagen de la fragancia Eau Savage y ella fue una de las *influencers* contratadas por la marca.

En Instagram el actor dedicó un mensaje cariñoso en un vídeo que compartió con Jess Martínez-Bordiú. También Jees alabó la labor que realizó Johnny Depp al visitar la planta infantil del Hospital de San Sebastián vestido del célebre Jack Sparrow, su personaje en la saga *Los piratas del Caribe*.

Jess Martínez-Bordiú ha colaborado para la BBC y se define a sí misma en sus redes como cineasta, fotógrafa y, sobre todo, «contadora de historias» y ha trabajado como publicista y fotógrafa para la BBC durante dos años.

Desde mayo de 2023 conduce el pódcast *¿Dónde vamos hoy?* En él transporta a los oyentes a «lugares curiosos, abandonados, surrealistas, lugares que tienes que visitar o quizás no». Ni ella ni el actor han confirmado nunca que tengan algo más allá de una amistad.

XVIII

LA FORTUNA DE LOS FRANCO

Mucho se ha escrito sobre la fortuna de la familia Franco. Es difícil cifrar la cuantía amasada a lo largo de los años: las propiedades, las empresas, las joyas y las inversiones de la familia en ocasiones son difíciles de rastrear. La matrioska de empresas es una de las especialidades de los descendientes del dictador, lo que dificulta el seguimiento de su actividad económica.

A lo largo de los años, periodistas como Jesús Ynfante, Mariano Sánchez Soler o Juan Luis Galiacho han seguido la evolución de la fortuna de los Franco. Ynfante hablaba en 1977 de 20.000 millones de pesetas (unos 120 millones de euros). Cuarenta años después, a la muerte de Carmen Franco, informaciones calculaban la fortuna familiar en 500 millones de euros.

Los interesados siempre han negado la supuesta fortuna de los Franco. La duquesa de Franco, meses antes de morir, le explicaba a Nieves Herrero que no era real la leyenda del dinero de la familia:

Han buscado mucho nuestro dinero, por aquí y por allá, pero nunca lo han encontrado porque no teníamos una gran fortuna. Dinero, sí, pero no una cosa tan espectacular como la gente se creía. Al ser hija única, lógicamente, he sido la única heredera. Me he gastado mucho en conservar el Pazo de Meirás. Ahora se abre al público y le diré que me da miedo porque no tengo una seguridad especial que controle a la gente que quiera entrar. Hasta hace poco he seguido yendo allí con mi familia los veranos. Me siento vulnerable. Cualquier día me encuentro con alguien en mi habitación, como le pasó a la Reina Isabel II.

Ya en 1980 su tía Pilar Franco defendía que la supuesta fortuna familiar era un libelo, aunque lo focalizaba en su cuñada Carmen Polo, no sin cierta ironía mal disimulada:

> Lo que ocurre es que es muy ahorrativa. Como una hormiguita. En vida de su marido es muy natural que la gente la obsequiase con regalitos más o menos valiosos. El haber sabido conservar estas cosas pensando en su futuro me parece muy bien. Cuarenta años de primera dama de España significan 16.800 días. Si bien se mira, es mucho tiempo, el suficiente para asegurarse una posición sólida al margen de cualquier coyuntura del mercado.

Carmen Martínez-Bordiú, preguntada por el asunto por Jesús Quintero, también ironizaba: «Que me digan dónde está porque yo no lo sé». La evidencia es que, tras la muerte de su madre, cuando se hizo con su parte de la herencia, se retiró para siempre del mundanal ruido en Portugal.

Francisco Franco hizo testamento el 20 de febrero de 1968, siete años antes de su muerte. A cada uno de sus siete nietos les dejó dos millones de pesetas en metálico y a su mujer la propiedad del Pazo de Meirás. Se sumaba así a las otras propiedades emblemáticas de Cornide, Canto del Pico y Valdefuentes que ya estaban legalmente en manos de su entorno familiar.

EL PAZO DE MEIRÁS

La más emblemática y polémica de las propiedades de los Franco es el Pazo de Meirás. Situado en la localidad coruñesa de Sada, es una construcción de 1893 que perteneció a la escritora Emilia Pardo Bazán. En 1938 el gobernador civil de Coruña y varias autoridades más se hicieron con el edificio para regalárselo a Franco. Tres años después se lo vendieron a Franco. Según el Estado lo que se hizo fue «una simulación de venta» y ahí está el origen del litigio que los Franco mantienen hoy en día por el pazo.

En 2018 comenzó la guerra judicial por parte de la Xunta de Galicia contra los Franco para que el edificio de veraneo del dictador pase a propiedad pública. La justicia, en primera instancia, dio un varapalo a los Franco que recurrieron y nuevamente perdieron, pero con matices. La nueva sentencia aseveraba que Franco actuó de mala fe, pero que sus descendientes no son culpables. Los descendientes han recurrido al Tribunal Supremo.

Por otro lado, el 15 de julio de 2022 la justicia dictó contra los Franco que no podían quedarse con los bienes presentes dentro del pazo, salvo las alfombras del pasillo. El jurado aseguró que tocar los bienes «afectaría a su valor histórico». La justicia acogía así parcialmente el recurso expuesto por la Administración General del Estado, la Xunta de Galicia y los ayuntamientos de A Coruña y Sada.

La preocupación por los bienes del interior de Meirás comenzó cuando en las primeras semanas de 2020 saltó la noticia de que en la página web Mikeli Luxury Real Estate se anunciaba la venta del pazo por ocho millones de euros, al que definía como «un palacio exclusivo y extraordinario en Galicia, España» asegurando que ocupaba una superficie de 66.792 metros cuadrados. «Un sitio único, lleno de historia y detalles especiales (biblioteca, imágenes, elementos arqueológicos, escudos de armas, fuentes, horquillas, decoraciones), lo que lo convierte en una excelente oportunidad», podía leerse en la web.

El testamento de Franco tasaba el pazo en 14 millones de pesetas (84.141 euros). El pazo está hoy tasado en 3 millones de euros. Si pedían ocho millones en la citada web, se puede llegar a la conclusión de que lo contenido dentro del pazo se tasaba en cinco millones de euros.

Según el inventario que ordenó hacer el Juzgado de Instrucción número 1 de A Coruña ante la amenaza de que estos pudieran ser extraídos del lugar en camiones de la familia Franco, existen 616 bienes en el interior del lugar y 81 en el exterior.

Fue en diciembre de 2020 cuando en primera instancia la justicia ordenó que los descendientes del dictador debían entregar tanto el pazo como los objetos de valor que contenía al Estado. La guerra judicial continúa.

SOLTANDO LASTRE

Tras la muerte de Carmen Franco en 2017 sus descendientes han puesto manos a la obra para convertir en efectivo parte de la herencia referida. Por ejemplo, con el impresionante joyero familiar.

En noviembre de 2019 la renombrada casa de subastas Christie's anunciaba que sacaba a la venta un lote compuesto por pendientes y un collar de esmeraldas y diamantes que pertenecieron a la viuda del dictador. El catálogo de la célebre subastadora de Londres afirmaba que se trata de joyas pertenecientes a «una importante familia española» sin especificar.

Aunque la familia lo negó, el autor de este libro descubrió en un reportaje para *El Cierre Digital* que las joyas subastadas, efectivamente, eran de los Franco. El lote que subastaban estaba compuesto por pendientes diseño de Cartier valorados en 58.000 euros, un collar de esmeraldas de 140.000 euros y un anillo de pedida. El precio de salida era de 134.000 euros.

Una de las pocas ocasiones en las que la fallecida duquesa de Franco usó este juego de collar y pendientes fue el 18 de marzo de 1995 en la boda en Sevilla de la infanta Elena con Jaime de Marichalar. Al morir en 2017, las joyas fueron heredadas por sus hijas y la última vez que estas piezas fueron vistas en público fue en el cuello y orejas de Margarita Vargas de Santaella, la esposa de Luis Alfonso de Borbón.

Nadie ha tasado con exactitud el valor del joyero familiar ya que se desconoce cuántas piezas lo componen. Posiblemente la pieza más celebrada es la diadema de oro blanco de 18 quilates y cinco esmeraldas colombianas que lució Carmen Martínez-Bordiú en su enlace con Alfonso de Borbón y Dampierre en marzo de 1972. Sin embargo, quien más acopio ha hecho de las joyas familiares es Mariola Martínez-Bordiú, que también se casó con una espectacular tiara en 1974 con Rafael Ardid. Ella es quien guarda los famosos collares de perlas de su abuela, la pulsera de pedida de su madre y hasta las perlas que adquiría la marquesa de Villaverde en sus frecuentes visitas a la Manila de Ferdinand e Imelda Marcos.

Los *parkings* que tanto dinero dieron a la duquesa de Franco también los han ido «colocando» sus descendientes a la muerte de la matriarca.

NEGOCIOS DEL CORAZÓN

La fama a los Franco les ha supuesto muchos disgustos, pero también una forma de vida cuando se decidieron a capitalizar la repercusión pública de sus actuaciones. Siempre se ha dicho que la primera exclusiva que se vendió en España fue la de la boda de Merry Martínez-Bordiú y Jimmy Giménez-Arnau en agosto de 1977. Pero, como ya se ha apuntado con anterioridad, Jaime Peñafiel siempre ha afirmado que la pionera fue Massiel con la exclusiva del nacimiento de su hijo Aitor en junio de 1977.

Con todo, la boda de Jimmy y Merry pasó a la historia como la primera. Un millón de pesetas (6.000 euros de hoy) les pagó la revista *¡Hola!* por ser los únicos fotógrafos en acceder al enlace que tuvo lugar en el Pazo de Meirás.

La llegada de Jimmy Giménez-Arnau a la familia hizo que muchos de sus miembros vieran en el mercado de la prensa del corazón una fuente de financiación rápida. Prácticamente todos los miembros de la familia concedieron entrevistas previo pago en los ochenta: Pilar Franco, los marqueses de Villaverde, Merry, Jaime, Francis o José Cristóbal.

También muchos de ellos publicaron sus memorias en libros que se vendieron bien por el morbo de conocer los secretos de una de las familias más poderosas del país: *Nosotros los Franco* y *Cinco años después*, de Pilar Franco, *Historia de una disidencia*, de Pilar Jaraiz Franco, *Yo Jimmy. Mi vida entre los Franco*, de Jimmy Giménez-Arnau o *Cara y cruz. Memorias de un nieto de Franco*, de José Cristóbal Martínez-Bordiú.

En revistas lo hicieron los propios marqueses de Villaverde y Merry Martínez-Bordiú. El pionero fue el primo de Franco, el general Francisco Franco Salgado-Araujo, que publicó sus conversaciones con el dictador en 1976. A los familiares no les gustó nada.

José Cristóbal Martínez-Bordiú en sus memorias hacía unas curiosas reflexiones sobre la fama y la manera de sacarle partido:

> Para ganar dinero es fundamental evitar las salidas en la prensa del corazón que sean absolutamente anodinas, al igual que es imprescindible procurar medir bien la frecuencia de estas apariciones en las distintas revistas. Los buenos en esta cuasi-profesión se afinan muy bien a los distintos públicos

lectores. Si no lo saben hacer ellos, encargar esta labor a agencias de relaciones pública que cobran su porcentaje.[*]

También en su libro hace un análisis de cómo estaba el mercado rosa a mediados de los años ochenta y sus protagonistas:

> Los buenos vendedores de su propia notoriedad saben muy bien qué venden, cuándo lo venden. Precisamente por ser un club de especialistas, el Hit Parade de los famosos de la prensa del corazón no varía mucho. Dejando de lado a los que pertenecen propiamente al mundo del espectáculo, son muy pocos los que consiguen que el gran público se interese en su vida privada. Con frecuencia, los de este reducido grupo de élite se sirven unos de otros para escalonar los peldaños de la fama y cotizar su imagen. Así Philippe Junot se valió de Carolina de Mónaco y Giannina Facio se valió a su vez de Junot.

Con el tiempo, la familia intentó huir de la repercusión y se alejó del mercado de las exclusivas. Ejemplos paradigmáticos son el propio José Cristóbal y su hermana Merry, que de ser grandes protagonistas de las crónicas de sociedad pasaron a la discreción total.

Otros como Francis y Jaime han ido y han vuelto al mercado rosa en función de cómo estuviera el bolsillo o de la necesidad de lanzar algún mensaje en concreto. Claro que la que mejor se ha sabido mover en el negocio durante casi cinco décadas ha sido la hermana mayor, Carmen Martínez-Bordiú. La única de la familia que se puede medir de tú a tú con las grandes protagonistas del papel cuché. Está en la lista de las grandes negociantas del *cuore* junto a nombres como Isabel Preysler, Carmina Ordóñez o Isabel Pantoja.

«Yo he vivido sin trabajar toda mi vida. Nunca he sido buena para los negocios: dinero que tengo, dinero que gasto. Mi única fuente de ingresos es la venta de exclusivas. Vivo gracias a las revistas del corazón», le confesaba a Jorge Javier Vázquez en noviembre de 2017. Unas semanas más tarde fallecía su madre y, tras cambiar su situación económica fruto

---

[*] J. C. Martínez-Bordiú, 1983.

de la herencia, Carmen se fue a Portugal y, para sorpresa de los más avezados cronistas, se ha convertido en casi una sombra. Han sido muchos años siendo el objetivo de los fotógrafos: sabe que dejar de ser noticia es difícil cuando se ha estado toda la existencia en las portadas y que cualquier cambio en su vida será susceptible de comentarios. Por ello, por su experiencia, sabe cómo ocultarse de los medios.

LA OTRA HERENCIA: LA MEMORIA

A la muerte de su padre, Carmen Franco se quedó con varias cajas de documentos pertenecientes al jefe del Estado. Documentos con trascendencia pública en manos privadas. La propia duquesa de Franco aseguró en sus memorias que durante la agonía de su padre y las semanas posteriores a la muerte se dedicó a recabar parte de los documentos de su su padre.

En julio de 1976, Carmen y su madre otorgaron sesenta legajos al Estado unos días antes de que el presidente del Gobierno Carlos Arias Navarro, tan cercano a la familia, fuera destituido por Adolfo Suárez. La entrega de estos documentos fue registrada por el entonces subsecretario de Presidencia, Sabino Fernández-Campo.[*] Se trató de documentos de entre 1936 y 1958.

Dos meses antes entregaron más de 25.000 documentos a la recién creada Fundación Nacional Francisco Franco, cuyas presidentas de honor eran la viuda y la hija del dictador. Con el paso del tiempo la cifra de documentos ha acabado rondando el número de 30.000.

Desde el ámbito académico se ha señalado en ocasiones lo anormal de esta situación, que la documentación fundamental del periodo entre 1960 y 1975 esté en manos privadas, con los problemas de mantenimiento y de acceso que suponen para historiadores e investigadores. Uno de los historiadores que ha podido trabajar con ellos, Luis Suárez Fernández, aseguró que la mayoría de ellos son fotocopias, no originales, y corrobo-

---

[*] Fue secretario general de la Casa del Rey entre 1977 y 1990 y jefe de la Casa del Rey entre 1990 y 1993.

ró que el 80 por ciento versaban sobre asuntos oficiales, no privados. Si son fotocopias, ¿los originales están aún en manos de la familia Franco?

A esta revelación hay que sumar que en 2002 el Ministerio de Cultura que presidía Pilar del Castillo bajo el Gobierno del PP de José María Aznar concedió una subvención de 21 millones de pesetas (unos 126.000 euros) para el mantenimiento del archivo. Si al final solo son fotocopias, la duda de en qué se invirtió ese dinero queda en el aire. Muchos historiadores como Javier Tusell han denunciado desde los medios de comunicación la anomalía que supone esta situación.

En la actualidad, el Gobierno de Pedro Sánchez quiere ilegalizar la Fundación Nacional Francisco Franco, cuyo presidente de honor es Luis Alfonso de Borbón. Si finalmente se consigue habrá que plantearse cuál será el destino del archivo histórico. Claro que antes habría que comprobar si, tal y como afirmó el historiador Luis Suárez Fernández, los documentos son fotocopias y si los originales, claves como herramientas para el trabajo académico y estudiar la historia reciente de España, siguen en manos de los descendientes del dictador.

XIX

LOS FRANCO Y LA CASA REAL

La monarquía actual no se entiende sin Franco. Durante los años de reinado de Juan Carlos I la relación entre los descendientes del dictador y la Casa Real fue de fría educación. En los actos de una y otra familia, aparecían Borbones y Francos. Así ocurrió en febrero de 1988 con la muerte de Carmen Polo. En 2004, en la boda de los hoy reyes Felipe y Letizia entre los invitados estaban Carmen Franco y su nieto Luis Alfonso de Borbón, además de Jaime Martínez-Bordiú.

Generacionalmente, los nietos menores de Franco, Arancha y Jaime, tuvieron mucho contacto en su juventud con el entonces príncipe Felipe y la infanta Cristina. Se movían en los mismos ambientes de los niños bien de la *jet set* capitalina,[*] pero con el tiempo la relación se fue haciendo más distante.

Hoy Felipe VI y Letizia Ortiz entienden que la monarquía actual no le debe nada a la familia Franco y esta ya no está incluida en los grandes eventos de Estado. Meses después de la boda de Felipe y Letizia se casaron Luis Alfonso de Borbón y Margarita Vargas. Muchos ríos de tinta corrieron por la ausencia de miembros de la monarquía española en su enlace.[**]

---

[*] Véase el capítulo XII.
[**] Véase el capítulo XIV.

Aunque desde Zarzuela nunca lo confirmaron, se entendió que molestó y mucho que Luis Alfonso enviara las invitaciones con el tratamiento de Alteza Real. Consideraron que reabría viajas peleas dinásticas y favorecía equívocos.

Carmen Martínez-Bordiú, madre del novio, se lo tomó como un agravio. A la vuelta de la boda la nietísima posó con su madre, Carmen Franco, y el propio Luis Alfonso en un reportaje para *Magazine*, el suplemento dominical de *El Mundo*, en lugares como El Escorial o el Valle de los Caídos para la cámara de Luis Malibrán. Un reportaje que no gustó especialmente en la Casa del Rey; algunos hablaron de provocación.

Tampoco hacía mucha gracia en los miembros de familia real española que Luis Alfonso se prestara a ayudar con las pruebas de ADN al ínclito don Leandro. El hijo bastardo de Alfonso XIII era considerado uno más entre los Borbones, pero cuando quiso que su condición de hijo de pleno derecho se reconociera judicialmente, las puertas de la Zarzuela se cerraron para siempre. Luis Alfonso, nieto del infante Jaime de Borbón, hermano de padre de Leandro, se prestó a ayudarlo y, además, lo hizo de manera pública. Muchos dijeron que fue una pataleta por no acudir a su boda ningún miembro de la Casa Real, pero sus amigos y gente que lo ha tratado dicen que su decisión fue tomada por «el sentido de la justicia» que siempre ha tenido.

Todavía un año y medio después de la boda de Luis Alfonso, cuando a Carmen Martínez-Bordiú le preguntó Jesús Quintero en Televisión Española su opinión sobre Letizia Ortiz, ella solo respondía un «me gusta el nombre», acompañado de una sonrisa entre maliciosa y de circunstancias.

Medio siglo después de la muerte de Franco los lazos entre Francos y Borbones parecen rotos, aunque el pasado los une inexorablemente.

DE FRANCO A FELIPE VI

Fue en 1947 cuando Francisco Franco decidió que España se convertía en reino, a pesar de que el último rey, Alfonso XIII, abandonó el país en abril de 1931. Sin embargo, el dictador no repuso en el trono a aquel que había heredado los derechos dinásticos del último monarca, don Juan de Borbón, conde de Barcelona, Juan III para los legitimistas, quien estaba exiliado en Estoril (Portugal).

La España convertida en reino beneficiaba a la imagen del régimen de Franco desde varios puntos de vista. Por un lado, la denominación de reino diluía la sensación de dictadura y coincidía con la denominada «desfascistización» del régimen, es decir, la eliminación de simbología fascista tras el fracaso de las potencias nazis en la Segunda Guerra Mundial. Una manera de soltar lastre ante el nuevo equilibrio de fuerzas en la política internacional.

Por otro lado, Franco iniciaba así una especie de partida de póquer con don Juan, su hijo Juan Carlos y otros pretendientes al trono de España. Para favorecer la confusión, Franco dictó, nunca mejor dicho, una Ley de Sucesión que determinaba que su sucesor lo sería a título de rey y que este podía ser cualquier príncipe «de sangre azul, católico y mayor de treinta años». Es decir, quien él decidiera. Y así lo hizo. Por eso, muchos historiadores mantienen que la monarquía actual fue instaurada y no restaurada.

Así las cosas, Franco decidió empezar a repartir títulos nobiliarios. La corte en torno al dictador y, sobre todo, a su mujer, Carmen Polo, comenzó a tomar cuerpo. Una nueva nobleza basada en la concesión de títulos a militares que ayudaron a Franco en la Guerra Civil, políticos del régimen y, avanzando los años, a empresarios que cimentaron su fortuna en el país que salía de la autarquía para entrar poco a poco en la sociedad de consumo. Uno de ellos sería el condado de Fenosa, creado en 1955 para favorecer al empresario Pedro Barrié de la Maza, dueño de Fuerzas Eléctricas del Noroeste S. A. (FENOSA). Un hombre que llegaría a adquirir la Casa Cornide en A Coruña para luego vendérsela a un precio irrisorio a Carmen Polo.[*] Una de las propiedades de los Franco que en la actualidad están en el aire, ya que se reclama su paso a propiedad pública.

---

[*] Véase el capítulo III.

LA NOBLEZA DE FRANCO

En total el dictador concedió desde 1948, 36 títulos nobiliarios: 4 ducados, 16 condados, 15 marquesados y 1 baronía. También asoció a tres títulos ya existentes la Grandeza de España. Además, rehabilitó el título de duque de Cádiz, que había usado en su día Francisco de Asís, el marido de Isabel II, en la figura de Alfonso de Borbón y Dampierre. Le otorgó esta distinción nobiliaria con tratamiento de Alteza Real con motivo de la boda con su nieta Carmen Martínez-Bordiú.

A la muerte de Franco, Juan Carlos I concedió en todo su reinado una cincuentena de títulos y asoció a cinco ya existentes una Grandeza de España. Artistas, políticos, empresarios y científicos se cuentan entre la nobleza creada por el rey emérito.

En 2020 Unidas Podemos y el PSOE exigieron la desaparición de 33 títulos nobiliarios vinculados a la dictadura. Cinco de ellos no fueron concedidos por Franco sino por Juan Carlos I. Entre ellos destacan el ducado de Franco y el señorío de Meirás, los primeros que concedió Juan Carlos I recién llegado al trono. El primero para Carmen Franco y Polo, única hija del dictador, y el segundo para Carmen Polo, la viuda de Franco.

Curiosamente, esta lista incluía 29 títulos otorgados por el dictador y obviaba ocho que también concedió Franco, pero que no tienen vinculación con políticos y militares del régimen, sino que se concedieron a empresarios e intelectuales. Entre ellos, el ya citado condado de Fenosa y el marquesado de Torroja.

Ana Torroja, la que fuera vocalista de Mecano, decidió rehabilitar este título nobiliario en 2022. Este marquesado fue concedido en 1961, de manera póstuma, al abuelo de la artista, el ingeniero civil Eduardo Torroja Miret, que estuvo detrás de proyectos como la Central Térmica de la Ciudad Universitaria de Madrid (Premio Nacional de Arquitectura de 1932) o el Mercado de Abastos de Algeciras. Al ser un título póstumo, pasó directamente a su hijo José Antonio, ingeniero civil también, que falleció el 14 de julio de 2022. Ahora lo ostenta la cantante.

Los otros títulos nobiliarios franquistas no incluidos en la lista a eliminar son el condado de Arruga, el condado de Maeztu, el marquesado de Ramón y Cajal y el condado de la Cierva.

LOS FRANCO SE QUEDAN SIN NOBLEZA

El Gobierno de Pedro Sánchez, tras «revisar e invalidar todas las distinciones, nombramientos, títulos honoríficos y demás formas de realzar a personas y entidades que supongan exaltación o enaltecimiento del golpe militar de 1936, la Guerra Civil y del franquismo» y «la elaboración de un catálogo de títulos nobiliarios concedidos entre 1948 y 1978, que representen la exaltación de la Guerra Civil y dictadura, para su supresión» llevaron su proposición no de ley al Congreso de los Diputados.

Tras la aprobación de la Ley de Memoria Democrática en octubre de 2022, dos descendientes de Francisco Franco salieron del club de la aristocracia: Francis Franco y Carmen Martínez-Bordiú.

En 1988, a la muerte de Carmen Polo, su título fue rehabilitado por su nieto varón mayor, no sin cierta polémica, ya que el historiador Juan Balansó denunció que no era legal que él ostentara el título.[*]

Carmen Martínez-Bordiú, tras la muerte de Carmen Franco el 29 de diciembre de 2017, solicitó para ella el ducado de Franco. A muchos le sorprendió la decisión por parte de una mujer que nunca tuvo especial apego a las dignidades nobiliarias. Durante años fue duquesa consorte de Cádiz con tratamiento de Alteza Real[**] y no tuvo reparos en salir huyendo de su matrimonio.

Quienes conocen bien a Carmen afirman que lo que buscaba era ceder en algún momento el título a su nieta Eugenia de Borbón. Algo que ilusionaba especialmente a su hijo Luis Alfonso de Borbón. Sin embargo, Carmen solo disfrutó cuatro años del título de duquesa. En octubre de 2022 dejó de serlo legalmente.

---

[*] Véase el capítulo VIII.
[**] Véase el capítulo VI.

BIBLIOGRAFÍA

BALANSÓ, Juan, *La familia real y la familia irreal*, Planeta, Barcelona, 1992.

BARRIENTOS, Paloma, *Carmen Martínez-Bordiú. A mi manera*, Ediciones B, Barcelona, 2006.

—, *Isabel Preysler. Reina de corazones*, Ediciones B, Barcelona, 2024.

BORBÓN, Alfonso de y DEM, Marc, *Memorias de Alfonso de Borbón*, Ediciones B, Barcelona, 1989.

CALLEJA, Concha, *Con toda franqueza*, Planeta, Barcelona, 1998.

CERNUDA, Pilar, *30 días de noviembre*, Planeta, Barcelona, 2000.

COBOS ARÉVALO, Juan, *La vida privada de Franco: confesiones del monaguillo del Palacio de El Pardo*, Almuzara, Córdoba, 2009.

ENRÍQUEZ, Carmen, *Carmen Polo. Señora de El Pardo*, La Esfera de los Libros, Madrid, 2012.

EYRE, Pilar, *VIPS. Todos los secretos de los famosos*, Planeta, Barcelona, 1985.

—, *Mujeres, veinte años después*, Plaza y Janés, Barcelona, 1996.

—, *Dos Borbones en la corte de Franco*, La Esfera de los Libros, Madrid, 2005.

—, *Franco Confidencial*, Destino, Barcelona, 2013.

FRANCO, Francisco, *La naturaleza de Franco. Cuando mi abuelo era persona*, La Esfera de los Libros, Madrid, 2011.

FRANCO, Pilar, *Nosotros, los Franco*, Planeta, Barcelona, 1980.

—, *Cinco años después*, Planeta, Barcelona, 1981.

FRANCO SALGADO-ARAUJO, Francisco, *Mis conversaciones privadas con Franco*, Planeta, Barcelona, 1976.

GALIACHO, Juan Luis, *Los herederos del Gran Poder*, La Esfera de los Libros, Madrid, 2006.

—, *Matrimonios S. A.*, La Esfera de los Libros, Madrid, 2009.

GARRIGA, Ramón, *La señora de El Pardo. España, a sus pies*, Planeta, Barcelona, 1979.

GIL, Vicente, *Cuarenta años junto a Franco*, Planeta, Barcelona, 1981.

GIMÉNEZ ARNAU, Jimmy, *Yo, Jimmy. Mi vida entre los Franco*, Planeta, Barcelona, 1981.

—, *La vida jugada*, Arzalia Ediciones, Madrid, 2020.

HERRERA, Ángel Antonio, *Esto no es Hollywood*, Ediciones B, Barcelona, 1999.

—, *Alta suciedad*, Ediciones B, Barcelona, 2005.

HERRERO, Nieves, *Carmen. El testimonio novelado de la hija de Franco. Una mujer testigo de la Historia*, La Esfera de los Libros, Madrid, 2017.

JARÁIZ FRANCO, Pilar, *Historia de una disidencia*, Planeta, Barcelona, 1981.

LAGO, Julián, *Las contramemorias de Franco*, Ediciones Zeta, Barcelona, 1976.

MARTÍNEZ-BORDIÚ, José Cristóbal, *Cara y cruz. Memorias de un nieto de Franco*, Planeta, Barcelona, 1983.

PALACIOS, Jesús y PAYNE, Stanley G., *Franco, mi padre*, La Esfera de los Libros, Madrid, 2008.

PEÑAFIEL, Jaime, *El general y su tropa*, Temas de Hoy, Madrid, 1992.

—, *¡Hola y el hijo de Sánchez!*, Temas de Hoy, Madrid, 1994.

—, *A golpe de memoria*, La Esfera de los Libros, Madrid, 2003.

—, *Anécdotas de oro*, La Esfera de los Libros, Madrid, 2019.

—, *Alto y claro*, Grijalbo, Barcelona, 2022.

POZUELO, Vicente, *Los últimos 476 días de Franco*, Planeta, Barcelona, 1981.

PRESTON, Paul, *Palomas de guerra*, Plaza y Janés, Barcelona, 2001.

—, *Franco. Caudillo de España*, Debolsillo, Barcelona, 2004.

SÁNCHEZ SOLER, Mariano, *Villaverde. Fortuna y caída de la familia Franco*, Planeta, Barcelona, 1990.

—, *La familia Franco S. A.*, Roca Editorial, Barcelona, 2019.

—, *Los ricos de Franco*, Roca Editorial, Barcelona, 2021.

VILALLONGA, José Luis de, *El Rey. Conversaciones con Juan Carlos I*, Plaza y Janés, Barcelona, 1993.

—, *El sable del Caudillo*, Plaza y Janés, Barcelona, 1997.

—, *Franco y el Rey*, Plaza y Janés, Barcelona, 1997.